동의보감, 주역에서 찾은 경영이야기

동의보감, 주역에서 찾은 경영이야기

이성우 지음

안티쿠스
ANTIQUUS

동의보감, 주역에서 찾은 경영이야기

발행일 | 초판 1쇄 2014년 6월 10일

지은이 | 이성우
펴낸이 | 고진숙
펴낸곳 | 안티쿠스
책임편집 | 김종만
북디자인 | 배경태
CTP출력 | 상지사피앤비
인쇄·제본 | 상지사피앤비
물류 | 문화유통북스
출판등록 | 제 300-2010-58호(2010년 4월 21일)
주소 | 110-816 서울시 종로구 자하문로 266, 612호
구) 서울시 종로구 부암동 129-8 울트라타임730 오피스텔 612호
전화 | 02-379-8883, 723-1835
팩스 | 02-379-8874
이메일 | mbook2004@naver.com

값은 뒤표지에 있습니다.

ISBN 978-89-92801-31-7 03300

* 이 도서의 국립중앙도서관 출판시도서목록(CIP)은 서지정보유통지원시스템 홈페이지(http://seoji.nl.kr)와 국가자료공동목록시스템(http://www.nl.go.kr/kolisnet)에서 이용하실 수 있습니다(CIP제어번호:CIP2014016547).

| 서문 |

지난 28년간 기업의 전산화와 혁신 업무를 추진하면서 많은 정보시스템 구축 사례를 경험하였다. 그러나 대부분의 사례에서와 같이 혁신 프로젝트나 정보시스템 구축 프로젝트는 호불호가 극명하게 엇갈리는 것을 지속적으로 보아왔다. 프로젝트 참여했던 인력들은 성공적이었다고 평가하는 반면 사용자나 경영자들은 투자대비 효과가 검증되지 않는다는 불만이 항상 공존하고 있었다.

보통 혁신 프로젝트를 추진하게 되면 처음 시작부터 대규모 예산이 책정이 되고 프로젝트를 진행하게 된다. 그러나 진행 과정 중 변경사항이 발생하면 범위를 변경하면서 추가 예산이 소요되어 마지막에는 초기 목표했던 금액보다 초과하여 프로젝트를 완료하게 된다. 여기가 끝이 아니다 새로운 시스템이 도입되었으므로 증가된 전산자원을 운영하기 위하여 인력이 추가로 필요하고 매년 지속적으로 각종 라이선스 비용을 추가로 지불해야 하며 증가된 프로그램을 유지관리하기 위하여 운영인력도 충원해야 한다는 것이다. 프로젝트 비용과 유지관리 비용을 합하게 되면 배보다 배꼽이 더 큰 웃지 못할 상황이 전개되는 것이다. 경영자들에게 있어서는 이해하기 힘든 부분이다.

이러한 불신이 벽이 높아지게 되는 것은 다음 프로젝트를 진행할 때

재발한다. 평균적으로 대규모 시스템 투자는 4~5년 간격으로 진행된다. IT의 발전도 있지만 일하는 방법이 변하므로 새로운 경쟁자들이 보유하고 있는 새로운 일하는 방식대로 변화해야 한다는 주장에 따라 다시금 대규모 프로젝트를 추진하게 되는 것이다. 그런데 투자비는 예전보다 더 큰 규모로 증가하게 된다. 기업들이 4~5년 간격으로 업종을 변경하는 것도 아니고 기존에 하던 업무를 변화시키는 것인데 지난번 경험을 되살릴 수는 없는 것인지 의문을 제기하지만 이미 외주화된 IT개발과 운영자들은 우문愚問이라 하면서 자기들 방식대로의 현답賢答 – 기업 규모도 커졌고 새로운 방식으로 변경해야 하므로 당연한 것이다 – 으로 되돌려 준다.

이 과정을 면밀히 분석해 본 결과 시스템 개발에 있어서 기업의 업무를 분석하고 설계하는 과정의 주체가 외주화 되었기 때문임을 알게 되었다. 또한 이미 고착화된 IT개발 외주화는 기업의 실제 사용자들인 직원들로 하여금 개발된 시스템을 단순 사용하는데 익숙하도록 만들었던 것이다. 그 결과 개인용 IT기기가 고장 나거나 분실되면 기억력 감퇴로 인하여 아무것도 못하게 되는 디지털 치매가 기업에도 유사하게 발생하게 된 것이다.

자동화된 업무는 근본 작동원리인 프로세스에 대한 궁금증을 잊어버리게 했다. 내부의 핵심 역량인 일하는 방법을 외부에 맡기다 보니 새로운 방식으로 일을 변경하고자 할 경우 내부 인력으로 할 수 없는 상황이 닥친 것이다. 발목이 잡힌 경우이다. 외부 인력들은 인력 투입과 개발 기간이라는 단순한 계산기를 두드리면 되는 것이다. 비용이 증가할 수밖에 없는 구조이다. 더욱 안타까운 것은 외부 인력들도 기업의 내부 프로세스를 완벽하게 알지 못한다는 것이다. 그러면서도 그들의 기법과 방법론에 이끌려 프로젝트를 추진하게 되는 것이다. 내가 살집을 남이 멋대로 설계한 후 넘겨 주는 것이라 할 수 있다. 그러므로 개발 후 나중에 유지비용이 청구되어도 검증하기 힘들게 되는 것이다. 이러한 악순환이 되풀이 되는 한 기업의 디지털 치매는 계속 악화될 것이며 심할 경우 기업의 경쟁력을 오히려 갉아먹는 원치 않는 결과를 가져올 가능성이 높은 것이다.

이에 대한 해결 방법으로서 오늘날 정보화시대의 기업들의 핵심 역량인 프로세스에 대한 관리를 철저히 해야 한다는 것을 주장하는 바이다. 내가 일하는 방법을 제대로 알고 있어야 문제와 원인을 찾아낼 수 있고 이를 통해 개선을 할 수 있는 것이다. 내 안의 문제는 내가 가장 잘 알고 있지 절대로 남이 나보다 더 잘 알 수는 없는 것이다. 문제는 대부분의 기업들이 실상은 자신들의 업무를 잘 모르고 있다는 것이다. 직원들의 일을 정형화 한 것을 프로세스라 할 수 있는데 일반적으로 기업들은 4,000여 개의 프로세스를 가지고 운영을 하고 있다.

최근의 경쟁 환경은 이들 프로세스들이 제각각 잘해서는 경쟁자를 이길 수 없는 상황이다. 왜냐하면 고객에게 가치를 제공하기 위해서는 필요한 부서들이 서로 협력을 하여 일을 추진해야 중간에 회색지대를 없애고 효율과 효과를 동시에 창출할 수 있기 때문이다.

이런 환경에서 이제 프로세스는 남에게 의존하거나 맡겨서는 안 되는 내부의 중요한 지적 자산인 것이다. 그러므로 지금부터라도 프로세스의 관리에 관심을 갖고 이를 발전시켜나가야 하는 것이다. 이를 다시 설명하면 프로세스 혁신이나 경영혁신을 해야 한다는 것이다. 왜? 디지털 치매에 걸리지 않고 건강하게 오래 살기 위해서!

어떻게 프로세스를 관리해야 하는지 고민하던 중 우연한 기회에 『동의보감』을 읽게 되면서 이와 같은 생각을 구체화할 수 있는 아이디어를 발견하게 되었다. 인체의 오장육부의 역할과 이들 간의 순환관계를 『동의보감』을 통해 이해하면서 기업의 프로세스들을 오장육부에 대입해 보니 흥미로운 사실들이 정리되기 시작하였다.

오장은 기업의 핵심 프로세스들인 개발, 구매, 제조, 물류, 재무에 연결이 가능했고 육부는 마케팅, 계획, 품질, 영업, 고객서비스 및 인사·기술·정보시스템 등과 같은 인프라로 연결이 가능한 것을 발견하였다. 기업 프로세스의 오장육부와의 접목은 이어서 음양오행으로 확장이 되어 오행의 상생과 상극이 프로세스들 간의 상호협력 및 단절을 의미하는 전체 최적화와 부서 이기주의로 설명이 가능해졌다. 어렵게 느껴졌던 프로세스의 성질과 상호 간의 관계를 쉽게 이해할 수 있게 된 것이다.

새롭게 발견한 사실을 토대로 주위 사람들과 검증 작업에 들어갔을 때 새로운 모델이 상당히 많은 것을 쉽게 보여 줄 수 있다는 것을 확인할 수 있었다. 특히 동양의 의역학이 주장하는 만물의 순환의 원리가 기업경영 특히 운영을 하는 과정과도 일맥 상통한다는 것에 서로들 놀라움을 금할 수 없었다. 이를 통하여 쉽게 프로세스 관리의 필요성과 과정을 설명할 수 있는 길이 생겼음을 확인할 수 있었다.

간단히 설명하면 『동의보감』에서는 「신형장부도」를 통하여 우리 몸의 장기들의 구성을 눈으로 볼 수 있게 하였고 이어서 각 장기들의 특징 및 기능과 역할을 상세히 설명한다. 이어서 장기들 간의 서로 돕고 충돌하는 관계를 설명하면서 병의 근원은 장기들 간에 서로 연관되어 있음을 보여준다. 장기들 간의 성질과 상호관계를 이해했으면 궁극적으로는 이 원리를 바탕으로 사전에 몸의 상태를 건강하게 유지하면서 필요한 음식들을 고루 섭취하라는 양생養生과 섭생攝生의 개념을 확인할 수 있었다.

기업의 건강관리도 마찬가지이다. 기업의 업무 해부도라 할 수 있는 프로세스 체계도를 먼저 확보하고 각 프로세스들의 기능을 상세히 파악해야 한다. 이어서 프로세스들 간의 성질 및 상호 연관성을 이해해야 부서들 간 협업이 쉽게 이루어질 수 있다. 마지막으로 프로세스들의 문제를 사전에 발굴하여 조치를 취하고 지속적으로 사후관리를 실시하여 고질적인 병을 예방하는 것이다.

치매의 직접적인 치료법과는 거리가 멀다고 할 수 있으나 『동의보감』의 본 뜻인 병에 걸리기 전에 건강을 유지하라는 것처럼 프로세스를 자주 관리하고 개선해야 디지털 치매를 예방할 수 있기 때문에 프로세스 관리를 '디지털 치매 예방법'이라 명명하여 사용하고자 하는 것이다.

핵심 역량을 내재화 하여 내부에서 관리를 하게 되면 외부 의존도를 낮추면서 결과적으로 시스템 구축 및 운영 시 비용을 줄일 수 있게 되는 것이 프로세스 관리의 최소한의 효과이며 프로세스 관리를 통한 혁신을 추진하게 되면 효과는 비용절감 이상 수준인 가치 창출이 되는 것이다.

전산화와 외주화에 밀려 소홀히 했던 프로세스 관리를 본격적으로 다시 시작해야 한다. 이를 위해 프로세스 펜타곤Pentagon 모델, 프로세스 관계분석 다이아그램, 프로세스 관리 흐름도를 『동의보감』 및 역학易學에 비유하여 소개한다. 또한 이해를 돕기 위하여 가상의 기업을 이용하여 프로세스 분석에 대한 연습을 제공한다.

우리가 치매나 다른 질병에 걸리지 않으려면 꾸준한 체력관리와 건강관리가 필수적인 것은 누구나 알고 있는 사실이다. 기업도 마찬가지다. 디지털 치매에 걸리지 않으려면 프로세스 관리를 지속적으로 해야 하는 것이다. 특히 관리할 사람들을 확보하는 것이 급선무다. 프로세스 관리 인력들을 먼저 확보하고 이들을 중심으로 앞서 제시한 전사의 프로세스 확보하기, 프로세스 분석하기, 사후관리하기를 지속적으로 실천해야 함을 거듭 강조하면서 마무리 하고자 한다.

마지막으로 본 책을 집필함에 있어서 도움을 주셨던 분들께 감사의 말씀을 드리고자 한다. 초기 기본 구상으로만 이루어졌던 난해한 내용을 보시고 용기를 북돋아 주셨던 호서대 장원경 교수님, 인생의 오랜 스승이신 용인대 한대운 교수님과 전 삼성코닝 부사장 어경건 님의 지속적인 관심과 격려가 있었기에 끝까지 마무리를 할 수 있었으며 실제 나와 함께 일을 하면서 아이디어를 공유했던 정순환 씨와 초반 원고를 검토해 주었던 박용찬, 최영석 씨에게도 고마움을 전합니다. 특히 친형이신 이현우 씨의 원고 구성 및 초고 검토 과정에서의 수많은 지적과 꼼꼼한 검토 덕에 한층 더 내용을 다듬을 수 있었다. 무엇보다도 '동의보감과 주역'이라는 생소한 주제로 경영에 관한 책을 집필하는 것에 동의해주신 안티쿠스 김종만 대표님께도 무한한 감사드린다.

牙山 湯井에서

李晟雨吉

[차례]

서문 5

I 들어가기 : 동의보감, 주역에서 찾은 경영이야기

1. 인간과 기업의 공통점 23

- 생로병사 27
- 기업 수명 주기 29
- 건강검진으로 수명연장 34
- 혁신으로 수명 연장 35

2. 『동의보감』과 기업 41

- 신체: 신형과 기업 인프라 44
- 생명의 원천: 정精과 재경財經(자금) 47
- 몸의 지킴이: 기氣와 물동物動(물류의 이동) 48
- 정신활동의 주체: 신神과 정보情報 49
- 기는 바람, 혈은 물: 혈血과 물재·물정·경관 일치 50

3. 『주역周易』과 경영 52

- 음양陰陽 53
- 오행伍行 55
- ∞ 오행 상생관계 57
- ∞ 오행 상극관계 59
- 음양오행과 오장육부 61
- 오장육부와 비즈니스 프로세스 64
- 프로세스의 음양 쌍 및 오행 기능 76

4. 경의역학經醫易學 통섭 제시 80

- 해부도를 확보해라 82
- 만물의 순환원리를 이해하라 83
- 사전에 관리해라 85

Ⅱ 정보화의 부작용, 디지털 치매

1. 왜 프로세스 혁신인가 92
- 프로세스란 무엇인가 92
- 경쟁력의 원천이 프로세스로 전환되고 있다 95
  - 유형자산 중심의 능력 경쟁력 강화 96
  - 무형자산 중심의 역량 경쟁력 강화 97
- 경쟁우위 확보를 위해 프로세스를 혁신해야 한다 99

2. 정보화의 역사: 프로세스 혁신과 정보시스템 103
- 프로세스 관점의 정보화 역사 104
- 정보활용 관점의 정보화 109

3. 디지털 시대의 부작용, 디지털 치매 114
- 전화번호 수첩의 소멸 114
- 디지털 길치의 등장 116
- 머리를 쓰지 않는다 117
- 내부 소통 마비 118
- 업무 중단 119
- 업무처리 과정 모름 120

Ⅲ 디지털 치매의 원인, 프로세스 이해 부족

1. IT 외주화(Outsourcing)의 함정 126
- 비전문 분야는 외부에 맡긴다 126
- 잃는 것이 더 크다 128
- 프로세스는 핵심역량이며 자산이었다 129

2. 허술한 프로세스 관리 131
- 프로세스의 가시성 확보 필요 132

❙ 비즈니스를 읽는 지도: 프로세스 맵(Map) 135
❙ 소축척 프로세스 지도 138
❙ 대축척 프로세스 지도 140

3. 프로세스를 이해하지 못한다 142
❙ 일이란 무엇인가 143
❙ 실제 필요한 일은 무엇일까 144
❙ 남이 무슨 일을 하는지 관심이 없다 146
❙ 직원들이 하는 일을 프로세스로 그려라 149

4. 조직 및 전담인력이 없다 152
❙ 프로젝트 종료와 함께 해체된다 153
❙ 정보시스템과 사용자만 남는다 155

IV 디지털 치매의 후유증, 돈이 많이 든다

1. 남이 만들어준 똑똑한 도구, 정보시스템 159
❙ 전산화와 정보화의 차이점 159
❙ 정보시스템 개발과정 163
❙ 내 일을 남이 대신해준다 166
❙ 원리를 모르고 결과만 활용한다 167

2. 악순환: 정보시스템 비용 통제가 힘들다 169
❙ 동일한 과정과 실수가 반복된다 170
■일반적인 정보화 추진 방법: 170
❙ 프로세스와 정보시스템이 동기화가 안 된다 172
❙ 비용을 검증할 내부 인력 부족 174

3. 방치하면 치매가 더 악화: 프로세스 경쟁력 상실 176
❙ 효과가 안 보인다는 핑계만 댄다 177
❙ 치료시기를 놓치고 후회한다 178

V 처방: 돈 버는 프로세스 혁신하기 – 내재화

1. 인력 확보 184

- 프로세스 코디네이터 187
- 파워유저 189
- 엔드유저 190
- 프로세스 전문가를 육성하고 운영해야 돈이 덜 든다 191

2. 프로세스 확보 195

- 프로세스 계층화: Process Architecture 196
- 프로세스 자산화: Repository 200
  - 표준화·정형화가 프로세스를 읽게 해준다 200
  - 문서는 관리 및 공유에 한계 202
  - 프로세스 데이터베이스 203
- 프로세스 변경관리 204

3. 프로세스 순환원리 학습 207

- 연계 프로세스 파악: 프로세스 오행 관계 208
  - 개발기능과 관련 프로세스 209
    - 개발기능 정의 209
    - 개발기능의 상생·상극 관계 212
  - 조달기능과 관련 프로세스 215
    - 조달기능 정의 215
    - 조달기능의 상생·상극 관계 216
- 생산기능과 관련 프로세스 218
  - 생산기능 정의 218
  - 생산기능의 상생·상극 관계 221
- 공급기능과 관련 프로세스 222
  - 공급기능 정의 222
  - 공급기능의 상생·상극 관계 223

| 관리기능과 관련프로세스 225

■관리기능 정의 225

■관리기능의 상생·상극 관계 226

| 프로세스 순환 원리 파악 227

■상생: 나 너 좋아해 너도 나 좋아해 228

■수승화강水丞火降 229

■전체 최적화 230

■상극: 나 너 싫어해 너도 나 싫어해 231

■음허화동陰虛火動 231

■부서이기주의 233

■과유불급·하향 평준화 234

| 프로세스 순환 평가표 238

4. 先 PI, 後 정보화 추진 240

| To-Be 프로세스 지도 설계 241

■정보시스템 구축 모델 241

■소축척 지도와 대축척 지도 동시 작성 243

| 프로세스와 정보시스템 화면(UI) 동기화 244

| 프로세스 안정화: 비즈니스 프로세스와 물리적 프로세스의 연계 246

VI 사후관리: 프로세스 혁신 변화관리

1. 사후 · 사전 관리가 필요하다 251

| 사후 관리를 해야 성과를 유지할 수 있다 252

| 사전관리도 중요하다 253

2. 프로세스 건강관리 256

| 진찰: 현상파악 258

■문진問診: 현안, 이슈들에 대한 공유 및 소통 258
■검진·망진: 연관 프로세스 및 KPI 이상 파악 259
| 진단: 원인분석 262
| 처방: 개선방안 264
| 개선 기회의 유형별 과제화 266
| 정기검진: 성과관리 268

VII 프로세스 순환모델 활용

프로세스 순환모델 활용 272
| 피자가게 진찰 272
■현상: 273
| 피자가게 진단 274
■프로세스 진단: 274
■시스템 진단: 275
■본 현상 분석에서 주의할 점: 275
| 피자가게 처방 276
■전략: 276
■프로세스 비전: 276
■시스템 비전: 277
| 주요 성공 요인 점검 285
■주의할 점: (환상 및 착각) 285
■때 늦은 후회: (실상 및 현실) 286
■고려사항: (선결과제) 286

맺음말 288
참고도서 292
찾아보기 294

동의보감, 주역에서 찾은 경영이야기

Ⅰ
들어가기 : 동의보감, 주역에서 찾은 경영이야기

필자가 20여 년간을 정보시스템 구축과 혁신을 추진하면서 항상 접하게 되었던 고질적인 질문들이 있었다.

'왜? 혁신을 하자는 것이냐, 지금 아무 이상 없는데 혁신하면 뭐가 좋아지느냐, 선진 혁신사례가 있지만 우리한테는 맞지 않는다. 지금 하고 있는 방법이 가장 좋은 방법이다. 회사가 어려워지니까 구조 조정하려고 하는 것인가.'

'정보시스템은 IT하는 사람들이 알아서 하면 된다. 정보시스템을 구축하면 사람을 줄일 수 있다고 했는데 나중에 보면 오히려 유지 보수하는 사람들이 더 늘어났다. 시스템으로 일을 처리하건만 다시금 수작업으로 보완해야 하는 일이 자주 발생한다. 시스템의 데이터를 믿을 수 없다 재작업이 필요하다.'

'한번 했으면 됐지 왜 자꾸 그것도 많은 돈을 필요로 하느냐, 혁신하는 사람들과 시스템을 개발하고 운영하는 사람들이 어떻게 다른가, 많은 돈이 투자되지만 효과가 보이지 않는다. 증명하기 어렵다고 말하고 인프라를 구축하는 것이라 직접적인 효과를 보여줄 수 없다고 한다.'

위의 질문들을 요약해 보면 첫째는 혁신에 대한 막연한 거부감을 나타내고 있으며, 둘째는 정보시스템 사용의 불편함에 대한 표출이며, 셋째는 투자대비 효과에 대한 불만이라 볼 수 있다. 다시 한번 정리하면 정보화 시대의 기업 경영에 필수적으로 필요한 혁신과 정보시스템 구축에 우호적이지 않다는 것이다. 그러므로 이 분야에서 일하고 있는 많은 사람들은 대부분 스트레스를 받으면서 열심히 묵묵히 일을 하고 있는 것이다. 필자 역시 어떻게 설명해야 이해를 도울 수 있고 의사결정을 받을 수 있을지에 대하여 고민을 하고 있었다. 새로운 방법이 필요했던 것이다.

기술이 발전하면서 기업들은 새로운 기술을 활용하여 제조 생산성을 향상시키거나, 새로운 제품을 만들어 시장을 개척하고, 새로운 기업 경영방식을 고안해 경쟁자가 모방하기 힘든 경영 인프라를 구축하여 변신을 시도함으로써 경쟁우위를 확보하고 지속성장하고자 한다. 설비의 자동화, 반도체, TV, 휴대폰의 등장과 인터넷, 전자상거래 등의 등장이 실제 사례들이다. 한마디로 요약하면 혁신을 지속적으로 추진하여 영속성을 확보하는 것이다.

미리 준비하고 혁신을 선도하는 기업이 당연히 성공하고 시장에서 승리하는 것이다. 그런 연유로 혁신은 기업들이 기존의 일하던 방법이나 관행에서 벗어나 새로운 방식으로 일을 하여 경쟁력을 갖추는 것을 요구하면서 기업의 체질을 개선하는 것으로 많이 비유된다. 체질 개선하면 건강관리가 연상이 되고 주체는 사람이 되는 것이다. 기업 또한 사람들이 모여서 운영되는 유기체로서 설명이 가능하다. 따라서 사람과 기업의 공통점들을 찾아내어 건강관리 차원에서의 기업의 혁신을 설명하면 개인들의 관심사와 비교 가능해지면서 이해도 쉬워지고 공감대 형성이 보다 쉬울 것으로 예상하고 『동의보감』을 접하게 되었다.

『동의보감』에서는 기본 사상이 우주만물의 원리와 우리 몸의 운영 원리를 설명하는 것이었고 밑바탕에는 『주역』의 음양오행 개념이 도입되어 있었다. 음양오행 관점에서 설명된 오장육부를 기업의 운영 프로세스와 비교하다 보니 공교롭게 마이클 포터의 가치사슬에서 제시하는 가치 창출에 직접 관여하는 주(Primary) 프로세스와 이를 지원하는 간접(Secondary) 프로세스와 유사하게 매치되는 것을 확인하였다. 이어서 오행의 순환원리 또한 오장육부의 순환원리인 수승화강水升火降, 음허화동陰虛火動에도 적용이 되고 기업 운영 프로세스에서는 전체 최적화와 부서이기주의와도 비교될 수 있음을 발견하면서 『동의보감』과 『주역』을 활용하여 프로세스 혁신에 새로운 기법을 제시할 수 있게 되어 본 책을 쓰게 된 것이다. 『동의보감』과 『주역』이 흔하지 않은 개념이므로 본 장에서 기본 개념 및 사상과 기업 경영과의 연관성에 대한 사전 설명을 통하여 이해를 돕고자 한다.

1
인간과 기업의 공통점

기업을 구성하는 요소는 물리적으로는 설비, 자산, 부동산 등이 있지만 기업을 운영하는 실체는 사람들이다. 동양적 의미에서 기업企業의 한자를 풀어보면 企는 사람을 나타내는 '人'과 모여있다는 그칠 지 '止'의 합성어이다. 사람들이 모여있다는 의미이고 '業'은 일 업 자로서 먹고 살기 위해 하는 일을 의미한다. 반면 서양적 의미를 보면 "기업은 자산으로 구성된 포트폴리오가 아닌, 사람들이 모여 발명하고, 만들며, 팔고, 서비스를 제공하는 곳이다."(마이클해머, 2008) 『리엔지니어링 기업혁명』 공통점은 기업은 사람들이 모여서 일을 하는 곳으로 정의할 수 있다.

기업은 사람들이 모인 곳이고, 기업의 목적은 사람들이 모여서 가치를 창출하고 고객을 만족시키는 활동을 통하여 이윤을 만들어 내고 계속해서 성장을 하는 것이다. 사람도 정의를 해보면, 종족을 보존하기 위하여 생활을 영위하고 경제활동을 통하여 자아를 실현하는 사회 구성원이다. 이렇듯 사람과 기업 사이에는 유사한 점이 여러 가지 있을 수 있지만 가장 공통적이며 대표적인 특징은 하나의 유기체로서 생로병사生老病死를 겪는 것이다.

그런데 이 과정에서 두 개체 간의 생로병사의 주기 다시 말해 평균수명의 증가 속도가 다르다는 것이다. 인간의 평균수명은 과거 환갑에 성대히 잔치를 치를 정도로 60세를 넘기 힘들었지만 1980년대를 기점으로 70세에서 80세로 늘어나고 있으며 조만간 100세까지 도달할 것으로 전망하고 있다. 반면, 기업의 평균수명 30년은 수십 년째 답보 상태이거나 오히려 최근의 경영환경에서는 수명이 단축되는 기업들이 증가하고 있는 실정이다.

왜 이 두 개체 간에 현저하게 다른 평균수명 연장 속도를 가지게 되었을까? 사전에 병을 예방하고 치료하는 활동이 달랐기 때문이라고 얘기할 수 있겠다. 인간의 경우 급속한 평균수명 연장은 인류가 생존하고자 하는 본능에서 시작되었다고 볼 수 있다.

인류의 여러 질병 가운데 천연두로부터 해방시켜준 것이 페니실린Penicillin의 발명이었다. 이후 유사한 항생제를 개발하면서 인류는 예방접종을 통하여 많은 전염병, 기생충 등 질병으로부터 자유로워졌다. 이어서 주거 환경을 개선하면서 위생 상태가 좋아지고 화학 비료의 등장으로 농업 생산성이 높아 지면서 영양 상태가 개선되고 빈곤과 질병을 극복하기 시작했다.

그러나 영양상태의 개선 및 각종 문명의 이기를 활용한 생활 패턴의 변화로 인하여 과거 외부로부터의 바이러스, 병원균 침투에 의한 질병과 달리 우리 몸 내부의 지방 과다축적, 혈압 상승 및 혈당의 증가 등

내부의 통제 상실에 따른 각종 질병들에 시달리게 되었다.

의료기기 기술의 발달과 더불어 등장하기 시작한 것이 건강검진 개념이다. 우리 몸의 변화를 눈으로 확인하고 진단할 수 있는 검사 체계를 발달시키면서 건강상태를 각종 차트 및 건강 관련 수치들로 확인이 가능해 지면서 사전 질병예방 차원으로 의료의 개념이 전환되었고 질병의 조기 발견에 따른 생존율을 높였으며 최근에는 유전자 분석에 의한 개인별 질병 관리까지 진행되고 있는 상황이다. 공학의 도움을 받아 인공장기를 통한 신체의 일부를 교체하여 생존율을 높이고 있으며 아마도 가까운 시일 내에 평균 수명 100세가 가능해 질 것이다.

인간의 수명 연장 노력이 지속적으로 발전을 해오는 과정이 있었지만 인간과 비슷하다고 할 수 있는 기업은 어떤 변화를 가져왔을까? 기업의 평균 수명이 30년이라는 조사 결과도 발표된 지 수십 년이 흘렀다. 그 이후 평균 수명은 오히려 줄어드는 추세이다. 시장환경 및 변화의 속도가 워낙 빠르기 때문이라는 변명이 주류를 이룬다.

과연 사실일까? 이런 엄청난 불확실성과 변화 속에서도 100년을 넘게 장수하고 있는 기업들은 - 프록터&갬블(1886년 설립), 시티은행(1812년 설립), 존슨&존슨(1886년 설립), GE(1892년 설립) - 어떻게 설명이 가능하다는 것인가. 아마도 그들 나름대로의 독특한 생활패턴(기업운영)이 존재하고 있을 것이다. 기업들도 수명을 연장하고 지속 가능한 성장을 하고 싶어 한다. 지속가능 성장이란 단어도 최근에 등장한 개념이지만 예전부터 기업은 계속해서 영속적으로 사업을 영위하고 싶어해왔고 이는 기업의 본능이다. 문제는 어떻게 영속적으로 기업의 생명을 유지하느냐의 방법에 관한 것이다.

하지만 많은 기업들은 영속적으로 생명을 유지하는 방법으로 지속적인 확장과 새로운 사업의 개척을 통한 사업 확장을 통해서 이루려고 한다. 마치 인간들이 청년시절에 건강하여 조금의 운동만으로도 체력이 증가하는 것을 믿고 건강 및 체력 관리를 소홀히 하다 중년 이후 나타나는 체력 저하 및 건강 이상 발생을 사후 관리하는 누를 범하는 것과 마찬가지로 기업들 역시 창업 이후 고도의 성장 과정을 거치면서 조금 더 확장을 하면 거대 기업이 되면서 대마불사大馬不死와 같이 영구히 생존할 것으로 착각하고 성숙기 및 쇠퇴기를 준비 못하는 것과 유사한 현상이다.

인간이 건강을 관리하고 오래 살 수 있도록 도와 주는 지침서로 『동의보감』을 예로 들 수 있다. 우리 스스로 몸의 구성과 순환 원리를 이해하고 양생養生을 통하여 사전에 몸을 관리하고 보호하는 것을 『동의보감』에서 설명하고 있는 것이다. 특히 우주 만물의 원리인 음양과 오행이론에 입각하여 우리 몸의 구조와 순환원리를 설명하고 있다.

반면 기업들은 수명을 연장하기 위하여 끊임없이 혁신을 추진하여 왔고 성공한 기업들은 수명 연장 및 이윤을 보상 받고 있는 것이다.

기업과 인간이라는 두 개체의 또 다른 공통점은 일반적으로 오래 살기를 원한다는 것이다. 생로병사의 과정에서 수명 연장에 가장 큰 영향을 주는 것이 바로 병일 것이다. 감기, 독감, 전염병, 암, 백혈병과 같은 어느 정도 치료가 가능한 병도 있지만 아직까지 현대의 의학으로 원인 규명조차도 어려운 난치병, 불치병 등으로 인하여 인간의 생과 사가 갈리는 것이다. 문제는 병에 걸렸는지 여부를 미리 확인하기 어려운 것이다. 왜냐하면 우리 몸의 내부를 들여다 볼 수 없기 때문이다.

기업도 정상적으로 운영이 되고 있는 경우에 내부의 문제들이 보이지 않게 되고 잠재적으로 숨어있게 된다. 그러나 외부 환경에 제대로 적응을 못했을 경우 자금난, 경쟁력 상실, 부도 또는 파산과 같은 중병에 걸리게 되는 것이다. 만약 사전에 징후를 포착할 수 있다면 미리 해결책을 강구하고 대응할 수 있을 것이다.

수명 연장을 위해서는 인간이고 기업이고 어떤 병에 노출되어 있는지를 사전에 볼 수 있어야 한다. 눈으로 확인하고 원인을 파악할 수 있는 방법이 인간에게는 건강검진이 있는 것이고 기업에게는 운영상태를 지표를 통하여 눈으로 확인할 수 있는 진단방법이 있고 이를 실천하는 방법이 혁신의 과정이다. 기업 내부의 운영 수준이 경쟁사 대비 어느 상태인지 조사하고 현 수준을 파악하여 병의 중증 여부를 확인하고 조치를 취할 수 있도록 개선 방법을 제시하는 것이다

생로병사

다음 그림은 인간의 성장 곡선과 성장 시기별 주요 건강관리 지표를 나타내는 그림이다.

우리 인간의 탄생부터 노화 및 죽음에 이르는 과정을 볼 것 같으면 유아기 및 유년기 시절은 부모의 도움 아래 홀로 서기에 필요한 성장과정을 거치기 때문에 커다란 질병 없이 생활해 나간다. 이때에는 간혹 감기 또는 기타 전염병에 걸렸을 경우 병원에 가면 가장 먼저 점검하는 것이 신장과 체중이다. 정상적인 성장과정을 거치고 있는지를 우선 확인하는 건강지표들인 것이다. 따라서 이 시기에는 영양 상태, 성장 기준 등을 확인하면 되는 것이다. 별다른 외부 질병에 의한 감염이 없는 한

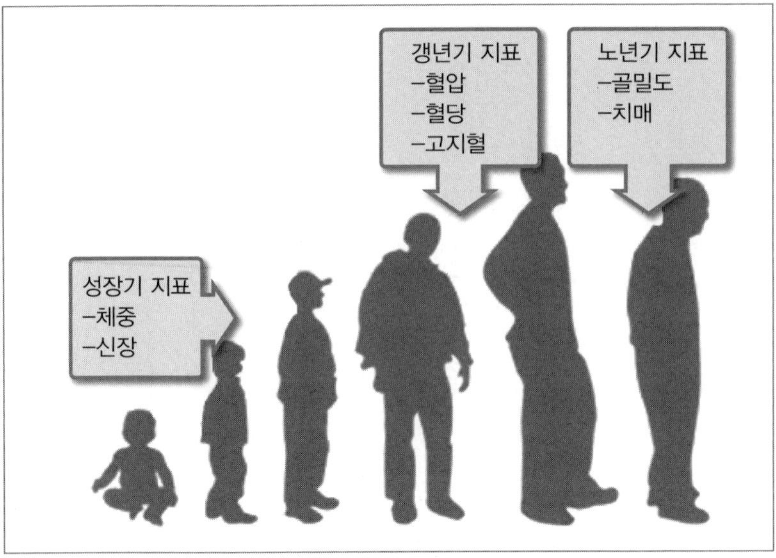

〈그림 1 인간 성장 주기별 건강지표〉

건강한 신체와 육체적인 발달을 이루어 나간다.

그러나 중년에 도달하게 되면 문제는 달라진다. 이 시기에는 과거 청년기에 자신의 건강에 대하여 과신을 하고 예방활동을 게을리 한 결과 외부로부터의 질병보다는 내부에 잠재된 질병들이 고개를 들기 시작하는 나이이다. 향상된 영양 상태 및 편리한 문명의 이기는 과체중 또는 고도비만이라는 불청객을 데려오고 일상 생활에서 쌓이는 스트레스는 각종 질병의 원인이 되기도 한다. 결국 이 시기는 고혈압, 고혈당, 고지혈 등의 높은 수치로 인하여 순환기 계통의 건강 문제가 발생하기 시작한다. 따라서 이 시기에는 병원에 가게 되면 제일 먼저 측정하는 것이 혈압, 혈당, 지혈 등이 되는 것이다.

이후 노년기에 접어들게 되면 중년의 혈관 계통의 질병 및 암과 같은 중병을 통과한 노인들에게 문제가 되는 것은 골밀도 저하에 따른 낙상의 위험 및 이에 따른 거동의 장애, 기억력이 저하되면서 나타나는 치매 등이 주요 건강관리 지표로 나타나게 된다.

결국 우리는 탄생 및 성장과 죽음에 이르는 단계를 거치면서 건강하게 오래 살다 죽기를 바라며 사전에 건강검진을 통하여 질병의 발현을 조기에 감지하고 예방하여 무병장수하기를 원하고 있고 인류 역사 이래 장족의 발전을 거두어 평균 수명 100세에 도달하고 있는 것이다. 건강 및 질병에 관련된 정보들을 가시화하고 수치화 하여 이력을 관리하며 원인을 분석하는 의료혁신을 통하여 인류의 염원을 달성하고 있는 중이다.

기업 수명 주기

인간의 생로병사 주기와 비교할 수 있는 것이 기업의 생명주기(Life Cycle)라 할 수 있고 이를 보면 처음 태동기를 시점으로 급속한 성장을 하게 되는 성장기, 이어서 성숙기 이후 쇠퇴기로 접어들게 된다.

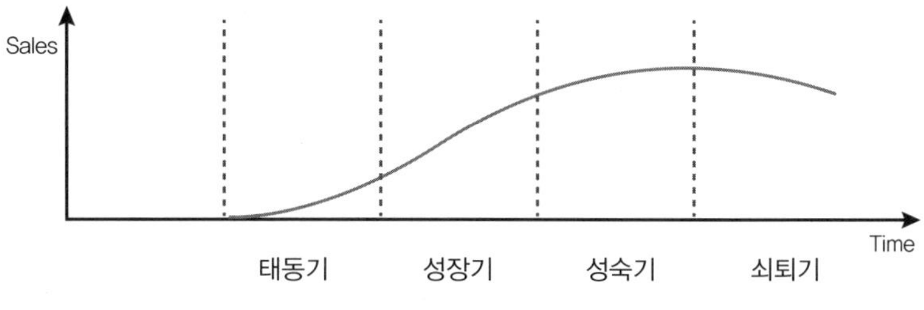

〈그림 2 기업의 성장 주기〉

기업에 있어서도 부모로부터 보호를 받는 인간의 유년기와 유사하게 창업과 함께 초기 태동기에는 창업자의 능력 내지는 초기 제품의 우수성으로 인하여 커다란 외부 문제 없이 성장이 가능한 시기가 있다. 이 시기에는 초기 기업이 제공하는 제품이나 서비스가 적정한 규모의 시장을 형성하느냐가 관건이므로 타 부문과의 협업이나 향후 필요한 업무들에 대하여 관심이 부족한 상황이 된다.

고도의 성장기를 거치게 되면서 회사의 규모는 커지게 되고 직원들도 증가하게 된다. 과거에는 점검하지 않아도 되었던 기능들이 속속 나타나게 되고 경쟁자들의 등장으로 인하여 시장은 예전만큼 녹록하지 않으며 고객들은 자꾸 새로운 경쟁자를 찾아 이탈하려고 하며 수익성도 예전보다 낮아지게 된다.

이때부터 경쟁자 대비 원가경쟁력의 확보가 필수요소로 등장하게 되고 이를 위해서는 생산성, 가동률 등 전 부분에 있어서 세밀한 관리가 필요하게 된다. 또한 품질 역시 까다로워지면서 경쟁사 대비 차별화를 위한 각종의 조치들이 시행되어야 하고 이를 관리 감독해야 한다.

기업과 사람의 공통점을 정리하면서 또 하나의 공통점을 얘기하자면 사람이고 기업이고 성장한 후에 건강상의 문제가 생긴다는 것이다. 물론 일찍 성장하기도 전에 불치의 병에 걸려 요절하는 경우도 있지만 대부분의 일반적인 사람들과 기업의 경우 일종의 성인병에 해당하는 질병들로 인해 고통을 받게 되는 것이다. 성인병의 공통적인 특징은 혈액순환 장애로 인한 질병들이 주를 이룬다.

사람의 몸에는 여러 장기들이 있고 각 장기들은 소화, 혈액공급 및 신진대사 등을 담당하고 있다. 각 장기들이 제 역할을 충분히 해내고 있다 하여 우리는 사람이 건강하다고 할 수 없을 것이다. 왜냐하면 우리 몸은 심장이 뛰지 않으면 죽은 거나 다름 없다. 특히 혈액 공급에 이상이 생기면 당장 쓰러지던가 뇌로 산소가 10분 이상 공급되지 않으면 특정 부위의 마비가 시작된다. 특히 사람이 나이가 들수록 혈관의 노화로 인하여 혈액 순환에 문제가 발생할 소지가 높아진다. 혈액 순환은 다시 표현하면 각 장기들 간의 상호협력이 원활히 이루어 질 수 있도록 연결해 주는 가교 역할을 한다고 할 수 있다.

기업 내에서도 많은 기업 병들의 증상은 각 부서별 역할들이 상호 간에 긴밀히 협조를 이루어 낼 수 있어야 하는데 부서 이기주의 내지는 관리 부재로 이 연결이 끊어져 순환(의사소통, 협업)에 문제가 생겼을 때 발생하는 것과 유사하다. 기업 내에서 개별 프로세스들이 각자의 역할을 충실히 소화해 내고 있다는 것은 부분 최적화로 표현할 수 있다. 기업이 제품·서비스를 고객에게 판매하여 수익을 창출하기 위해서는 연관된 부서들이 매끄럽게 협력이 되며 고객으로부터 접수되는 불만이나 요구사항들이 신속히 해결되고 고객 충성도를 확보하여 계속적인 매출을 유지할 수 있도록 업무 처리가 진행되어야 한다.

기업들이 규모가 커지다 보면 조직 구조 및 역학상 소통의 문제가 발생하고 경영진으로부터의 지시가 하부까지 전달되는데 오랜 시간이 소요되며 그나마 전해지는 과정에서 왜곡이 발생하여 한 방향으로 움직이기 힘들어 지기 때문에 성인병이라 할 수 있는 커뮤니케이션 장애가 발생하고 방치할 경우 질병들로 발전하고 궁극적으로는 사망(파산)에 이르게 되는 것이다. 그러므로 사람이나 기업이나 건강을 유지하기 위해서는 선순환이 항상 내부에서 이루어지도록 노력해야 한다.

『좋은 기업을 넘어 위대한 기업으로』의 저자 짐 콜린스가 최근의 그의 저서 『위대한 기업은 다 어디로 갔을까』에서 위대한 기업에서 몰락을 했거나 회생한 기업들의 특성을 5단계로서 표현하고 있다.

기존의 라이프 사이클과 유사하다. 다시 말해 창업 및 태동기에는 새로운 제품의 성공에 따라 성장해 나가는 과정이고 시장도 같이 성장을 하면서 성장 지상주의에 도취되어 내부의 문제는 보이지 않고 장밋빛 미래만이 보이는 시기가 된다. 다음 단계는 시장이 포화 상태에 이르고 경쟁이 치열해 지면 성장으로 인한 내부 조직의 복잡도가 증가하면서 조직 내 협업이 잘 안 되고 의사결정이 늦어지는 등 건강상의 이상 징후들이 발견되며 심혈관계 이상이 발생하고 합병증의 조짐도 보이지만 조금만 운동하고 체력관리하면 된다는 안이한 생각으로 병을 더 키우는 단계로 들어서면서 위험과 위기의 가능성을 부인한다.

드디어 다음 단계에서는 심각한 질병이 발생되었고 단기간 내에 치료는 어려우며 경우에 따라서는 수술이 필요한 상황으로 발전된다. 그러면 이 시기부터는 시급성을 뒤늦게 확인하고 용하다고 하는 병원이나 의사를 찾아 헤매기 시작한다. 이때라도 운 좋게 수술이 성공하거나 좋은 의료진을 만나 치료가 정상적으로 이루어지고 어느 정도 건강을 회복하게 되면 새로운 생활습관과 함께 다시금 부활하여 이전의 생활을 영위할 수 있게 된다. 여기서 안타까운 것은 새로운 생활습관이 사실은 별로 다른 것이 아니라는 점이다. 모두에게 요구되는 평범한 진실인 적절한 운동, 규칙적인 생활, 식이 요법 등이 바로 그것이다.

마지막 5단계는 중병에 걸린 것이 확인되었음에도 불구하고 치료하고자 하는 의지를 상실하거나 자포자기한 심정으로 모든 것을 손을 놓기 시작하게 되면 되살릴 수 있는 최소한의 불씨마저 사라져 버리게 된다. 돈이 없어 수술을 못하는 경우처럼 기업에 있어서도 현금이 없어서 부도가 나고 파산에 이르게 되는 경우이다.

이상에서 살펴보았듯이 생로병사라는 공통 부분을 갖고 있는 기업과 사람은 시간이 흐름에 따라 내부 요인에 의한 질병을 사전에 통제하고 시의적절한 치료를 통하여 수명을 연장하는 것이 필요하며 이를 위한 방법이 건강검진이라고 설명할 수 있다. 사람에게 있어서 건강검진은 전문병원과 의료진들이 역할을 담당하고 있지만 기업에는 병원이나 의료진들이 바로 기업 내에서 혁신을 담당하고 있는 사람들이라 하겠다.

혁신을 담당하는 사람들이 하는 일들은 우리보다 더 높은 효율을 창출하면서 오랫동안 사업을 영위하고 있는 선진사의 사례로부터 우리의 현재 수준은 어떤지를 진단(프로세스의 건강 상태)하고 부족한 부분을 명확히 하여 개선 방안을 제시하고 필요 시에는 전문 컨설턴트들을 동원하여 대대적인 수술을 단행하는 일들을 하고 있는 것이다.

흔히들 혁신은 무엇을 하는 것인지 눈에 보이지 않는 활동, 투자대비 성과 검증이 어려운 활동, 안 하면 뭔가 불안한 활동으로 인식하며 기업 내 업무들 중 중요성에서 뒤로 처지는 대우를 받고 있지만 우리가 우리 몸의 상태를 검진이라는 도구를 통하여 수치화 하고 인과관계를 규명하여 향후 미래의 건강 상태를 예견하면서 조기 치료를 통한 수명 연장을 이루어왔듯이 기업도 내부의 효율을 측정할 수 있는 지표들을 발굴하고 이들의 인과관계를 설정한 뒤 사전에 문제 프로세스들을 찾아내고 미래에 발생할 경영상의 문제를 예방 관리하게 되면 어느 날 갑자기 다가오는 경영부실을 미연에 방지하면서 기업의 수명 연장을 가능하게 할 수 있다.

건강검진으로 수명 연장

건강검진에 대한 유래와 정의를 살펴보자. 1954년에 새로 생긴 말로서 주로 항해를 마친 선박이 부두의 도크에 들어와 기계를 점검하는 것에서 유래되었다. 사람들 역시 특정한 질병의 유무를 알아내어 조기에 진단하고 일찍 치료하기 위해 일정 기간마다 검진센터에 정박하고 건강을 점검하는 데서 생긴 말이다.

건강검진은 우리 몸의 건강상태를 파악하기 위하여 각종 질병의 상태를 의학적 수치로 보여준다. 건강검진이 지금처럼 보편화되지 않았던 시절에는 심장병과 같은 질병을 진단하기 위하여 혈압이라는 단순한 수치만을 가지고 혈압의 높고 낮음을 비교하여 심장병 위험 유무를 간단히 진단하였다. 단순히 몇 가지의 대표 지표만을 놓고 의사와 상담을 하면서 혈압이 높은 환자들의 경우 처방은 짠 음식 금지, 기름진 음식 금지, 규칙적인 운동의 필요성만을 얘기했던 시절이 있다. 그러나 환자들 입장에서는 왜 이런 약이 필요하고 식이요법이 필요한지 이해도가 낮은 상태에서 수동적으로 처방에 동의하는 형태였다.

건강검진이 보편화되면서 그리고 의료기술이 발전하면서 검사의 방법도 정밀해지고 다양해지면서 아래 표(필자가 건강검진 받은 후 결과표에서 추출)에서 보는 바와 같이 수치 별로 원인이 되는 상세한 수치들이 제공되고 이를 소홀히 할 경우 예상되는 병의 증상까지 보여주고 있다. 이러한 검사결과 이제는 일반인들도 혈압이 높고 낮음을 얘기하는 것이 아니라 콜레스테롤 수치를 얘기하고 이를 예방하려면 어떤 식이 요법을 진행해야 하는지 상세히 알고 있다.

표에서 보여주는 수치 외에도 순환기, 소화기, 내분비, 호흡기 계통 등의 각종 질병들에 대한 상세한 지표와 증상들을 확인할 수 있다. 이러한 검진을 통하여 사전에 몸의 이상 유무를 확인하고 대비함으로써 사후 약방문을 미연에 방지할 수 있고 중대 질병을 예방할 수 있는 길이 열리면서 수명 연장에 크게 기여하고 있다.

주기	생체지표	상세지표	관련증상
성장기	성장	신장 체중	발육부진
중년기	혈압	T-콜레스테롤 HDL-콜레스테롤 LDL-콜레스테롤 Cardiac Risk Factor 크레아틴키나제	동맥경화, 고지혈증, 지질대사 고지혈증, 순환기, 심장병, 위험인자 심근경색, 지방간, 췌장암, 동맥경화 심혈관 질환 위험도 심근경색, 근육염
	지혈	중성지방	고질혈증, 순환기, 동맥경화 유발인자
노년기	류마티즘	골밀도 요산 류마토이드 인자	낙상 통풍, 관절염, 신부전 만성관절, 류마티즘
	치매 유전자	E1-e4 Homozygote	알츠하이머

혁신으로 수명 연장

인간은 수명을 연장하기 위하여 의료기술의 발달 및 각종 검진 기법을 개발하여 비약적인 수명 연장을 이룩하였다. 기업들 역시 수명을 연장하고 100년 기업을 달성하기 위한 노력들을 지속적으로 전개하여 왔다. (다음 표 참조)

기업들의 수명 연장을 위한 혁신 방법들은 공정혁신, 제조혁신, 기술

혁신 등을 통한 생산성 향상, 고객만족 증진, 사업의 스피드 개선 등과 같은 경영혁신 활동을 통하여 지속적으로 진행되어 왔다. 미국의 포드 자동차 회사로부터 시작된 어셈블리 라인Assembly Line을 통한 대량생산으로 작업자 및 시간당 생산성 향상을 이룩하였고, 일본의 도요타 자동차는 어셈블리 라인에서 발생하는 병목 현상으로 인한 효율 저하를 개선하기 위하여 앞 공정의 문제를 해결 후 뒤 공정으로 넘어가는 라인 스톱, 필요한 부품이나 재료들을 필요한 만큼 적기에 공급하여 사용하는 저스트인타임Just In Time 개념을 도입하여 재고를 최소화 하며 비용을 절감하였다. 미국의 델 컴퓨터는 한 걸음 더 진보하여 제품을 미리 만들어 놓고 재고를 확보한 후 판매 하는 방식에서 벗어나 제품을 고객으로 주문 받은 후 신속하게 고객에게 배달하여 주문에서 배송까지의 시간을 단축시켜 고객 만족 및 재고 부담을 절약하는 생산 방식의 일대 혁명을 가져왔다.

	비용Cost 절감	질Quality 향상	납기Delivery 단축
생산방식	소품종 대량 (Assembly Line)	다품종 소량 (JIT[1])	개인화, Leadtime (MTO)
선도기업	Ford	Toyota	Dell
Tool	Quality Control MRP	Six Sigma ERP	ICT SCM
방법론	Automation	TQM[2]	BPR

1) JIT: Just In Time, MTO: Make to Order, MRP: Manufacturing Resource Planning, ERP: Enterprise Resource Planning, ICT: Information & Communication Technology, SCM: Supply Chain Management, BPR: Business Process Reengineering

2) TQM: Total Quality Management

기업이 혁신을 통해 얻고자 하는 것은 새로운 무엇인가를 찾아내어 새로운 가치를 통한 이윤을 창출하고자 하는 것이다. 새롭다는 것은 무엇을 의미하는 것일까? 경쟁자들 보다 앞서기 위해, 더 높은 성과를 창출하기 위해, 시장 점유율 1위를 달성하기 위해 등 종전과 다른 뭔가를 얻고자 하는 것이 아닐까? 이를 위해서는 거창한 구호나 기법보다는 현재 하고 있는 업무나 일들에 대하여 개선할 점은 없는지를 고민하고 변화를 주면 되는 것이다. 프로세스 혁신이 바로 일하는 방법을 바꾸는 것이다.

일하는 방법을 바꾸기 위해 혁신을 하는 사람들은 보통 사람들을 먼저 변화(Change)시켜야 한다고 말한다. 그러면 Change와 Move는 어떻게 다를까? Change가 변화라면 Move는 움직임이다. 변화와 움직임 중 어떤 것이 더 쉬울까? 물론 움직이는 것이 더 쉬울 것이다. 그 다음은 Shake가 있다. 흔들림이다. 움직이는 것 보다는 흔드는 것이 더 쉬울 것이다.

"사람들은 어떤 소설이나 이야기를 들으면서 감동을 하여 함께 울거나, 웃거나, 슬퍼하거나, 모험을 할 수 있지만 결국 자신이 감당할 수 있는 한계 내에서 모방을 한다." (김탁환, 2011)

이 말을 곱씹어 볼 수밖에 없었다. 혁신을 하는 사람들이 처음부터 너무 무리한 것을 목표로 삼지 않았는지, 더욱이 사람들은 나이가 들면서 자기만의 고집 또는 아집이 생기며 다른 것에 대한 저항감이 커지게 돼있는데 혁신하는 사람들은 한두 번의 감동을 주거나 압력을 가하면 마치 모든 사람들이 곧바로 몰입을 하면서 빠져 들것으로 착각하고 있었던 것은 아닌지? 그러면서 스스로 위안하는 말 - 혁신은 어렵고 오래 걸리는 험난한 길이야! 우리는 이런 늪에 빠져 스스로 포기하거나 잘못된 혁신의 방법을 택했던 것은 아닐까 후회되기도 한다.

혁신을 성공적으로 수행하기 위해서는 혁신을 강력히 리딩하는 최고경영진부터 솔선수범하여 자기 자신부터 흔들면서 상대방을 흔드는 작은 것부터 시작해야 될 것 같다. 이후 감동을 받은 사람들을 움직이고 궁극적으로 변화시키는 것이 순서라 하겠다. 이런 관점에서 보면 혁신의 가장 좋은 방법은 톱다운Top Down과 바텀업Bottom Up이 결합되어 움직이는 것이라 할 수 있다. 톱Top으로 부터의 작은 흔들림을 유도하고 이 흔들림은 바텀Bottom에서 확산되어 주위 사람들을 이동(move)시키고 더 나아가 전체를 변화시키는, 톱Top과 바텀Bottom의 융합이라고 정의할 수 있다.

리더가 어떤 유형이냐에 따라 혁신의 추진 방법이 좌우되기도 하지만 중요한 사실은 혁신을 실행할 주체도 직원인 사람들이다. 혁신의 대상은 기업의 조직 구조, 기술개발, 제품 프로모션, 공정혁신, 유통개선 등 기업 전반이 될 수 있으나 이러한 내용들은 혁신의 방향성을 나타내는 전략에 해당된다. 이를 실행하기 위해서는 직원들이 하고 있는 업무와 작업 방법들에 대한 개선이 실제 대상이 된다. 그러므로 일을 추진할 사람들이 명확히 이해하고 방법을 알아야 하는 것이다. 그동안의 많았던 혁신들은 기법을 중심으로 개념을 전파하는데 많은 노력을 기울였다. 그 결과 직원들이 기법을 이해하기에 힘이 들었고 이해도가 낮게 되므로 동참도 쉽지 않았다. 혁신은 이런 문제를 해결하기 위해 변화관리가 필요하다고 하며 가죽을 새롭게 하는 것, 부리로 깃털을 새롭게 하는 것, 뼈를 깎는 고통을 감내해야 하는 것이다 그러므로 힘들더라도

해야만 한다고 강조해 왔던 것이다.

아무리 좋은 혁신의 기법들도 결국 활용하기 위해서는 직원들이 이해를 해야 한다. 그래야 직원들의 업무에 반영하여 일하는 방법, 생각하는 방법들이 변하게 되는 것이다. 혁신 실행의 실체인 업무에 대한 충분한 이해가 부족한 상황에서 혁신을 추진하게 되므로 초기에 목표했던 성과를 창출하기 어려웠던 것이다. 현재 직원들이 하고 있는 업무들에 대한 총체적인 이해와 현상 파악이 선행되어야 혁신의 실행력을 높일 수 있다. 뒤에서 설명하게 될 기업 프로세스에서 자세히 설명할 것이다.

앞에서 인간의 건강검진이 발전하면서 질병의 원인들에 대하여 상세하게 분류하고 측정 결과를 제공하게 되었다. 상세한 인과관계 및 잠재 증상을 통하여 사람들은 스스로 건강을 관리하기 시작하였다. 기업의 지표관리도 비슷한 형태를 보이고 있다. 과거에는 인간의 단순 건강지표에 해당하는 재무 중심의 핵심성과지표(KPI, Key Performance Indicator)들로 기업을 평가하고 있었다. 그러므로 손익이 안 좋거나 비용이 또는 부채가 높다는 식의 단순한 평가를 실시하였다. 그러나 이러한 재무지표들은 이를 구성하는 하부의 상세 지표들이 있고 현장과 밀착하게 운영되고 있는 운영지표들까지 상세 관리를 해야 한다.

재무지표	핵심성과지표KPI	상세지표	증상
매출액	신제품 개발건수 신제품 출시기간 수요예측 정확도	신제품 매출 비중 손익분기 도달시간 고객별·제품별 정확도	비중 낮을 경우 미래 불안 투자 회수 불투명, 원가 상승 시장의 정확한 수요 파악 안됨
재료비	구매비용 자동 발주율	원부자재 재료비 사후 보정율 생산 계획 정확도	원가 부담 원부자재 재고관리 어려움 잦은 기종 변경, 실적 미달
제조원가 품질비용	생산성 반품율	설비 가동률 사이클 타임 재작업 검출력	낮을 경우 감가비 부담 프로세스 효율 저하(원가 부담) 가동률 잠식 품질비용·고객 불만 증가

위의 표를 보면 마치 사람들이 자신의 건강검진에서 판명된 수 많은 지표들을 참조하여 자발적인 건강관리를 하는 것과 동일하게 기업도 임직원들이 기업의 건강검진 결과를 토대로 스스로 업무를 개선하고 치료할 수 있도록 유도해야 한다는 것이고 이 과정을 프로세스 혁신이라고 재조명할 필요가 있다. 이렇게 정기적인 건강검진을 통하여 인간의 평균 수명을 연장시키고 이전 세대들은 누릴 수 없었던 노후와 추가 인생을 즐기는 것처럼 기업도 정기적인 건강검진을 통하여 평균 수명을 연장하고 지속성장할 수 있는 가능성을 키워야 할 것이다.

2
『동의보감』과 기업

앞서 사람과 기업을 비교하면서 공통점을 설명하였다. 그러면 사람과 기업은 어떤 모습과 내부 운영 기관을 가지고 있는지 궁금해지게 된다. 『동의보감』을 통해서 두 개체를 비교해 보고자 한다. 『동의보감』은 허준(許浚, 1546~1615)이 지은 책으로서 일반적으로 의학서적으로 알고 있다. 그러나 실상 『동의보감』을 읽게 되면 의학서라기 보다는 동양의 『주역』이 포함된 몸 관리 지침서라고 말할 수 있을 것이다. 복잡하거나 어려운 의학용어가 등장하는 것이 아니라 동양철학에 근거를 두고 몸의 구조 및 장기들의 구성과 순환원리 등을 상세하게 설명하고 있다. 일반인들도 별도의 의학 전문 지식이 없이도 읽기 쉽게 되어 있다. 『동의보감』의 구성은 우리 몸의 내부 세계를 설명해주는 「내경」 편, 몸안과 연결된 외부 세계를 설명해주는 「외형」 편, 주위 환경과 각종 질병들에 대하여 설명해주는 「잡병」 편과 각종 약들에 대하여 설명해주는 「탕액」

편으로 되어 있다. 본서에서는 「내경」 편을 중심으로 기업의 운영과 사람 몸의 운영을 비교 설명하고자 한다.

다음 그림은 사람과 기업을 『동의보감』 관점에서 비교하여 보여 주고 있다.

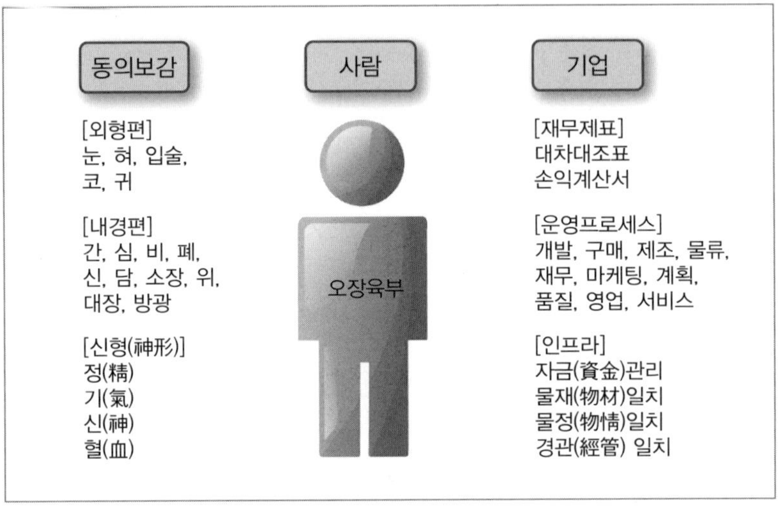

〈그림 3 동의보감, 사람, 기업 비교〉

「외형」 편에서는 사람의 얼굴에 그 사람의 오장육부의 상태가 나타난다고 하였다. 눈에는 간의 상태, 혀는 심장의 상태, 입술은 비장의 상태, 코는 허파의 상태 그리고 귀는 신장의 상태가 나타나는 것으로 『동의보감』에서 설명하고 있다. 그러므로 사람의 얼굴 모습을 통해서 건강상태를 파악할 수 있는 것이다. 그러면 기업의 얼굴에 해당하는 것은 무엇일까? 일반적으로 기업의 상태가 어떠한지 객관적으로 볼 수 있는 자료가 재무제표일 것이다. 의무적으로 공시하는 기업의 재무정보를 통하여 기업의 경영현황과 각종 건전성 지표들을 파악할 수 있는 것이다.

「내경」 편으로 들어가 보면 드디어 우리 몸의 가장 중요한 운영기관인 오장육부에 대해서 설명하기 시작한다. 피를 저장하는 오장과 음식물을 소화시키고 대사를 진행하는 육부에 대한 설명이 이어진다. 오장육부가 한시라도 문제를 일으키면 우리는 중대한 위기에 처하게 되는 것이다. 기업을 운영하는 것은 어떤 기관들이 있을지 궁금해진다. 뒤에서 자세히 설명될 사항이지만 간단히 요약하면 기업을 운영하기 위해 매일 매일 진행되는 업무들이 있다. 제품을 개발하고 원료를 구매하고 물건을 만들며 고객에게 공급하고 대금을 회수하는 프로세스들이 존재하고 있으며 이들 프로세스들의 성격과 오장육부를 비교하면 재미있는 연관성들을 발견할 수 있다. 오장육부와 비즈니스 프로세스에서 자세하게 설명될 것이다.

오장육부를 중심으로 우리 몸을 운영하는 기본 요소가 있다. 『동의보감』에서는 정기신혈이 우리 몸을 순환하면서 생명을 유지시키고 혈액을 순환시키며 기운을 만든다는 것이다. 기업에서도 운영 프로세스들이 정상적으로 운영이 될 경우 제품들의 이동인 사내물류의 흐름이 원활하여 불필요한 재고가 쌓이지 않고 업무 처리도 신속히 할 수 있는 것이다. 또한 실제 제품의 이동에 따른 정보가 정확히 제공되어야 의사결정을 정확히 할 수 있는 것이다. 다음은 혈액이 정상적으로 온몸에 공급되어야 체온도 유지하고 움직일 수 있는 것이다. 혈액 순환에 이상이 생기면 신체의 마비 등 예기치 않은 질병이 발생할 수 있는 것이다. 기업의 경우 모든 활동들이 정상적으로 이루어져서 매출이 발생하고 원가를 제외하고 남는 이익을 계산함에 있어 현장과 관리의 동일한 계산법을 준수해야 정확한 실적을 산출할 수 있는 것이다. 재무와 관리의 계산법 일치를 경리와 관리의 일치라 하고 이를 '경관일치'라 부른다.

이렇듯 사람과 기업의 구성 및 운영은 전혀 다른 별개의 개체로 생각되었으나 『동의보감』을 매개로 하여 두 개체의 공통점을 찾을 수 있었다. 본 내용을 토대로 이어서 자세하게 기업 운영에 적용할 수 있는 『동의보감』의 개념을 설명하고자 한다.

신체: 신형과 기업 인프라

『동의보감』에서 양생의 원리와 나라를 다스리는 이치를 다음과 같이 설명한다.

"가슴과 배 부위는 궁실과 같고, 팔다리는 교외와 같으며, 뼈마디는 온갖 관리와 같다. 신은 임금과 같고, 혈은 신하와 같으며, 기는 백성과 같다. 자기 몸을 간수할 줄 알면 나라도 잘 다스릴 수 있다. 대체로 백성을 사랑함으로써 그 나라가 편안하듯이 자기 몸의 기를 아껴 씀으로써 그 몸을 보존할 수 있다. 백성이 흩어지면 나라가 망하듯 기가 마르면 몸도 죽어 버린다. 죽은 사람이 다시 살아나지 못하듯 망한 나라가 온전하게 회복되기 힘들다."(『동의보감』「내경」 편)

기업과 비교해보면, 가슴과 배 부위는 사장실이고 팔다리는 공장이나 사무실로 설명할 수 있으며 뼈마디는 간부, 신은 사장, 혈은 경영진, 기는 직원들로 해석할 수 있다. 다분히 사람을 기업의 구성 요소와 비교한 내용이다. 사장이 백성(직원)을 사랑함으로써 그 기업이 편할 수 있겠으며 기氣인 직원들을 아껴 써야 기업을 보존할 수 있다. 직원들을 단순히 비용으로만 생각하고 함부로 낭비하거나 제거하면 되찾아 올 수 없는 기를 손실하는 것이라 하겠다.

백성이 흩어지면 나라가 망하듯 좋은 직원들이 하나 둘씩 기업을 떠나게 된다면 마치 우리 몸의 기가 말라 죽어가듯이 기업도 되살아 나기가 힘들게 될 것이다. 기업 인수합병이 실패하는 원인들에는 여러 가지가 있을 수 있지만 대표적인 원인 하나가 직원들의 이탈이다. 인수한 회사가 맘에 들지 않거나 융화가 되질 않을 경우 핵심인력들이 빠져나가게 되면서 경쟁력을 상실하게 되는 것이다. 초기의 인수합병 목적을 달성하지 못하게 된다. 그러므로 직원들을 사랑으로 보듬고 기처럼 소중히 관리하며 자유롭게 조직 내에서 의사소통이 원활하게 하고 업무 교류가 활발하게 이루어지도록 하는 것이 기업을 최상으로 운영하는 것이라 하겠다.

몸 안의 장부는 국정의 운용과 비교하였다.

"심장은 군주에 비유되니 신명이 여기서 생긴다. 폐는 재상이나 왕실의 스승에 비유되니 조절작용이 여기서 생긴다. 간은 장군에 비유되니 꾀와 묘책이 여기서 생긴다. 쓸개는 사리를 판정하는 기관에 비유되니 결단성이 여기서 생긴다. 전중은 신하를 부리는 기관에 비유되니 기쁨과 즐거움이 여기서 생긴다. 비위는 창고에 비유되니 5가지 맛이 여기서 생긴다. 대장은 수송기관에 비유되니 변화가 여기서 생긴다. 소장은 받아서 담는 기관에 비유되니 물질을 소화하여 내보낸다. 신은 강함을 만드는 기관에 비유되니 기교가 여기서 생긴다. 삼초는 도랑을 뚫는 기관으로 비유되니 물길이 여기서 나온다. 방광은 지방관에 비유되니 진액을 저장하였다가 기화시켜 내보낸다." (『동의보감』, 「내경」 편)

위에서 설명하는 오장육부의 개념은 오장의 저장과 육부의 대사 기능 관점에서 보면 주로 대사 관점에서 비유한 내용이다.

꾀와 묘책을 담당하는 간과 사리와 결단을 주관하는 쓸개는 시장에서의 제품과 고객 수요의 중장기 수요예측을 상시로 모니터링하고 신제품 출시, 고객확보, 프로모션 전략 등을 실행하는 개발 및 마케팅 조직으로 비유할 수 있다.

신명을 발생시키는 심장은 필요한 원부자재 등을 곳곳에 빠짐없이 보내야 하니 구매 조직과 같고, 음식 및 영양분의 수송과 변화를 담당하는 대장은 물류 조직으로 비유할 수 있다.

저장 기능의 창고 및 맛을 관장하는 비장과 위는 제조와 품질 프로세스와 비교된다. 제조에서 생산하여 만들어진 제품들을 소비자들의 입맛에 맞게 선별하여 품질을 관리하는 기능이다.

외부(시장)와 소통하여 호흡을 조절하는 폐는 싸고, 좋게 만들어진 제품을 고객의 주문에 맞게 적기에 공급하여 요구 수량을 잘 소화해 내며 생산능력을 유지할 수 있도록 필요한 고객의 주문을 확보하는 영업 조직과 유사하며 소화를 담당하는 소장은 제품의 개발계획 및 재고 운영전략을 수립하여 주문 받은 제품의 수량을 가장 저렴하고 적기에 생산하여 공급할 수 있도록 하는 생산계획 조직이라 할 수 있다.

기교를 관리하는 신장은 자금을 관리하는 재무조직과 같으며 진액을 배출하는 방광은 고객 서비스 프로세스로 설명할 수 있다. 판매한 제품들에 있어서 하자가 발생하거나 고객의 불만이 발생하였을 경우 이를 해소하기 위한 활동들을 하는 기능이다. 고객 만족도 조사, 콜센터Call Center 운영 등이 해당된다.

우리 몸의 오장육부 간 흐름이 원활하도록 도랑 내지는 물길의 역할을 하는 삼초는 기업의 지원 프로세스이다. 삼초는 실제 존재하는 장기

이기보다는 우리 몸통을 상중하로 구분 짓는 가상적 개념으로서 위에서 설명한 오부들이 상호 간에 긴밀히 협조되며 기능 간 단절이 발생하지 않도록 물길을 터 주는 역할을 하는 기능들이다. 앞에서 직원들을 기에 비유했듯이 직원들에 대한 관리 및 보충을 지원하는 인사, 정보의 생성, 흐름, 소멸을 지원하는 정보전략 및 정보시스템, 사무 환경 및 안전을 지원하는 인프라 조직 등을 예를 들 수 있다.

이상에서 살펴본 바와 같이 기업의 구성이나 운영이 우리 인체의 구성 및 운영과 매우 유사함을 확인할 수 있었고 이는 우주 속에서 탄생하고 소멸하는 모든 유기 생명체들의 공통된 특징이라고 설명할 수 있고 이런 전제 하에 오행의 원리에 의한 기업운영 모델을 만들 수 있고 건강검진을 통하여 양생의 원리에 입각한 기업의 프로세스 혁신 개념을 이해할 수 있다.

생명의 원천: 정精과 재경財經(자금)

『동의보감』에서 정은 생명의 원천이며 특히 정액은 생명을 유지하는 근본이므로 소모하기만 하고 보태주지 않으면 정액이 줄어들고 몸이 피곤해진다고 하였다. 무엇보다도 정을 잘 간직해야 한다. 함부로 내보내서는 안 되는 매우 중요한 것이다.

기업의 입장에서 풀어보면 아마도 기업이 처음 탄생할 때 많든 적든 자본금을 만들어 창업을 하게 된다. 이후 자본금은 회사의 성장에 따라 증가할 수도 있고 회사의 경영이 악화될 경우 마치 정액의 고갈처럼 자본금 잠식이 발생하여 생명이 위태로워 질 수 있을 것이다. 그러므로 기업을 운영함에 있어 돈(자금)의 관리가 무엇보다도 중요한 것이다. 혹

자도산, M&A 등의 경우를 보면 기업의 각 기능들이 정상적으로 운전이 되더라도 자금의 흐름이 막히게 되면 흔히 표현하는 '돈맥경화(동맥경화를 빗댄 표현으로서 돈의 흐름 막히는 경우)'로 인하여 고전을 면치 못하게 된다.

따라서 자금의 흐름을 정확히 파악하고 변동에 대응해야 한다. 특히 자금 자체만의 관리가 아닌 물동의 흐름에 따라 대금 지불 및 회수 등의 행위가 장부상의 수치와 항상 일치되도록 관리하여 생명을 보존해야 한다. 장부와 실물이 맞지 않을 경우 잘못된 의사결정으로 인하여 자금난을 겪게 될 수도 있다.

몸의 지킴이: 기氣와 물동物動(물류의 이동)

기는 우리 몸을 순환하면서 기운을 북돋게 해주는 일종의 에너지의 흐름이다. 일상생활에서 자주 사용하는'기가 막히다', '기가 막혀 죽겠다'에서와 같이 기의 흐름이 원활하지 못하면 이상이 생기는 것이다. 우리가 음식을 먹고 난 뒤 소화 과정에서 체했다는 표현을 하는 것도 음식물이 소화되면서 영양분을 흡수하고 온몸에 골고루 공급되도록 해야 하는데 이 과정이 제대로 작동을 하지 않고 쌓여있다는 것이다. 흐름이 원활하지 못한 것이다. 이러한 막힘을 뚫어주어야 소화도 잘되고 신진대사가 원활하게 이루어지는 것이다.

기업도 원료를 투입하고 제조하여 제품을 만드는 과정이 마치 우리가 음식을 소화시키는 과정과 유사하다. 각 과정이 원활하게 운영되지 않을 경우 각 과정 중간에는 반제품들이 쌓이게 되는 것이다. 일명 재고로 표현되는 것이다. 기업에 재고가 많다는 것은 내부 운영의 흐름이 원활치 못하다는 반증이다. 그러므로 최근의 기업들은 재고를 줄이거나 아예 없애는 방법들에 대하여 고민을 하고 있는 것이다. 팔다 남은 제품을 투입비용도 건지지 못하고 폐기되는 경우도 있다.

사람이 기의 흐름에 문제가 생기면 병에 걸리는 것처럼 기업도 물류의 흐름이 원활치 못하면 각종 낭비와 불합리가 쌓여 기업병에 걸리게 되는 것이다. 흐름을 원활하게 해야 하는 이유가 바로 병에 걸리지 않기 위함이다.

정신활동의 주체: 신神과 정보情報

신은 정신이라고 표현하는 것에서도 볼 수 있듯이 물질적이거나 형체가 보이지 않는 무형의 형태로서 감정과 심리를 담당하고 있다. 기업 내에서 이루어지는 자금의 흐름이나 물동의 흐름은 이동경로마다 정보라고 하는 수치화된 데이터를 발생시킨다. 기업의 모든 활동들의 무형의 현상을 데이터 또는 정보로 볼 수 있고 이를 통하여 기업들은 내부 활동들을 수시로 모니터링하고 각 부분별로 이상 발생 유무를 확인하고 원인을 분석하며 대책을 강구하게 된다.

정보화 사회에서 생활하고 있는 21세기 기업들은 거의 전 영역이 프로세스화 되고 정보시스템화 되어 운영되고 있으므로 정보의 홍수 속에서 살고 있다고 해도 과언이 아니다. 수작업이나 몇몇 전문가들의 경험을 통해서 파악하고 관리하기에는 한계에 이르렀다. 그렇기 때문에 대부분의 기업들이 정보화에 투자를 하고 정보시스템을 운영하고 있는 것이다.

우리가 일상생활에서 정신이 나갔다는 표현을 사용한다. 어떤 사람의 행동이 도저히 상식적으로 이해되지 않는 상황을 일컬어 얘기하는 것이다. 육체는 온전한데, 행동은 정상이 아닐 경우이다. 마찬가지로 기업에 있어서 운영에 필요한 정보가 충분히 없을 경우 모든 인프라나 설비들이 어떤 비정상적인 작동을 하고 있는지 파악하기가 어려울 것이다. 의사결정을 하기가 어려워지고 시간도 오래 걸릴 것이다.

기는 바람, 혈은 물: 혈血과 물재·물정·경관 일치

혈은 기와 짝을 이루면서 우리 몸의 구석구석까지 돌아다니며 체온 유지, 영양분 공급, 호흡작용 등을 도와 준다. 온몸을 순환해야 하기 때문에 기가 먼저 통하여 지나가면 혈이 뒤따르며 오장을 거쳐 육부까지 다다르며 이동하고 있다. 만약 어느 한곳의 기가 막히게 되면 혈의 흐름도 지장을 맡게 되므로 몸의 이상이 생기기 시작한다.

앞에서 정기신을 기업의 관점에서 재무·물동·정보로 표현하였다. 재무·물동·정보의 흐름도 기업 경영에 있어서 매우 중요하다. 자금의 흐름이 물동의 흐름과 일치하지 않을 경우 자금운영에 차질이 발생하고 고객 및 협력업체들과의 거래에 차질이 발생할 수 있으며 회계 처리 미흡으로 인한 감사를 받게 될 수도 있다. 또한 물동의 흐름이 이동 단계마다 실제 발생하고 있는 정보와 다르게 관리될 경우 현장의 운전 현황을 정확히 파악 못하고 그로 인해 불필요한 작업지시가 추가로 발생할 수 있다. 현장의 재고의 정보와 장부상의 재고의 정보가 다를 경우 결산 시마다 정보를 수정하기 위하여 많은 노력과 인력이 투입되는 악순환을 겪게 된다.

그러므로 기업에서도 정보와 물동의 일치, 재무와 물동의 일치, 경리와 관리의 일치가 매우 중요한 요소중의 하나이다. 이 세 가지의 일치가 정확히 이루어져야 정확한 정보 및 데이터에 의한 정확한 의사결정을 할 수 있기 때문이다.

3
『주역周易』과 경영

일반적으로 『주역』 하면 개인들의 길흉화복을 점치는 주술서 같은 인식을 가지고 있다. 5천 년을 이어오는 동양의 우수한 철학임에도 불구하고 너무 심하게 폄하되어 있는 것이 현실이다. 본래 『주역』은 우주 만물에 적용되는 자연의 법칙을 설명하는 책이다. 우주 만물이라 하여 자연이나 인간에만 적용할 수 있는 것이 아니라 인간들이 살고 있는 세상의 모든 만물들에도 공통적으로 적용할 수 있는 원리를 얘기하고 있다.

인간과 기업의 공통점을 소개하였듯이 기업도 사람들이 모여 운영하고 있는 만물 중의 하나이므로 『주역』의 원리를 적용할 수 있을 것이다. 특히 『주역』의 내용 중 음양과 오행 이론이 가장 유력하였다. 음양오행을 직접적으로 기업경영에 접목시키기에는 논리적 비약이 발생할 수 있으므로 이미 사람을 통하여 음양오행이 검증된 『동의보감』을 매개로 활용하기로 하였다. 다음으로 사람과 기업을 비교하면 쉽게 『동의보감』과 비교되면서 기업 경영에 음양오행을 적용할 수 있는 것이다. 서로 상반되어 보이는 동양철학인 『주역』과 서양철학에 기반을 둔 서구식 기업의 경영이 융합되는 과정을 즐길 수 있는 좋은 기회라 생각된다.

특히 서구식 방법론이 난해하고 어려워 이해하기 힘들었던 분들에게는 우리의 일상생활 속에 깊숙이 내재되어 있는 동양사상을 활용하여 기업 경영의 원리와 관리 방법을 좀 더 쉽게 이해할 수 있을 것이라 장담하며 기업에서도 변화관리에 초점을 두어 활용을 하면 훨씬 더 효과적일 것이다.

음양陰陽

우주 만물의 생성, 성장, 소멸의 원리인 음양과 오행을 정리해보면 지구상의 생명체들은 하늘의 기운과 땅의 기운을 받아 생활하게 된다. 양의 기운은 발산을 하는 성질이 있고 음의 기운은 수렴하는 성질이 있다. 그러나 음양이 명확하게 구분되는 것이 아니라 음과 양이 서로의 상황에 따라 양이 강해졌다가 음으로 전환되고 반대로 음이 강해졌다가 양으로 전환되는 일심동체의 성격을 가졌다고 볼 수 있다.

다시 말하면 음양은 상대적인 두 개의 힘이 하나에 들어있어 두 개의 힘 간의 상호 주종 관계가 계속 변하는 현상을 얘기한다. 우리가 흔히 이분법적으로 음과 양을 명확히 구분하려는 것은 음양에 대한 잘못된 이해이다. 음양은 상호 순환하는 관계에서 역할 또는 비중이 바뀌는 현상이다. 양의 기운이 강하게 되면 상대적으로 음의 기운이 약해지고 이어서 음의 기운이 강해지면 양의 기운이 약해지면 계속 순환이 되는 것이다.

인간도 남자와 여자가 양과 음으로 구분되어 있지만 남자의 몸에도 음이 들어 있고 여자의 몸에도 양이 들어있다. 남자가 나이를 들어갈수록 갱년기가 다가오게 되면 몸 안에 분비되던 남성 호르몬의 수치가 낮아지고 여성 호르몬의 수치가 올라가면서 여성화 되어 가는 반면, 여자는 갱년기를 지나면서 여성 호르몬 수치가 낮아지고 남성 호르몬 수치가 높아지는 현상이 발생되며 남성화 되어가는 현상이 음양의 현상과 비슷하다.

이렇듯 음양은 서로 다른 대립되는 두 가지 개념이 서로 순환하며 역할을 주고 받는 현상이다. 이를 기업의 경영에 적용한 재미있는 사례가 있다. 『성공하는 기업들의 8가지 습관』로 번역된 짐 콜린스의 저서에 보면 음양을 A Or B로 구분되는 이분법 현상이 아닌 A And B로서 하나 안에 포함되는 둘로서 설명한다. 위대한 기업들은 그들이 지속적으로 보존하고 확보해야 할 핵심가치와 시대 변화에 맞도록 변화하고 자극하는 핵심가치 보존·발전 자극이라는 두 가지 개념을 순차적으로 실천하고 있다는 것이다. 예를 들면, 변화냐 안정이냐, 저가 전략이냐 고품질 전략이냐, 단기 업적 추구이냐 장기 업적 추구이냐 같은 대조적인 두 가지의 역설적 관계를 선택과 집중으로 구분하기보다는 두 가지 개념을 동시에 수용하면서 이 두 가지가 상호순환되며 주도하는 음양의 개념으로 경영성과를 창출하는 것으로 설명한다.

대부분의 우리나라 기업들은 두 마리 토끼를 한번에 잡으려는 경향들이 강하다. 그러다 보면 위의 설명처럼 대립되는 두 가지 상황에 부딪히게 되면 하나의 선택과 집중보다는 And에 따른 두 가지를 다 하겠다고 결정한다. 여기에 음양이론을 접목해 보면 두 가지 다 선택한 것이 잘못된 것이 아니라 짐 콜린스의 설명대로 두 가지를 한꺼번에 시도하는 것보다는 순서대로 상호보완 개념으로 추진하는 것이 더 효과적일 것이다. 동양의 음양이 기업경영에 접목되는 흥미 있는 사례이다.

오행五行

우주 만물은 자기 모습을 끊임없이 바꾸지만 그 곳에는 질서가 존재한다. 오행이 바로 우주의 질서이고 자연을 바라보는 동양인들의 시각이다. 우주의 질서에는 태어나고, 성장하고, 수렴하고, 저장하는 순환 사이클이 있으며 각 단계의 변화 과정을 중재하는 기운이 있다. 앞서 설명한 네 가지 기운과 중재하는 기운을 추가하여 5가지 기운이 바로 오행이다. 오행의 생장수장生長收藏 및 변화의 개념은 시간, 공간 및 계절의 변화에도 적용 가능하다.

오행 개념	陽		변환	陰	
시간	生	長	化	收	藏
공간	木	火	土	金	水
사람	幼年	少年	歲月	壯年	老年
기업	胎動	成長	革新	成熟	衰退
자연	春	夏	換節期	秋	冬

오행의 시간적 개념은 태어나게 하는 생生 기운, 성장하게 하는 장長 기운, 수렴하게 하는 수收 기운, 응축하고 저장하는 장臟 기운 및 이들 변환 과정을 중재하는 화化 기운이 있다. 이 기운들은 다시 음과 양으로 구분된다. 생장과 성장의 기운은 팽창하는 기운으로서 양의 기운에 해당되고 수렴 및 저장하는 기운은 수축하는 기운으로서 음의 기운에

해당되며 음양으로 변화하는 기운과 함께 오행의 시간적 변화를 설명한다. 즉, 모든 만물이 태어나서 성장하게 되면 영원히 성장을 지속하는 것이 아니라 다시금 새로운 탄생을 위하여 기운을 수렴하고 응축하는 것이고 시간의 흐름과 함께 이 과정이 계속 반복되는 것이다.

공간적 개념으로서 양의 기운의 첫 번째는 나무(木)로서 나무는 씨앗으로 시작하여 싹이 돋우며 새로운 생명이 탄생하는 기운을 갖고 있다. 두 번째 양의 기운은 불(火)의 기운으로서 활활 타오르는 불의 모습은 실체의 물질보다는 산화하여 발산하고 없어지는 기운을 갖고 있다. 음의 기운 첫 번째는 쇠(金)으로서 단단하게 굳어 있는 물질로서 열을 받게 되면 녹아서 액체가 되는 수렴하는 음의 기운을 갖고 있고 두 번째는 물(水)로서 수증기가 응축되어 이슬이 맺히고 물방울이 맺혀 물이 되듯 결정체로서 음의 기운을 갖고 있다. 나무와 불로 이어지는 양의 기운이 음으로 전환되는 중간에 매개하는 역할을 하는 것이 흙(土)이다. 모든 만물을 덮어 주어 음과 양을 동시에 포용하여 음양의 전환을 주관해 준다. 오행의 공간적 변화는 목, 화, 토, 금, 수의 상호 간의 관계를 말한다. 여기에는 오행 간의 상생관계와 상극관계가 추가로 제시된다. 상생, 상극의 관계는 뒤에서 좀 더 자세히 설명할 계획이다.

사람에 있어서 오행은 생로병사에서와 마찬가지로 태어나서 유년기와 성장하는 청소년기를 거쳐 중년으로 접어들면서 원숙함을 더해가는 장년이 되고 이어서 삶의 지혜를 저장하는 노년으로 전환되어 간다. '세월이 약이겠지요'라는 유행가 노랫말이 생각난다. 세월의 흐름과 함께 사람의 태어나고 죽음이 이어진다.

오행의 시간적 개념과 비교해보면, 기업도 설립과 더불어 태동기를 거치면서 양적 성장에 해당하는 성장기를 거치게 되고 이어서 내적 성장에 해당되는 성숙기를 통과하고 쇠퇴기를 맞이하며 새로운 탄생을 준비하게 된다. 각 단계별 전환을 매끄럽게 하여 연착륙하도록 혁신을 추진하는 것이다. 갑작스런 준비되지 않은 고도의 성장은 사람의 성장통과 같은 고통을 가져오게 된다. 반면 준비되지 않은 쇠퇴는 공황 수준의 장애를 수반하며 구조조정의 아픔을 동반하게 된다.

우리가 매일 접하는 자연도 계절의 변화를 겪으며 변화를 계속한다. 만물이 태동하는 봄을 시작으로 산천초목이 성장하는 여름이 지나면 오곡백과가 무르익는 가을이 오고 모든 것을 저장하고 응축시키는 겨울로 1년을 마감하고 새로운 봄을 기약한다. 매 계절이 지날 때 마다 음과 양의 변화를 중재해 주는 환절기가 있다.

이상에서 볼 수 있듯이 우주 공간과 시간 속에서 살아가는 우리는 오행의 기본 흐름 속에서 생활하고 있으며 오행은 만물에 공통적으로 적용되는 자연의 이치이다. 기업의 경영에도 자연의 이치·공간적 개념인 목·화·토·금·수의 관계를 반영하여 혁신에 대한 이해를 높이고 어떻게 적용할 것인지 방법을 찾고자 한다. 특히 짐 콜린스의 음양 이론 활용에 더하여 오행의 관계까지 확장하여 비교하고자 한다.

∞ 오행 상생관계

공간적 개념인 '목화토금수' 오행들 간에는 순환의 사이클이 존재하며 특히 순환 사이클이 상호 간에 도움을 주는 서로 상생하는 사이클인 목生화, 화生목, 토生금, 금生수, 수生목 (木→火→土→金→水→木)이 있다.

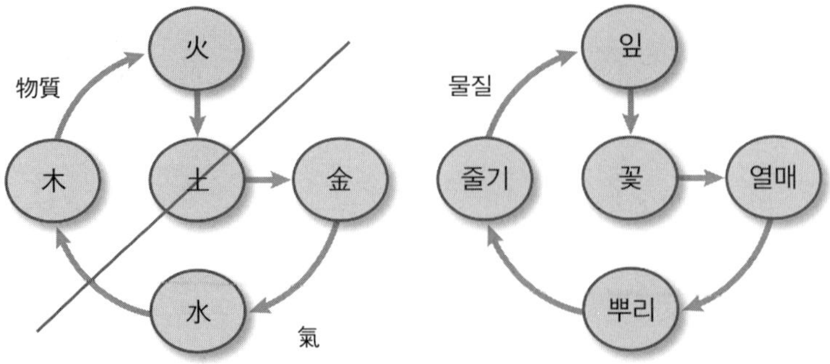

〈그림 4 오행 상생관계 예시〉

위의 상생의 순서를 보면 나무부터 시작하여 시계 방향으로 순환이 된다. 나무는 불이 타도록 도와주는 관계이고 불은 나무를 태워 재를 만듦으로써 흙을 보태주고 흙은 쇠를 품고 보관하며 쇠는 녹으면 물이 되고 물은 나무가 성장하는 밑거름이 된다. 5가지의 기능이 선순환을 일으키는 좋은 구조이다. 이해를 돕기 위하여 발산과 수렴의 순환 사이클을 나무의 성장과정과 비교하여 설명해 본다.

"과일 나무를 예로 들면 우선 뿌리와, 줄기, 잎, 꽃, 열매로 구성이 되어 있다. 새싹이 돋아 땅을 뚫고 나오면서 줄기(木)가 형성이 되면 새로운 기운이 솟아난다. 줄기가 성장을 하면 다음은 잎이 달리기 시작한다. 잎은 태양의 빛과 광합성에 필요한 이산화탄소를 얻기 위해 불꽃이 발산하는 것과 같이 무성하게 잎(火)을 퍼뜨린다. 잎이 성장하면서 꽃을 피우게 된다. 꽃은 열매를 맺기 위한 준비 과정으로서 줄기와 잎으로부터 충분히 형성된 양기를 받아 꽃(土)을 피우고 수분이 성공되면 열매(金)를 맺기 시작한다. 이때부터는 발산이 아닌 수렴의 과정을 거치게 된다. 양의 기운에서 음의 기운으로 접어들면서 에너지를 저장하기 시작한다. 열매가 정상적으로 맺게 되면 남은 에너지들은 뿌리(水)에 응축하여 저장을 하며 새로운 봄을 맞이할 준비를 하고 새 생명 탄생을 위한 에너지를 확보하는 순환을 거치게 된다. 이러한 순환 과정이 정상적으로 이루어지는 오행을 상생 순환 과정이다." (전창선 & 어윤형, 1994)

∞ 오행 상극관계

목화토금수 오행들 간에는 선순환과 방향이 반대인 반 시계방향으로 진행되는 악순환의 사이클도 존재하며 특히 이 악순환 사이클은 상대방을 극하는(갈등하는) 상극의 관계인 목克토, 토克수, 수克화, 화克금, 금克목, (木↘土↘水↘火↘金↘木)가 있다. 그림에서 내부 화살표들의 방향을 살펴보면 나무는 흙을 뚫고 새로운 싹을 키우기 때문에 흙을 극한다. 불은 쇠를 녹이므로 이를 극한다. 흙은 흐르는 물을 가로막고 가둘 수 있으므로 물을 극한다. 쇠는 도끼로 비유하면 나무를 꺾으므로 쇠는 나무를 극한다. 물은 불을 끌 수 있으므로 이를 극한다는 원리가 성립된다. 특히 순환의 방향이 바뀌면서 오행의 위치가 바뀌는 '금화교역'이 이루어진다.

상생관계에서는 흙을 매개로 하여 화에서 금으로 이어지는 순환관계였지만 상극관계에서는 화에서 금 그리고 목으로 이어지는 역관계가 성립된다.

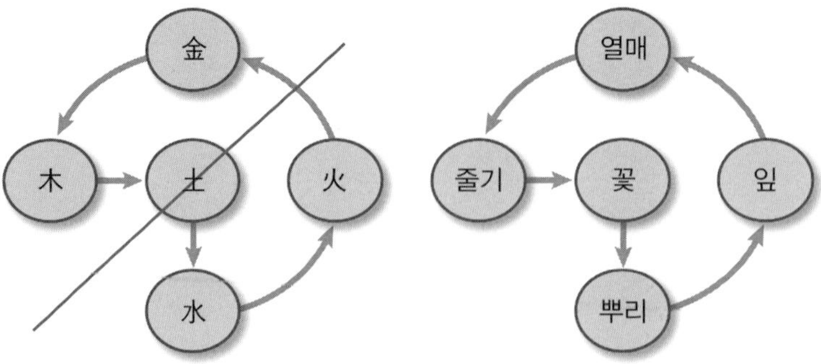

〈그림 5 오행 상극관계 예시〉

"과일 나무를 다시 예로 들면 우선 줄기가 왕성하면 꽃으로 충분한 영양 공급이 이루어질 수 없으므로 꽃이 피기 힘들어진다. 꽃이 너무 많이 피어도 나중에 저장할 기운이 모자라 뿌리가 부실해진다. 뿌리가 부실해 지면 줄기를 통해 잎으로 영양분을 충분히 공급해야 하지만 광합성에 필요한 에너지의 부족으로 잎이 무성해 지지 못한다. 만일 잎이 무성해지면 이 역시 에너지를 분산시키는 결과를 가져오므로 열매가 맺기 힘들어진다. 열매가 맺히면 줄기는 시들어진다. 이상이 오행의 상극관계에 대한 설명이다." (전창선 & 어윤형, 1994)

잎이 무성하면 열매가 부실하다는 내용의 우화 사례 하나를 소개한다. 과수원을 경영하는 농부가 금년에는 과일나무마다 열매가 주렁주렁 달려 돈을 많이 벌 수 있도록 태풍이 오지 않기를 간절히 기도하였다. 기도대로 그 해에는 태풍이 하나도 오지 않았고 기후가 적절하여 과일나무들마다 열매가 무척 많이 달려 있었다. 농부는 기분이 좋아 수확 시기가 되어 과일들을 따다 보니 실망을 하고 말았다. 과일들마다 속이 비어 있었다는 것이다. 앞에서 예를 들었던 에너지를 집중하지 못하고 방만하게 발산을 했기에 속이 부실할 수도 있고 또 다른 한편으로는 과일 나무들이 시련을 겪지 않았기 때문에 알차게 영근 과일들을 만들 생각을 안 했기 때문이라는 말도 있다. 이유야 어떠하든 선택과 집중이 필요함을 다시금 강조하는 사례이다.

음양오행과 오장육부

『동의보감』에 있어서 우리 인간의 몸에는 정, 기, 신을 저장하는 간장, 심장, 비장, 폐장, 신장 다섯 개의 기관이 있다고 한다. 오장은 저장을 담당하는 기관이므로 음양 중 수렴 또는 저장과 관련된 음의 성격을 내포하므로 오장은 음에 해당하는 기관이다. 반면 오장과는 서로 상반되는 기능을 갖는 소화와 대사를 책임지고 관리하는 담, 소장, 위, 대장, 방광, 삼초의 육부가 있다. 육부는 소화 및 대사 과정을 통하여 음식물로부터 섭취한 영양소들을 진액으로 변화하여 오장이 기능을 수행하는데 도움이 되도록 조절한다. 음양 중 발산 또는 흩어지는 기능을 갖고 있으므로 육부는 양의 기운에 해당하는 기관이다.

각각의 오장육부는 오행의 다섯 가지 성질과 일맥상통한다. 새로운 기운을 만들어내는 간은 곧게 뻗어나가는 목木의 기운을 갖고 있고, 우리 몸의 군주로서 혈액을 몸의 구석구석까지 공급하는 심장은 발산하는 불인 화火의 기운을 갖고 있고, 피를 만들어내는 공장인 비장은 변화의 기운을 내포하는 흙인 토土의 기운을 갖고 있으며, 호흡을 통하여 몸의 안과 밖으로 산소와 이산화탄소를 교환하는 허파(폐장)는 수렴하는 금金의 기운을 보유하고 있고, 마지막으로 정액을 관장하는 신장은 응축하는 수水의 기운을 간직하고 있다. 육부는 오장과 음양 한 몸으로 이루어져 있으므로 오행의 관계도 동일하게 적용된다. 담은 목木기운, 소장은 화火기운, 위는 토土기운, 대장은 금金기운, 방광은 수水기운을 각각 갖고 있다. 이렇게 정의된 오장육부에도 아래 그림처럼 상생·상극의 관계가 나타난다. 실선은 상생의 관계이고 점선은 상극의 관계이다.

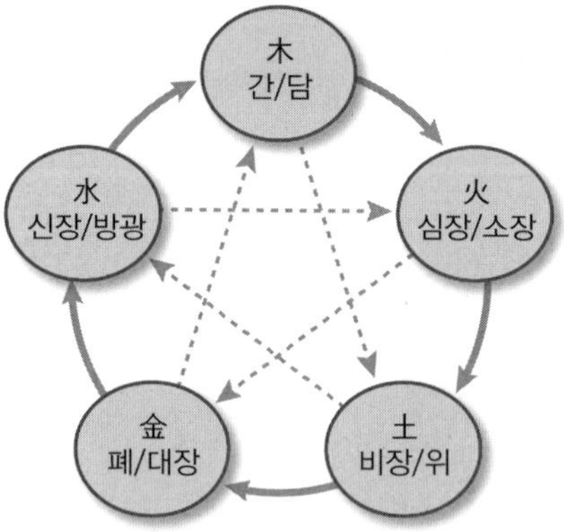

〈그림 6 오행과 오장육부〉

우선 상생관계를 살펴 보면, 심장은 우리 몸의 군주이며 혈액 순환을 책임지고 있다. 혈액의 순환이 정상적으로 이루어지면 비장을 생하게 하여 새로운 혈액의 생성이 원활해지도록 한다. 비장에서 생성된 혈액이 허파에 도달하게 되면 외부 공기와 호흡 작용을 통하여 신선한 공기를 혈액 속에 공급하여 기를 온몸에 퍼뜨리게 된다. 이 작용을 통하여 신장에서 만들어진 정(진액)이 간에 연결되고 간은 해독 작용 등을 통하여 우리 몸의 독소들을 제거한다.

이러한 선순환 구조에 있었어도 좋은 관계라 하여 무조건 좋은 것은 동양에서는 없다. 과유불급過猶不及이라 하여 넘치는 것은 부족한 것만 못하다는 진리가 우리의 몸에도 적용된다. 가령 간의 힘이 너무 강할 경우 이어지는 심장의 기운에 영향을 주어 제기능을 발휘하지 못하는 현상이 생길 수 있다는 것이다. 거꾸로 생관계가 극하는 관계로 변환된다는 것이다.

다음은 상극관계를 살펴보자. 오행의 상극관계가 그대로 이어지면서 대상만 오장육부로 바뀐 것이다. 간은 비장을 극한다. 피를 저장하는 간이 너무 많이 저장만 하고 피의 순환이 제대로 이루어지지 않을 경우 피를 만들어내는 비장의 기능이 약화 될 수 있다. 심장이 폐를 극한다. 심장은 양의 기운이고 폐장은 음의 기운이다. 양의 기운이 강하여 음의 기운을 해치게 되면 역시 수승화강의 싸이클이 무너지게 된다. 수렴의 기운인 폐가 화 기운에 눌려 제기능을 못하고 이는 신장에 영향을 미쳐 결국 심장의 열을 제대로 식히지 못하는 경우가 발생한다.

비장은 신장을 극한다. 비장은 소화를 담당하고 있는데 비장이 허하게 되면 배가 불러 오르고 오줌이 잘 나가지 않고, 비장이 강하면 몸이 무겁고 배가 쉽게 고프며 발을 잘 쓰지 못하며, 비장의 기운이 지나치면 대소변이 제대로 나오지 않는다. 소변을 관장하는 신장과 방광의 기능이 저하되는 상극 관계이다. 폐는 간을 극한다. 폐는 음으로서 수렴의 기운을 갖고 있다. 음의 기운이 너무 강하면 새롭게 돋아날 양기를 누르게 되어 간이 제기능을 못하게 된다. 이어서 간의 부족한 기능을 심장에게 전가하여 심장까지 부실하게 만든다. 신장은 심장을 극한다. 신장은 음의 기운인 수를 나타낸다. 신장이 약하여 물이 심장에 제대로 공급되지 않으면 음허화동陰虛火動 －음이 허하여 화가 동한다－ 이 발생하여 심장의 열이 식지 않고 몸에 떠다니게 되어 얼굴이 뜨거워지는 현상 등이 발생한다.

이렇듯 『동의보감』에서는 오장육부가 각각 독립적으로 운영되기보다는 상호 간에 살려주고 극하고 한 다리 건너 또 극하고 살려주는 관계이므로 유기적으로 협력하는 관계임을 보여준다. 그러므로 어떠한 병이 발생하였을 경우 병과 직접 관련된 신체기관을 진단하기 보다는 이미 그 관계를 이해하고 있으므로 병이 발생한 신체기관에 영향을 준 주변의 신체 기관을 진단하여 근본적인 원인을 제거하여 재발을 방지하고 신체의 기의 흐름을 원활하게 한다는 것이 특징이다. 이를 기업경영에 접목할 수 있다면 기업들마다 단기 현안에 매달려 임기응변식의 치료에만 몰두하는 조급증에서 벗어나 기업의 미래를 내다보며 근원적인 처방을 할 수 있는 방법을 제시할 수 있을 것이다.

오장육부와 비즈니스 프로세스

앞에서 오행을 설명하였고 이를 오장육부와 비교하여 『동의보감』을 설명하였다. 이어서 오행 모델을 기업 경영에 대비해 보면 우리가 새롭게 해석해 보려는 프로세스의 오행 개념을 본격적으로 논의할 수 있을 것이다.

오장은 저장하는 다섯 기관이라는 명칭에서 알 수 있듯이 우리 몸의 기관들 중 피를 저장하는 것이 주 임무인 곳이다. 그러므로 음의 기운을 가지고 있다. 오장의 성질 및 기능과 매치되는 프로세스가 제품, 반제품 등 실물이 움직이는 것에 관여하는 개발 >구매 >제조 >출하 > 재무 프로세스로 비교할 수 있다. 아래 표에서 조금 더 자세히 설명한다.

오행	오장		핵심 프로세스	
	명칭	기능	명칭	기능
목	간장	생기를 낳는 곳	개발	새로운 제품을 설계
화	심장	생명력의 발전소	구매	필요한 원부자재 제공
토	비장	기와 혈을 만드는 공장	제조	제품을 만드는 곳
금	폐장	호흡을 주관하는 곳	물류	시장에 제품을 내놓는 곳
수	신장	정력과 생식의 담당자	재무	자금 및 재투자 여력 확보

간장 -생기를 낳는 곳- 개발(새로운 제품을 설계): 개발은 오행의 목木 기운을 가졌다고 설명할 수 있다. 목 기운이라 함은 봄에 새로운 싹들이 씨앗에 응축되어 있던 기운을 통해서 땅을 뚫고 새 생명을 탄생시키기 때문이다. 기업이 계속해서 수명을 유지하고 지속 성장을 하기 위해서는 무엇보다도 새로운 제품들이 개발되어야 한다. 아무리 좋고 우수한 제품이 있다 하여도 성숙기에 접어들게 되면 경쟁자들의 복제 및 소비자들의 호응도가 저하되어 시장에서의 우월적 지위는 짧은 기간 내 사라지고 새로운 제품이나 대체재의 위협을 받게 된다.

최근의 스마트폰 시장을 보면 6개월이 멀다 할 정도로 신제품들이 출시되어 다양한 모델을 고객들에게 제공한다. 물론 이 많은 제품들 중에는 히트하지 못하고 사장되는 것도 있지만 시장에서 성공하는 제품으로 인한 시장 점유율 확보 및 수익은 놀라운 것이다. 반면 하나의 성공한 모델을 기반으로 수익을 창출하는 것은 한계가 있다. 경쟁자들로부터 새로운 기능이 추가된 신제품이 출시되면 소비자들은 주저 없이 제품을 구매하게 된다.

가전시장에서도 TV는 크기를 늘리는 신제품 개발에 경쟁을 하고 있으며 냉장고 역시 용량을 늘리는 개발전략을 구사하고 있다. 최근에는 에어컨 시장에서도 디자인의 차별화를 통해 경쟁 우위를 점하고 있다. 지속적으로 새로운 제품을 출시하지 못할 경우 경쟁력의 저하와 수익의 감소로 인하여 어려움을 겪게 된다. 지속적인 신제품 개발이 기업의 수명을 연장시키는 동력이라 할 수 있다. 그러므로 개발 프로세스를 인체의 생기를 낳는 기능을 수행하는 간과 비교할 수 있다.

심장 -생명력의 발전소- 구매(필요한 원부자재 제공): 구매·조달은 오행의 화火 기운을 가졌다고 설명할 수 있다. 화 기운은 발산하는 양의 기운이다. 씨앗으로부터 돋아난 싹이 줄기를 뻗어 가며 광합성을 통해 필요한 영양분을 확보하기 위해 이파리들을 만들며 확장해 가는 모습이다. 인체의 심장이 고유의 발산 기능을 통하여 우리 몸의 곳곳에 혈액을 공급하는 것과 유사하게 구매의 조달 기능은 기업에서 필요로 하는 물적 자원들을 부서마다 제때에 저렴하게 공급해주는 역할을 한다.

개발에서 쏟아져 나오는 신제품들을 적기에 만들어 시장에 출시하기 위해 제품 제작에 필요한 원료, 부품, 자재, 설비 등 기업 내에서 필요로 하는 모든 물적 자원들을 필요한 시기에 필요한 수량만큼 차질 없이 공급해야 한다. 적기에 공급하기 위해서는 재고를 충분히 보유하는 방법도 있지만 이는 재고 유지비용과 불용재고 발생 가능이라는 위험이 존재한다. 다른 방법은 재고는 최소로 가져 가면서 필요한 시기에 필요한 수량만큼만 공급하는 방법이다. 잦은 발주와 점검을 통하여 재고 부담을 최소화 시킬 수 있다. 이를 위해서는 생산계획을 정확히 수립해야 한다. 주문받은 수량과 비교하여 재고로 보충할 수 있는 양 대비 추가로 필요한 생산량을 계산하고 적기에 공급할 수 있도록 계획을 수립하는 것이 관건이다.

구매는 단순히 공급만 하면 안 된다. 제품개발의 기간을 단축하기 위하여 개발단계에서부터 구매가 같이 참여하여 필요한 설비나 부품들을 조기에 확보하고 기간 단축에 따른 원가 절감, 공급선 다변화 및 협력업체 개발도 동시에 이루어져야 한다. 제조를 위해 필요한 모든 것들을 공급해 주는 기능을 수행하므로 인체의 심장과 비교할 수 있다.

비장 -기화 혈을 만드는 공장- 제조(제품을 만드는 곳): 제조는 변화와 중재를 관장하는 토土의 기운이라 설명할 수 있다. 오행 중 목, 화, 금, 수는 계절로 표현하면 봄, 여름, 가을, 겨울이다. 각 계절이 변할때마다 기운의 변화를 토가 중재하여 급격한 기온이나 기운의 변동 없이 환절기를 거쳐 다음 계절로 넘어가도록 해주는 역할을 한다.

기업에서 제조의 역할이 토의 변화 역할과 같다고 할 수 있다. 원료를 변환하여 제품을 만드는 과정이 바로 기운을 변화를 시키는 과정과 유사하다. 제조의 기운이 약할 경우를 생각해 보자. 제조의 생산성이 낮으면 투입되는 원료 대비 산출되는 제품의 비율이 낮아진다. 원가가 상승한다는 것이다. 심할 경우 제품 생산이 늦어져 시장에서 판매 기회를 상실하는 일이 발생할 수 있다. 비장이 우리 인체를 순환할 기와 혈을 만드는 것과 같이 기와 혈이 없다면 우리 몸은 인위적으로 만들어 놓은 마네킹과 다를 바 없을 것이다. 제조의 변환 과정이 없으면 기업은 마치 맥이 끊어진 것과 같을 것이다.

고객이 요구하는 제품을 싸게, 좋게, 빠르게 생산하여 공급하는 것이 제조의 주기능이다. 제조가 싸게, 좋게, 빠르게를 무시하고 자체 효율만을 강조하여 단위 시간당 자체 기준의 양품 생산에 치중하게 될 경우 계획보다 초과생산하게 되어 생기는 추가비용 부담에 따른 싸게 만드는 목표가 무너지고, 품질의 산포散布와는 관계없이 단순 합격, 불합격만을 강조하면 좋게 만들어야 하는 품질관리의 목표가 흔들리게 되며, 초과생산하여 재고로서 배송을 해결하게 되면 적정량의 재고로 적기에 공급하는 빠르게 배달하는 목표가 무너지게 된다.

폐장 -호흡을 주관하는 곳- 물류(시장에 제품을 내 놓는 곳): 물류는 금金의 기운이라 정의할 수 있다. 금은 양에서 음으로 전환되는 첫 단계로서 수렴하는 기운을 갖고 있다. 인체에서는 허파인 폐장이다. 폐肺를 풀이해 보면 고기 육 '肉' 자의 변환인 '月' 글자와 물건의 교환이 이루어지는 저자, 시장 '市'의 합성어다. 시장에서 물건을 상호 교환하는 것과 같이 우리 몸에 필요한 산소와 배출되는 이산화탄소를 대기와 호흡을 통해서 공급하는 역할을 한다.

기업의 제품을 생산하여 시장에 공급하는 과정이 우리의 호흡 작용과 유사하다. 물류는 고객에게 적기에 요청한 수량을 공급하기 위하여 물류센터를 지역별로 운영하여 배송 경로를 최적화 하고 차량 운송 비용도 절감한다. 생산된 제품을 시장에 공급하고 회수하는 기능을 수행하므로 인체의 허파에 해당된다.

신장 -정력과 생식의 담당자- 재무(자금 및 재투자 여력 확보): 재무는 수水의 기운이라 설명할 수 있다. 수 기운은 수렴보다 더 강한 음의 기운으로서 매우 단단히 응축하는 기운이다. 새로운 생명력을 보관하고 있다가 봄이 되면 생명력을 분출하는 것이다. 생명을 간직하고 있는 기운이다. 인체에서는 신장이 수 기운을 관장하면서 생명의 씨앗인 정액과 정력을 관장하고 있다.

기업에서 재무가 바로 돈줄인 자금을 관리한다. 구매 대금 지불을 위한 어음 발행, 판매 대금 회수를 위한 채권회수 및 현찰 관리와 신규 자본 마련을 위한 주식 발행, 회사채 발행 등 운영에 필요한 자금을 책임지고 있다.

내부적으로는 재무는 영업활동을 통해 발생한 이익과 내부 자원의 효율적 관리를 위한 원가 관리를 수행하여 이익 확보를 통한 투자 여력을 준비하고 이를 재투자하여 지속적인 이윤을 창출하는 기능을 수행한다. 역학易學에서 수는 재물을 뜻하는 것과 재무가 돈을 관리하는 것이 일맥 상통한다.

그러나 재무가 본래의 목적에 충실하여 손익·원가를 강하게 통제하게 될 경우 비용을 발생시키는 전 부문에 많은 영향을 미치게 된다. 구매의 단가 인하, 제조의 소모품 절감, 영업의 판매관리비 삭감 등이 발생한다. 고객관련 서비스의 수준도 비용대비 효과 측면에서 고려하여 결품율의 수준을 감안한 재고운영 및 판매계획을 수립하게 된다. 고객 만족도에 일부 영향을 주게 된다. 또한 고객별·제품별 이익을 분석하여 이익률이 적은 고객을 기피하게 되는 현상이 발생하여 장기적인 고객확보 전략에 영향을 주게된다. 반면, 고객 서비스가 강화되는 경우에는 수익성이 낮은 고객까지 계속 확보해야 하므로 이를 유지하는데 추가 비용이 소요되어 원가상승의 압박요인이 된다.

다음은 육부에 해당되는 핵심 프로세스들에 대하여 정리해 본다. 육부는 오장과는 상반되는 기능을 가지며 소화와 대사를 책임지고 관리하는 기관이다. 그러므로 육부는 저장을 하게 되면 우리 몸에 큰 탈이 나게 된다. 음식을 먹고 체했다는 것은 소화되어야 할 음식이 소화되지 않고 남아 있다는 뜻이다. 비즈니스 프로세스 중 마케팅, 계획, 품질, 영업, 고객서비스 프로세스는 어떤 물건을 쌓아서 저장하는 것보다는 물건이나 제품을 소화하는 것과 같다. 계획 및 의사결정 관련 프로세스는 실물을 관리하는 것보다는 정보나 데이터에 의한 생산, 판정, 출하 등 의사결정 역할을 원활히 수행해야 한다. 이 과정에서 문제가 생기면 마치 음식 먹고 체하는 것과 같은 증상을 나타나게 된다. 다시 말해 재고가 쌓이게 되는 것이다. 아래 표에서 조금 더 자세히 살펴 보자.

오행	육부		핵심 프로세스	
	명칭	기능	명칭	기능
목	담	결단력의 근원지	마케팅	중장기 수요 예측
화	소장	영양분과 찌꺼기를 가리는 곳	계획	제품 생산 계획
토	위	음식물과 기혈이 모이는 곳	품질	양품·불량 판정
금	대장	쓰레기 하치장	영업	판매 및 반품 회수
수	방광	오줌을 모으는 곳	서비스	고객 불만 처리
-	삼초	몸 안의 도랑	인프라	인사, IT, 기획, 유틸리티

담 -결단력의 근원지- 마케팅(중장기 수요 예측): 육부 기능들은 오장의 저장과 달리 대사를 통하여 비우는 기능을 수행한다. 그러므로 육부와 관련된 프로세스들 역시 제품이나 반제품, 부품등과 같이 저장할

수 있는 것들이 아닌 데이터나 정보를 가공하고 처리하여 새로운 데이터와 정보를 만들어 내는 기능을 수행한다.

인체에 있어서 담(양)은 간(음)과 반대되는 성질을 가지고 있으며 의사 결정과 관련된 결단을 주관한다. 시장의 수요 및 제품과 관련된 의사결정 정보를 제공하고 의사결정을 지원하는 마케팅과 담을 비교할 수 있다.

마케팅은 시장과 고객의 변화를 예의주시하며 시장의 중장기 수요를 예측하고 소비자들이 원하는 상품을 기획하는 일들을 담당하고 있으며 제품개발도 나름대로 소비자들의 요구사항이나 불만들을 반영하여 새로운 제품을 개발한다. 그러나 마케팅은 보다 더 시장 지향적인 성격이 강하고 개발은 엔지니어 성격이 강하여 각자 서로 자신들만의 견해를 주장하게 될 경우 실제 제품을 개발하고 만들기 위해 투입되는 자원 대비 효과가 적은 제품을 단지 시장의 요구라 하며 개발 강행을 주장하기도 한다.

반면에 엔지니어들은 기술의 함정에 빠져들어 엔지니어들이 생각하는 최고의 기능을 가진 제품이라고 주장하며 실제 소비자들은 필요성을 못 느끼는 제품을 개발하게 된다.

이미 널리 알려진 사례로서 VCR(Video Cassette Recorder) 당시 소니사의 베타 방식이 기술적으로 더 우수하였음에도 불구하고 시장에서는 VHS 방식을 선택한 것이다. 또한 각종 전자제품들에 모든 기능을 추가하여 선전을 한다. 일례로 TV에 계산기 기능을 추가하였다고 선전을 하지만 소비자들이 몇 번이나 TV를 보다가 계산을 할지는 생각하지도 않은 것이다. 필요 이상의 기능을 추가한 뒤 제품의 가격이 인상되어 오히려 소비자들로부터 외면 당하게 된다.

애플사의 아이폰으로 부터 촉발된 스마트폰이 개발 되기 전에 모토롤라는 사막, 극지, 열대 우림 등 전세계 어느 곳에서나 상호 간에 통신이 가능하도록 한다는 이리듐 프로젝트[2]를 발족했었다. 지구상에 수백개의 저궤도 통신위성을 운영하여 통신이 가능하도록 한다는 야심찬 계획이었다. 당시만해도 아직 확보된 기술이 미흡한 상태에서 인공위성 발사에 따른 투자 대비 효과 등이 미확인된 상태에서 무리한 강행으로 인하여 결국 업계 1위 기술력과 시장을 점유했던 모토롤라가 후유증을 심각하게 겪고 있다.

"궁극적으로 마케팅이 추구하는 바는 고객을 이해하고, 제품과 서비스를 고객에 맞춤으로써 제품이 저절로 팔려나가도록 하는 것이다."(피터드러커, 2007) 이 말을 명심해야 할 것이다.

소장 -영양분과 찌꺼기를 가리는 곳- 계획(제품 생산계획): 소장은 위에서 1차 소화되어 넘겨 받은 영양분을 흡수하고 액체는 방광으로 보내고 찌꺼기는 대장으로 보낸다. 개발 요청을 받은 계획 부문은 납기내 제조가 가능할 수 있도록 기 확보하고 있는 재고와 주문 수량을 근거로 새로운 생산계획을 수립한다. 이때 생산계획은 단순히 부품조달 계획만이 해당되는 것이 아니고 제조라인의 생산일정과 필요한 수량을 정

---

2) 66개의 저궤도 인공위성으로 우주 공간에 위성전화망을 구축하여 극지방 및 오지 어느 곳 에서도 통신할 수 있는 망 구성 및 운영을 목표로 했던 프로젝트였다. 1997년, 첫 번째 위성이 발사된 후 1년 동안 15회에 걸쳐 72개의 위성이 발사되어 이리듐 인공위성망이 완성되었다. 그러나 예상보다 저조한 가입율과 휴대폰 기술이 발달하면서 지상의 기지국을 이용한 무선 통신이 급속도로 보급되어 경쟁력이 약화 되면서 결국 2년만에 실패하였다.

확히 제공하고 생산된 제품의 배송 일정과 수량까지도 반영해야 한다.

원부자재 조달 계획은 구매의 기능 중심으로 조달이 이루어 질 경우 필요한 수량 이상의 부품, 자재들이 관리된다. 구매는 자 부문의 원가절감을 위하여 대량발주를 선호하게 되므로 재고의 수준이 늘어나게 된다. 또한 부품의 품질보다는 단가 선호 구매를 통하여 제품 생산 시 원부자재 불량으로 인한 불량품을 유발할 수도 있다.

반면 생산계획이 너무 정확한 계획만을 추구하다 보면 소량 단위의 자재 발주계획을 수립하게 된다. 구매에서 소량으로 자주 발주를 하게 되면 발주비용의 증가 및 협력업체와의 부품조달에 혼란이 발생하게 된다. 적정 규모의 발주단위와 공급시기를 조율해야 한다. 반대로 생산계획이 자주 변경되거나 정확도가 떨어질 경우에는 구매는 협력업체로부터의 공급 계획을 확정짓기 힘들고 최악의 경우 부품 미공급 사태까지 확산될 수 있다.

생산계획은 최소의 계획 변경으로 고객의 주문을 적기에 공급할 수 있는 최고의 자원 운영 계획을 만들어 내는 것이 지상 최대의 임무이다.

위 –음식물과 기혈이 모이는 곳– 품질 (양품·불량 판정): 우리 몸의 위에서는 음식물을 받아들여 소화시키며 신맛은 간으로, 쓴맛은 심장으로, 단맛은 비장으로, 매운맛은 폐장으로, 짠맛은 신장으로 각각 보내고 소장에서 영양분을 흡수하기 쉬운 형태로 음식물을 소화시킨다. 기업에서는 품질관리 프로세스가 유사하다. 제조 과정에서 발생되는 제품들을 품질검사하여 양품은 정상적으로 제품화 하고 재작업이 필요한 제품, 수리가 필요한 제품, 불량품을 선별하는 품질관리 프로세스가 위의 기능과 유사하다. 그러나 품질은 제조와 대립되는 관계를 보여준다. 품질의 규격을 너무 타이트하게 관리하거나 검사원들의 오판율이 증가하게 되면 제조의 생산성이 저하되는 악영향을 낳게 된다. 그러므로 제조와 품질은 서로 제품을 잘 만들어야 하고 품질을 정확히 관리해야 하는 상호보완 관계이다.

대장 -쓰레기 하치장- 영업 (반품 처리): 대장은 소장에서 흡수하고 남은 수분이나 영양분을 흡수하고 찌꺼기들을 모아 대변으로 변환된 뒤 항문을 통하여 배출하게 된다. 영업의 반품 처리 프로세스와 비교해 볼 수 있다.

하지만 영업 본연의 업무는 고객으로부터 판매할 수량을 주문받아 공급하는 것이다. 반면 물류는 만들어진 제품을 영업의 주문에 따라 적기에 고객에게 배달을 하는 곳이다. 물류는 제품의 배송을 위하여 재고 정보의 정확성과 차량 운송의 적시성을 확보해야 한다. 만약 재고정보가 부정확할 경우 영업사원은 필요한 제품이 기업 내에 있음에도 불구하고 추가 생산 요구를 하게 되어 기회손실이 발생하게 된다.

영업도 물류에 악영향을 끼치는 경우가 있다. 영업의 잦은 주문변경은 물류 부문에는 운송계획의 변경으로 이어져 차량운송의 적시성을 저하시키게 되며 불필요한 재고의 이동을 유발시킨다. 영업의 매출부진을 만회하기 위한 밀어내기식 판매를 추진할 경우도 물류 측면에서는 중복 출하업무가 발생하여 혼란을 가중시키게 된다.

영업은 최대한 제품을 많이 판매하는 것이 주업무이다.

방광 -오줌을 모으는 곳- 고객 서비스 (불만처리): 방광은 신장에서 걸려진 노폐물들을 모아서 오줌으로 배출시키는 기능을 한다. 고객들의 불만이나 클레임을 처리하는 프로세스로서 고객 서비스 프로세스와 비교할 수 있다.

삼초 -몸 안의 도랑- 지원 프로세스 (인사, IT, 연구개발): "삼초는 상초, 중초, 하초를 통틀어 일컫는 것이다. 상초는 안개와 같고 중초는 거품과 같으며 하초는 도랑과 같다고 한다. 상초는 주로 양기를 내서 피부와 살 사이를 따뜻하게 하는데 안개나 이슬이 젖어드는 것과 같으므로 안개 같다고 한다. 상초의 작용은 심장, 폐장과 관련된다. 중초는 음식물의 맛을 정미한 기운으로 변화시켜서 폐맥으로 보내어 혈이 되게 하고, 그것을 경맥 속으로 돌게 하여 오장과 온몸에 영양을 공급한다. 중초의 작용은 비장과 위장에 관련된다. 하초는 소변과 대변을 때에 맞게 잘 나가게 하되 들어오지는 못하게 하며, 막힌 곳을 열어서 잘 통하게 하므로 도랑과 같다고 한다. 하초의 작용은 간장과 신장에 관여한다."(신동원, 김남일, 여인석, 1999)

기업에 있어서 핵심 프로세스들의 운영을 원활하게 지원해주는 곳이 지원 부문이다. 인사는 우리 몸의 기에 해당하는 직원들을 선발하고, 채용하며 교육을 시키는 곳이고, 정보기술은 기업내 정보의 전달 및 관리를 책임지는 곳이며, 연구개발은 제품개발의 원천이 되는 기술을 발굴하고 상품화하는데 기여한다.

프로세스의 음양 쌍 및 오행 기능

앞에서 설명한 오장육부와 비교된 비즈니스 프로세스에도 음양의 개념을 접목하게 되면 왜 기업에서 비즈니스 프로세스들 간의 항상 대립과 충돌이 발생하는지 이해하는데 도움이 된다. 이를 설명하는 다섯 개의 쌍이 있고 오행의 성질인 '목 화 토 금 수'를 나타내는 다섯 가지 기능을 만들 수 있으며 이들 간의 순환원리를 상생 및 상극 원리로 설명할 수 있다. 음양오행을 비즈니스 프로세스의 운영에 접목시키는 프로세스 순환모델을 제시하고자 한다.

개발
마케팅

개발·마케팅(개발관점): 두 기능의 주된 역할은 신제품 개발을 위하여 개발과 마케팅은 음양의 원리에 입각하여 상호 보완하는 관계를 유지하는 것이다. 시장에서 필요로 하는 제품과 소비자가 진정으로 원하는 제품이 무엇인지에 대한 공동의 목표를 달성하는 것이 개발관점의 주된 역할이다. 특히 두 기능이 잘못된 의사결정과 제품을 설계하였을 경우 제품을 생산한 후에 문제를 고치려 한다면 재설계에 따른 재작업 및 기존 제품 폐기와 같은 손실이 후 공정으로 갈수록 엄청 증가하게 된다. 개발단계에서 만전을 기해야 이어지는 공정에서의 실패 비용을 줄일 수 있는 것이다.

구매
계획

구매·계획(조달관점): 두 기능의 주된 역할은 최적의 소요계획과 공급계획을 수립하여 적기에 필요한 부품, 자재 및 각종 물품들을 공급하는 것이다. 조달에 문제가 생긴다는 것은 인풋(Input)이 없다는 것과 같으므로 제조의 중단을 유발시키게 된다. 물건을 만들지 못하게 되는 것이다. 최적의 계획이 수립되어야 최소의 재고를 유지할 수 있는 것이므로 재고관리에도 중요한 역할을 한다.

제조
품질

제조·품질(생산관점): 제조업체의 경우 두 기능은 주된 역할은 제품을 만드는 것이다. 고객이 요구한 제품을 규격에 맞게 그리고 계획에서 지시한 요구 물량을 적기에 만들고 불량이 발생되어도 고객에게 유출되지 않도록 걸러내는 기능도 매우 중요하다. 결국 생산이란 요구 수량대로 정확히 만들고 제품의 질이 규격을 충족시킬 수 있도록 해야 하는 것이다.

물류
영업

물류·영업(공급관점): 고객에게 제대로 공급하기 위해서는 물류와 영업기능 역시 상호 보완하는 관계가 형성된다. 영업은 고객으로부터 주문받은 물량을 판매하기 위하여 제품의 가용성 유무를 확인해야 한다. 가용성 정보는 물류로부터 확인을 할 수 있지만 만약 부정확한 정보가 제공될 경우 고객에게 납기를 못 맞추는 경우가 발생하게 된다. 반면 물류 역시 영업의 긴급 주문이 발생하게 되면 계획에 없던 차량 수배나 긴급 수송으로 인한 운송비용 상승과 납기 차질을 유발하게 된다. 원인이 누구에게 있든 고객 입장에서는 불만이 생기게 된다. 적기에 공급하기 위하여 두 기능이 긴밀히 협력을 해야 한다.

재무
고객서비스

재무·고객서비스(관리관점): 두 기능은 내부의 효율을 높여야 하는 것과 고객의 만족을 높여야 하는 상충되는 목적을 상호 보완하는 것이다. 내부의 수익을 개선하기 위하여 하는 것이다. 그러나 고객 충성도 확보 및 미래 신규고객을 위해서는 수익성보다는 잠재 구매력에 우선순위를 설정할 필요가 있다. 다분히 관리 차원에서 기업의 전략과 연계하여 해결해야 한다.

비즈니스 프로세스의 다섯 가지 음양쌍 기능들은 음양오행의 상생·상극 모델처럼 아래 그림과 같은 프로세스 순환모델을 가질 수 있다. 실선은 전체 최적화를 보여주는 서로 도와주는 관계인 상생을 의미하고 점선은 부분 최적화 내지는 부서 이기주의로 설명되는 서로 해치는 관계인 상극을 의미한다.

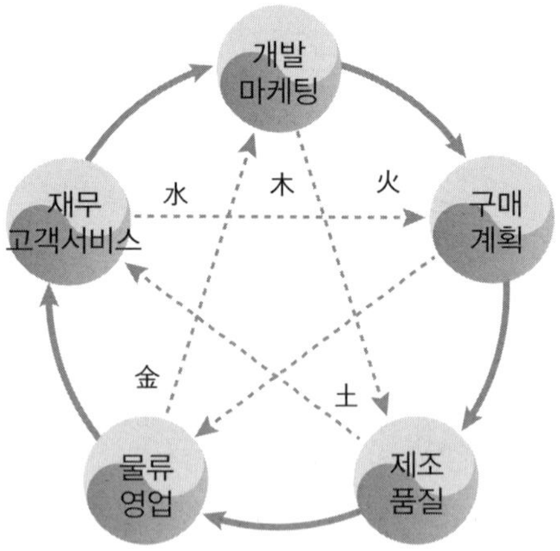

〈그림 7 기업 운영프로세스 상생/상극 관계도: 프로세스 순환모델〉

본 모델을 참조하면 현재 기업에서 무수히 많이 발생하고 있는 부서 이기주의 현상들은 자연 원리상 당연한 것이다. 완전히 없앤다는 것은 불가능하다고 할 수 있다. 왜냐하면 자연의 원리이기 때문이다. 조직행동 이론에서도 어떠한 집단의 비율을 보면 리딩하는 그룹 10%, 반대하는 그룹 10%, 그리고 중간에서 따라가는 그룹 80%가 있다고 한다. 반대하는 그룹 10%를 제거하면 남은 인력들 중에서 10%가 다시금 반대하는 그룹으로 전환된다는 것에서도 일종의 자연 현상은 완전히 제거하기는 힘든 것 같다. 그러나 이러한 부서 간의 충돌 현상을 이해하게 되면 최소한 줄일 수 있거나 대형사고가 터지는 것을 미연에 방지할 수 있기 때문에 순환원리를 이해하는 것이 중요한 것이다. 또한 도식화된 순환원리는 소통에도 크나 큰 도움이 된다. 프로세스 순환모델의 프로세스 간 연관관계를 상세히 분석하게 되면 서로 간에 무엇을 도와주고 도움을 받아야 하는지 공감이 쉬워진다. 아울러 상호 간에 누락되었던 것들을 찾아내어 잠재 문제들을 손쉽게 제거할 수 있는 기회도 제공한다.

4
경의역학經醫易學 통섭 제시

지금까지 『동의보감』의 핵심 개념과 『주역』의 음양오행 및 기업의 운영 프로세스들에 대하여 상호 비교하면서 아래 표와 같이 공통점들을 설명하였다.

관점	동의보감	주역	경영 프로세스
비즈니스 프로세스	오장(五臟) 육부(六腑) 오장·오부(五臟·五腑) 수승화강(殊勝火降) 음허화동(陰虛火動)	음(陰) 양(陽) 오행(五行) 상생(相生) 상극(相克)	핵심 프로세스 지원·결정 프로세스 주요 다섯 기능 전체 최적화 부서 이기주의

요약해 보면 사람이나 기업이나 수명을 연장하고 오래 살기 위해서는 무엇보다도 각 장기들 및 운영 프로세스들의 순환관리가 잘 되어야 한다는 것이다. 사람의 경우 순환에 문제가 생기면 동맥경화, 뇌출혈, 중

풍 등의 병이 발생하게 되는 것이고 이는 외부적 요인보다는 내부의 문제에 기인한다. 기업의 경우도 순환에 문제가 생기면 제일 먼저 발생하는 것이 불필요한 재고가 쌓이게 되고 정보의 단절로 인하여 올바른 의사결정에 장애가 발생하고 시간이 길어지게 된다. 조직 간 업무 협조도 원활하지 못하고 계층 간 부서 간 장벽이 생기게 되는 것이다 이 또한 조직 내부의 원인이 주가 된다. 마치 중년에 접어들게 성인병에 걸려 고생하는 것과 같이 기업도 성숙기에 접어들게 되면서 발생하는 기업의 병이라 할 수 있다.

결국 이를 사전에 해결하기 위해서 사람은 건강 검진 및 식이요법, 운동 등을 통하여 사전에 방지하도록 건강관리를 하는 것이다. 기업 또한 현재 하고 있는 일들에 문제는 없는지를 파악하고 사전 조치하기 위하여 프로세스 혁신이라는 활동을 전개해야 하는 것이다. 조직이 비대해질수록 이전보다 더 많은 기능들을 요구하게 되고 많은 기능을 수행하기 위해서는 각 기능부서들 간의 협조체계가 고도화 되어야 한다. 동물도 우리 인간처럼 복잡한 기능과 활동을 하기 위해서는 소화기관 및 장기들도 세분화 되어 각각의 역할 담당하게 된다. 하등 동물일수록 오장육부와 같은 복잡한 구조보다는 음식물 섭취, 소화, 배설이라는 단순한 기능만을 유지하면서 살아가게 된다.

그러므로 각 부서들이 서로 협력이 원활하게 되고 정보전달 및 교환이 매끄럽게 이루어져야 조직의 낭비 및 불필요한 일들이 사라지게 되면서 경쟁력이 생기게 되는 것이다. 프로세스 혁신이 바로 이러한 목적을 달성하기 위해 진행하고 있는 일들을 새롭게 하고 개선하자는 것이다. 『동의보감』 및 『주역』에서 강조하는 항목들을 어떻게 기업경영에 접목할 것인지 살펴보자.

해부도를 확보해라

『동의보감』, 『아파야 산다』 등 의학 관련 서적을 읽으면서 느끼는 점은 우리가 우리의 몸에 대하여 너무 무지하다는 사실이다. 우리 몸의 장기들이 각각 어떤 역할을 하는지 너무 단편적으로만 알고 있다. 일례로 간의 기능하면 단순히 해독 작용만을 떠올린다. 사실 간은 피의 저장은 물론 글리코겐, 포도당 등을 저장하며 우리 몸 지방의 균형, 혈당 균형 등에 매우 중요한 역할을 하고 있지만 대부분 이 사실을 모르고 아프다 싶으면 의사에게 달려가서 검사 장비에 몸을 맡기고 의사의 소견에 아무런 대안없이 따르는 경향이 있다. 지혜롭지 못하여 어떤 행위를 유발하는 판단에 착오가 생기고, 그 착오로 인해 잘못된 행위를 이끌게 되어 그것이 질병의 원인이 되는 것이다.

기업도 병들지 않고 오랫동안 사업을 영위하기 위해서는 내부의 문제를 사전에 파악하고 근본 원인을 신속히 제거해 나가야 한다. 사람의 경우는 『동의보감』이라는 좋은 양생 모델이 있어 이해하기 쉽고 방법을 찾는 것이 용이하다. 기업의 경우 적용할 수 있는 방법은 프로세스에 대한 자세한 이해와 상호 간의 관계를 정리한 후 소통상의 문제를 사전에 찾아내어 해결하는 것이다.

『동의보감』의 시작 부분을 보면 '신형장부도'가 나온다. 옛날 사람들이 갖고 있던 인체의 해부도이다. 요즘 서양의학의 해부도와는 비교가 안 되는 개략적인 그림이지만 시사하는 바는 크다. 『동의보감』에서는 이 해부도를 바탕으로 우리 몸의 장기들과 순환을 이해하는 것이 양생의 길이고 병을 미연에 방지하는 것이라 가르치고 있다. 오장육부의 각각의 기능과 이상이 생겼을 경우의 증상 등을 보면서 느낀 점은 우리가 우리의 몸에 대하여 너무 모르고 살고 있다는 것이다.

기업에서도 내부의 문제를 정확히 파악하고 해결하기 위해서는 '신형장부도'와 같은 일종의 프로세스 상세 그림이 필요하다. 대부분의 기업들이 일부분씩 서류상으로 보유하고 있을 뿐 전체를 포괄하는 상세 프로세스까지는 갖고 있지 않다. 그렇다면 우리 몸의 구조를 모르면서 수술이나 치료를 할 수 없듯이 기업의 운영 구조를 알지 못하면서 어떻게 프로세스 혁신을 한다는 것인지 기본적인 의문이 생기게 되는 것이다. 기업들마다 운영하고 있는 일들에 대한 상세한 프로세스를 확보하고 있어야 한다. 일종의 프로세스 해부도가 필요한 것을 제시한다.

만물의 순환원리를 이해하라

『동의보감』은 단순한 의학 전문지식만을 다루는 의학서적이 아니다. 우리 몸의 순환원리에 우주 만물의 순화원리를 대입하여 설명을 하고 있는 점이 매우 특이하다. 특히 「내경」 편에서는 음양의 원리를 오장과 육부로 구분하였고 오행의 원리를 통해 오장육부들 간의 순환관계를 설명하며 사전에 건강관리를 할 것을 주문하고 있다.

우리 몸의 간, 심장, 비장, 허파, 신장 등은 각자 따로 노는 것이 아니고 서로 연관되어 각기 제기능을 충실히 수행하면서 서로 다른 장기들을 돕는다는 것이다. 이는 음양오행의 원리를 따르는 지극히 자연적인 현상이라는 것이다. 그러나 항상 좋은 것만 있을 수는 없는 법이다. 장기들이 서로 상대를 해치려 하는 반대의 관계도 있다는 것이다. 그렇기 때문에 한의학에서는 어떤 특정 부위가 문제가 생겼을 경우 직접적으로 그 부분만을 제거하는데 노력을 기울이기 전에 그 부분에 영향을 주고 있는 다른 장기들을 파악하여 근본적인 원인을 찾아 시간을 두고 해결하는 치료법을 사용하고 있는 것이다. 그러므로 『동의보감』에서 강조하는 것은 신장에서 시작한 차가운 기운이 간과 심장을 식혀 주고 다시금 허파를 거쳐 새로운 차가운 기운을 형성하고 신장에 공급하여 순환되는 수승화강의 중요성을 강조하고 있다. 이는 음양오행의 상생원리와도 같은 것이다.

기업에서도 기업병이라고 하는 소통 단절, 협업 부재 등은 상호 간에 무슨 일을 어떻게 처리하고 있는지 몰라서, 다시 말해 지혜가 부족하여 생기는 것이다. 업무를 진행함에 있어서 불협화음이 발생할 때 공통적인 문제점은 같은 일에 대하여 서로 다른 시각으로 이해하고 판단한 뒤 대립을 하게 되는 것이다. 특히 비즈니스 프로세스는 눈으로 확인할 수 없는 개개인의 일을 처리하는 방식이고 물리적 업무를 다루는 제조 현장과 달리 표준화된 작업 절차가 없는 것이다.

사람마다 서로 다른 방식으로 일에 대하여 해석하고 처리를 하고 있으니 쌍방 간의 대화 자체가 이루어 지기 힘든 것이다. 그러므로 우선적으로 해야 할 일은 개개인들이 수행하고 있는 업무들을 누구나 보기 쉽고 이해하기 쉽게 표현해야 하고 누가 작업을 하더라도 동일한 절차와 동일한 결과를 만들어 낼 수 있도록 업무를 표준화 하고 정형화해야 한다. 비로소 업무에 대한 지혜들이 생겨나게 되면 기존에 사용하던 외계어外界語들이 사라지면서 상호 이해를 통한 소통 및 협업이 개선될 수 있다.

새로운 제품을 개발하고 이를 제조하기 위해 필요한 부품들이 적기에 공급되어 제품을 만들고 나면 고객에게 적기에 공급되어 판매를 일으키고 고객으로부터 대금을 지급받아 이익을 창출하고 이것을 재투자하는 선순환 사이클인 전체 최적화가 수승화강과 유사하다. 기업의 순환원리에 오장육부의 순환원리를 적용할 수 있는 것이다.

음허화동은 우리 몸의 음과 양의 균형이 깨져 양의 기운이 강해졌다는 것이다. 음의 기운을 주관하는 신장의 기능이 약해져 충분히 식히지 못하여 양의 기운을 주관하는 심장의 화기운이 강해져 상부의 열기가 식지 않고 남아 있는 것이다. 스트레스나 화병과 같이 실제 체온은 정상이라도 몸에 화기를 느끼는 현상이다. 기업에서의 음허화동은 바로 조직 내 상하 간의 소통(Communication)이 원활하지 못한 경우일 것이다. 경영진에서의 지시사항이 하부 조직까지 전달이 안 되거나 왜곡되어 전달되는 경우, 전달이 되더라도 시간이 오래 걸리거나 이해하기 힘든 언어로 표현 되어 전달되는 경우이다. 상부의 지시사항이 하부로 원활히 전달이 안 되어 조직 내부에 스트레스가 높아지는 현상, 특히 화기운이 강한 상부의 스트레스가 쌓여 조직 전체의 피로도가 올라가는 것이다. 음양오행의 상극원리와 같은 것이다.

사전에 관리해라

기업이나 사람이나 수명 연장을 원하지만 병을 달고 살거나 수술 등의 치료에 의존하여 목숨을 연명하는 것보다는 아프지 않고 오래 사는 것을 선호한다. 최근에 우리나라 사람들의 평균수명이 증가하고 있다. 남자들의 평균 수명은 72세, 여자들의 평균 수명은 80세로 발표되었다.

그러나 죽기 전 10년 동안은 병으로 인하여 병원에 의존하는 불편함을 겪고 있다는 것이다. 그래서인지 한동안 "9988234(死)"라는 유행어가 회자되었던 적이 있다. '99세까지 팔팔하게 살다가 2~3일 아프다 죽자' 라는 뜻이다. 결국 병 없이 오래 살고 싶어하는 또 하나의 공통점이 존재한다.

그렇다면 아프지 않고 오래 사는 법은 어떤 것이 있을까? 미리 건강 검진을 하면서 몸의 상태를 점검하고 대응하는 것도 좋은 방법이다. 그러나 이는 특정 기간 동안의 과정을 알 수 없고 검사를 받고 난 후에 알 수 있은 방법이다. 평상시 일상생활에서 건강의 상태를 수시로 파악하고 관리할 수 있는 방법이 필요하다.

우주 만물의 원리가 우주에서 태어난 우리들의 몸에도 동일하게 적용이 되므로 이 원리대로 몸을 사전에 잘 관리하게 되면 병 없이 장수할 수 있다는 것이 양생養生이다. 사후약방문이 아니라 아프기 전에 우리 몸을 순환하는 정精, 기氣, 신神, 혈血을 잘 운행할 수 있도록 하고 인간의 기본적인 일곱 감정인 희喜, 노怒, 우愚, 사思, 경驚, 공恐, 비悲들에 대한 감정을 다스려 스트레스로부터 해방을 하는 방법과 몸의 정, 기, 신, 혈을 잘 만들고 음과 양의 균형이 맞을 수 있도록 음식을 취사선택해서 먹는 지혜인 섭생을 강조하고 있다.

기본적으로 양생과 섭생만을 잘 실천하여도 큰 병 없이 건강하게 장수 할 수 있다는 것이다. 기업에 있어서도 체질을 개선하는 것이 양생과 비슷하다고 볼 수 있으며 남 좋다는 것 무조건 따라하기 보다는 근본원리를 먼저 이해하고 내 몸에 맞는지 여부를 확인한 후에 실천을 할 필요가 있다. 물론 내 방식이 항상 옳은 것이다라고 아집을 부리라는 뜻은 아니다.

선진기업이나 경쟁자들의 성공 사례들을 무분별하게 도입하다 보면 기업 본래의 체질에 맞지 않는 센 기운이 침입하여 균형을 무너뜨리고 문제를 야기시켜 새로운 이전에 없던 병을 만들어 낼 수 있음을 의미한다. 이를 혁신 추진에 비유하여 보면, 너무 단기간 내에 남의 체형에 최적화된 보약을 먹고 몸이 건강해 지리라 기대하는 것은 애초부터 보약 값만 날리는 무리수를 두는 것이다.

한방에서 항상 얘기하는 것이 그 사람의 체질에 맞는 처방이 중요하다는 것이다. 무슨 병에는 무슨 약하고 서양의료와 같은 일방적 처방이 아닌 환자에 초점을 맞춘 양방향 처방을 강조하는 것이다. 따라서 혁신을 추진함에 있어서 무작정 선진기업을 따라하기에는 부작용이 더 클 수 있고 그렇다고 내 자신만의 것을 고집한다면 이는 세상과의 소통을 단절하여 더 큰 병을 얻게 되는 것이다. 이 경우에는 체질개선을 목표로 삼고 시간을 여유 있게 가지면서 기본부터 다져나가는 방법을 취해야 할 것이다.

최근에 언론에 보도되었던 사례 하나를 참조해 본다. 우리나라 굴지의 전자 업체인 LG전자의 경우 과거 외국계 유명 컨설팅 회사로부터 경영 컨설팅을 받은 결과 기술 중심의 회사를 마케팅 중심의 회사로 변화해야 한다는 진단을 받고 수년 동안 컨설팅 결과대로 실천하였다. 그러나 결과는 경쟁자에 계속 밀리는 상황이 전개되었다. 이를 타파하기 위하여 새로운 CEO의 등장과 더불어 다시금 본연의 체질인 기술 중심으로 회귀하고 난 후부터 모든 것이 정상적으로 운영된다는 평을 받고 있다. 컨설팅 자체에 대하여 옳고 그름을 논하자는 것이 아니다. 내 체질에 맞는 진단과 처방이 중요하다는 것을 강조하는 것이다. 사람에게 있어서 섭생이 중요한 것과 같이 기업도 나 자신을 정확히 파악하고 난 후에 변화를 시도할 필요가 있다는 것이다.

또한 사전에 관리한다는 것이 단순히 인풋Input에 해당하는 것만을 잘 관리해야 한다는 것은 아니다. 아웃풋Output에 해당하는 사후관리도 제대로 해야 한다. 사전과 사후의 결과에 대하여 계획과 실적을 비교하고 그 차이를 개선을 하기 위해 추가 보완 활동을 해야 사전관리가 효과를 볼 수 있는 것이다.

Ⅱ 정보화의 부작용, 디지털 치매

오늘날 대부분의 기업들이 귀가 따갑게 듣고 있으면서도 하기 싫은 것이 바로 혁신일 것이다. 사회 전 부분에 걸쳐 혁신이 필요하다 변화가 필요하다고 강조를 하고 있다. 그러나 사람들은 변화라는 단어에 매우 거부감이 크다. 다시 말해 현실에 안주하고 싶은 욕망이 더 큰 것이다. 안주하고 싶다는 말은 익숙한 것에 편해서 그대로 현재의 상태를 유지하는 것이 더 좋은 것이라고 판단하고 행동하는 것이다.

기업을 구성하고 있는 사람들의 생각이 이러한데 아무리 돈을 벌기 위해서 일을 한다고 하지만 본성은 바뀌기 힘든 것이다. 그래서 인지 기업도 남다른 생산성과 경쟁력을 갖기 위해 변화를 시도하지만 처음 생각했던 것과 달리 효과도 나지 않고 시간이 지나면 피로도가 증가하여 중도에 포기하게 되는 것이다.

기업들이 시도하면서 재미를 못 보고 있는 대표적인 혁신분야가 프로세스 혁신이면서 함께 추진되는 정보시스템 구축 분야인 것이다. 선도적인 기업들의 성공사례는 매스컴을 장악하고 대대적으로 소개되지만 이를 뒤따르려는 기업들은 돈은 많이 들고 방법은 눈에 보이지 않고 시간과 인력도 많이 필요로 하는 것에 회의적이면서 불안한 눈으로 지켜보게 되는 것이다.

이렇듯 많은 기업들이 정보화와 프로세스 혁신을 추진하였지만 성공 여부에 대한 불신이 팽배한 상황에서 가장 확실하고 큰 불만은 아마도 비용 지출 및 증가에 대한 것이다. 원인을 파악하려고 해도 쉽지가 않다. 더욱 답답한 것은 일정 시간이 지나면 다시 한번 혁신과 정보시스템 구축이 필요하게 된다는 것이다. 물론 경쟁자들이 새로운 방법으로 무장하고 등장하니까 이를 따라잡기 위해서 새로운 투자가 필요한 것

같지만 이전 보다 더 많은 투자를 필요로 하는 것에 불안해진다. 왜 악순환이 반복되는 것인지 궁금하지만 아무도 답을 얘기해 주지 않고 막연하게 이 방식대로 추진해야 한다는 메아리만 들려오게 된다. 무엇인가 반복적으로 동일한 행동을 한다는 것은 마치 사람들이 치매에 걸려 자신이 무슨 일을 하는지 모르고 반복적으로 행동을 하는 것과 유사하다. 기업도 디지털 치매에 걸렸다고 말할 수 있다. 왜 기업이 디지털 치매에 걸리게 되었는지 그 과정을 되돌아 보고자 한다.

1
왜 프로세스 혁신인가

산업화 시대의 경쟁력은 경쟁자들보다 더 많이 더 싸게 만들어서 판매하는 것이었다. 그러므로 이 당시의 혁신은 새로운 제품을 대량으로 생산하여 원가를 낮추어 빨리 공급하는 것이었다. 그러나 산업화 시대에서 정보화 시대로 넘어가는 과도기부터 변화의 바람이 불어왔다. 프로세스라는 단어의 등장과 함께 가치를 창조해야 한다는 것이다. 이와 더불어 프로세스를 종전과 다르게 혁신해야 경쟁력을 가질 수 있다는 주장이 제기되었다. 프로세스라는 용어도 생소한데 이를 혁신까지 해야 한다는 것에 대하여 이해도가 낮을 수밖에 없었다. 프로세스가 무엇이고 프로세스 혁신은 왜 필요한지 알아보자.

프로세스란 무엇인가

필자가 식스시그마가 한창 유행하던 시절 사무간접 부문 이른바 비제조 부문의 식스시그마를 담당하면서 겪은 사례들을 소개하고자 한다.

제품이나 물건을 직접 만들면서 다루는 제조 부문과 달리 비제조 부문은 무형의 경영활동을 하는 곳이다. 그러다 보니 직원들이 하고 있는 일들이 상당 부분 개인들의 기억 속에 잔류하면서 사람마다 제각기 다른 방식으로 일을 처리하고 있는 것이었다.

블랙벨트를 양성하는 교육과정이 시작될 때마다 20~30명의 교육생들에게 프로세스가 무엇이냐고 물어보면 절차, 흐름, 공정, 처리 등 보통 8가지의 서로 다른 단어가 나온다. 분명 프로세스라는 단어는 하나인데 사람들이 인지하고 있는 내용들은 이렇게 서로 다른 것이다. 프로세스라는 것이 눈에 보이지도 않고 직접 다루어 보거나 만들어 보지도 않았으니 마치 장님 코끼리 만지듯 자기가 만지는 부분의 모습으로 전체를 설명하는 것이다.

프로세스를 정의하자면 일종의 활동이다. 입력을 받아서 특정 활동을 통하여 변환과정을 거쳐 출력을 만들어내는 과정을 말한다.

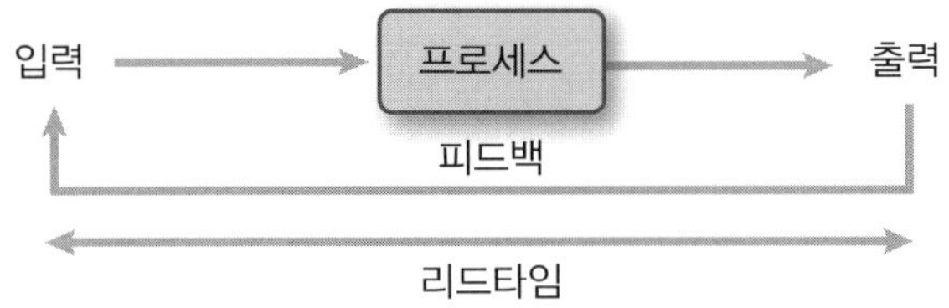

〈그림 8 프로세스 개념도〉

여기서 핵심은 변환과정에 해당되는 활동이다. 직원들이 매일 수행하고 있는 일들을 활동으로 표현하고 프로세스로 그리는 것이 필요하다.

이렇듯 실제 다루어 보지 못했던 프로세스를 표현하기 힘든 것처럼 직원들이 하는 일들도 같은 문제를 야기한다. 조직 내에서 같은 용어를 사용하여 같은 일을 하더라도 각자의 생각이 반영되기 시작하면 프로세스 정의에서처럼 여러 가지 일하는 방식이 나오게 되는 것이다. 그러므로 담당자가 바뀌거나 새로운 업무를 진행하고자 할 경우 소통에 문제가 생기고 일의 결과도 다르게 나오는 것이다.

동일한 일인데도 사람이 바뀌면 다르게 처리하고 결과도 다르게 나온다니 참으로 황당한 일이다. 한 회사 안에서 같은 용어에 대한 해석이 이렇게 다를 수 있다는 것은 사전에 정의하는 단계부터 잘못 시작된 것이라 할 수 있다. 다시 말해 표준화가 미흡한 것이다. 업무를 사전에 일하는 방법, 절차, 내용, 용어 등에 대하여 먼저 정립하고 공유할 경우 이런 혼선을 줄일 수 있을 것이다. 우선 해야 할 일이 프로세스를 도식화하는 것이다. 직원들의 머릿속에 있는 암묵지를 형식지화 하는 것이다. 그래야 서로 다르게 생각하고 있는 것을 찾아내어 비교할 수 있고 공유가 쉬워진다. '백문이 불여일견'이라고 하였다. 각자의 업무를 도식화하고 연결 관계 및 입력과 출력을 명확히 한 것을 프로세스 지도(Map)이라고 부른다. 프로세스 지도를 정확히 작성해야 실제 하고 있는 일들을 정확히 파악할 수 있다.

기업도 하나의 프로세스로 표현하면 다음 〈그림 9〉와 같다.

사람, 설비, 재료, 자금 등을 투입하여 제품의 개발부터 제조 및 판매와 대금을 회수하는 과정과 이를 지원하는 활동들로 기업이 운영되고 결과물로 제품, 이익, 세금 등을 만들어 낸다. 이러한 일련의 과정들이

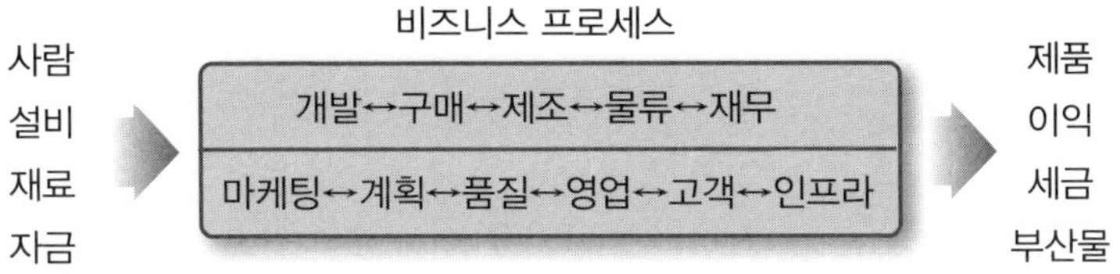

〈그림 9 기업 프로세스 모델〉

어떻게 현재 운영되고 있으며 문제점은 무엇인지를 찾아내어 현재 손실되고 있는 이익을 보호해야 한다. 프로세스를 모른다는 것은 현재 어떻게 운영되고 있는지를 모르는 것이고 그러다 보면 뭐가 문제인지 찾을 수 없고 찾지 못하면 해결할 문제도 없는 것이다. 이렇게 방황하는 순간 경쟁자들은 새로운 프로세스로 무장하고 진격해나가는 것을 지켜봐야만 하는 안타까운 상황이 전개되는 것이다. 직원들이 프로세스를 잘 모른다는 것이 지금 설명한 상황을 만들게 되는 직접적인 원인이 되는 것이다.

경쟁력의 원천이 프로세스로 전환되고 있다

본격적인 산업화가 진행되면서 19세기에 고안 되었고 20세기에 꽃을 피웠던 분업화와 세분화 관점의 기업 경영이 더 이상 적절하지 못한 환경이 되었으며 이를 촉진시킨 것이 정보기술과 인터넷의 발달이었다. 정보화에 따른 컴퓨터의 본격적인 사무 간접 분야의 활용은 과거 눈에 보이는 자산을 대상으로 하던 혁신에서 눈에 보이지 않는 만질 수 없는 자산에 의한 혁신이 필요한 시기로 전환을 유도하고 있으며 주 대상이 경영 프로세스가 되고 있다. 업무 처리시간의 단축, 재고의 감축, 전자상거래 등 업무의 효율 향상을 통한 새로운 경쟁력을 확보하는 것이 필요한 시기이다.

■ 유형자산 중심의 능력 경쟁력 강화

기업들은 경쟁력을 강화하고 궁극적으로는 수명 연장을 하기 위하여 혁신을 추진한다. 지금까지의 혁신 방법들은 공정혁신, 제조혁신, 기술혁신 등을 통한 생산성 향상, 고객만족 증진, 사업의 스피드 개선 등과 같은 제조의 생산성 향상 중심으로 눈에 보이고 관리하기 쉬운 영역에서 지속적으로 진행되어 왔다.

미국의 포드 자동차 회사로부터 시작된 혁신은 어셈블리 라인Assembly Line을 통한 대량 생산으로 작업자의 시간당 생산성 향상과 규모의 경제를 이룩하였고, 일본의 도요타 자동차는 어셈블리 라인에서 발생하는 병목 현상으로 인한 효율 저하를 개선하기 위하여 앞 공정의 문제를 해결한 후 다음 공정으로 넘어가는 라인 스톱, 필요한 부품이나 재료들을 필요한 만큼 적기에 공급하여 사용하는 JIT(Just In Time) 개념을 도입하여 재고를 최소화 하며 비용을 절감하였다. 미국의 델 컴퓨터는 한 걸음 더 진보하여 제품을 미리 만들어 놓고 재고를 확보한 후 판매하는 방식에서 벗어나 제품을 고객으로 주문 받은 후 신속하게 고객에게 배달하는 주문에서 배송까지의 시간을 단축시켜 고객 만족 및 재고 부담을 절약하는 생산방식의 일대 혁명을 가져왔다.

그러나 이러한 공급능력(Capacity) 중심의 경쟁력은 눈에 보이는 것으로서 대규모 자본 투자나 모방으로 손쉽게 따라 잡을 수 있으므로 비교우위를 오랫동안 지속하기가 어려운 것이었다. 특히 비용 절감을 위한 해외에서의 현지 생산 비중이 증가하면서 기술 및 인력 유출에 따른 노하우 손실로 인하여 격차는 더 더욱 좁혀졌다.

▩무형자산 중심의 역량 경쟁력 강화

로버트 카플란은 BSC(Balanced Scorecard)에서 과거 아날로그 시대의 기업들의 매출은 설비나 자산 등 눈에 보이는 유형 자산으로부터의 비중이 컸지만 디지털시대인 정보화 사회진입과 더불어 특허, 서비스, 업무처리 방식 등 눈에 보이지 않는 무형 자산으로부터의 매출 비중이 더 커지기 시작한다고 설명하고 있다. 그러므로 재무성과 중심의 지표관리로 기업의 실적을 정확히 측정하기에는 한계에 도달하였으므로 무형자산을 측정하고 관리하기 위한 비재무지표의 관리를 보완하여 재무와 비재무의 균형을 잡아야 한다는 것이다. 비재무지표의 대표적인 내용들이 고객 관련, 내부 프로세스 관련, 학습 및 성장 관련 지표들인 것이다.

대표적인 재무지표인 이익에 익숙한 경영자들의 경우 품질을 몇 % 향상시키거나 재고일수를 며칠로 줄여야 한다는 비재무지표로 설명을 하게 되면 그들에겐 익숙하지 않은 용어로 인하여 이해하는데 힘들어 한다. 결국 품질을 몇 % 향상시키면 이익에 얼마나 기여하는지 원론적인 질문으로 마무리된다. 그러나 카플란 교수도 강조하였지만 비재무지표는 무형의 자산을 관리하는 것이므로 재무 지표와 1:1 비교하기가 힘든 것이고 측정하는 방법과 개선하는 방법이 다르기 때문에 대신 인과관계를 가지고 성과를 이해하는 것이 가장 좋은 방법이다.

무형자산을 관리하고 가치를 창출하는 역할은 기업에서 보면 간접 및 지원 부문에서 많이 진행하고 있는 업무들이다. 눈에 보이지 않으므로 문제가 무엇인지 찾아내기 어렵고 관리하기가 어려운 특징이 있다. 또한 사람에 많이 의존하는 업무들이므로 처리하는 방식이 사람마다 편차가 크다. 이런 업무처리 방식에 변화가 오기 시작하였다. 21세기 진입을 전후하여 컴퓨터의 발전과 보급 및 인터넷을 통한 통신혁명이 가속화 되면서 정보화 시대로 본격 진입하게 되었다. 정보화 시대로 진입한 대표적 특징이 디지털화이다. 비정형적인 현상이나 암묵적 형태의 지식들을 정형화 하여 컴퓨터에 적용 가능한 형태로 만드는 것이다.

기업에서 수행하고 있는 많은 간접 부문 및 지원 업무 영역들이 아날로그 시대에는 주로 수작업과 사람들의 기억력에 의존하였다. 디지털화에 이은 컴퓨터에 적용하는 과정이 바로 전산화이다. 수작업과 기억력에 의존한 업무들을 프로세스로 정형화 하고 컴퓨터로 자동화 하여 작업을 대체하는 것이다. 현재 우리가 살고 있는 정보화 시대에는 사물의 거의 모든 것들이 디지털화 되어 가고 있고 기업의 업무 영역 및 작업 방법도 컴퓨터로 빠르게 대체되고 있다. 프로세스 혁신이 이 과정의 핵심 요체이다. 왜냐하면 프로세스가 정립이 되어야 전산 프로그래밍에 의한 전산화가 용이해지기 때문이다. 다시 말해, 업무 프로세스들을 개선하고 강화해야 하는 프로세스 혁신이 필요한 시기이다.

유형자산의 가치 창출은 기계 및 공정 중심으로 이루어지고 작업자는 보조만 하는 방식이지만 무형자산의 가치 창출은 사람이 주가 되고 컴퓨터가 보조 수단이 되는 것이다. 프로세스 혁신의 대표적인 특징은 작업 자체가 사람과 밀접하게 연관이 되어있는 것이다. 그러므로 한번 경쟁력을 확보하게 되면 타 기업들이 모방하고 싶어도 하기 힘들고 설령 같은 방식을 도입한다고 해도 똑 같은 효과를 낼 수 없기 때문에 경쟁력 확보가 매우 중요한 것이다.

도요타 자동차의 생산방식은 사람이 포함된 자동화로 표현하면서 움직일 동動자에 사람 인人을 추가한 동働을 사용한다. 고유의 생산방식에 자신감이 붙은 도요타 자동차는 최근에는 타 기업들의 벤치마킹 요청을 쉽게 수락한다는 것이다. 자기들의 생산방식에는 혼이 깃들어져 있으므로 누구나 쉽게 모방할 수 없다는 자신감의 발로라 할 수 있다. 기업들이 간접부문의 프로세스 혁신을 해야 하는 궁극적인 목적이라 할 수 있다. 남이 쉽게 모방할 수 없는 경쟁력을 갖춘 강건한 체질을 확보하고 미래에 발생할지 모를 질병(리스크)을 사전에 예방하기 위한 것이다.

프로세스 혁신은 기업이 충분히 규모를 키우는 성장과정을 거친 후 성숙기 진입 이전이나 성숙기에 진입한 기업들에게는 절대적으로 필요한 사항이다. 태동기나 성장기를 진행중인 기업은 사실 내부의 역량이나 자원이 충분치 못하기 때문에 시기 상조일 경우가 많다. 이런 기업들은 지금부터 성장을 대비한 사전 공부를 진행하는 차원에서 준비를 하면 시간을 단축시킬 수 있을 것이다.

경쟁우위 확보를 위해 프로세스를 혁신해야 한다

"기업에 장기적인 성공을 가져다 주는 것은 제품이 아니라 그 제품을 생산하는 프로세스다. 좋은 제품이 승리자를 만드는 것이 아니라, 승리자가 좋은 제품을 만드는 것이다."(마이클해머, 리엔지니어링 기업혁명, 2008)

BPR(Business Process Reengineering)으로 유명한 마이클 해머의 멋있는 표현이다. 많은 기업들이 좋은 제품만 있으며 경쟁력이 있는 것이고 수익성을 오래 유지할 수 있을 것으로 판단한다. 비즈니스 포트폴리오에 중점을 둔 M&A가 실패하는 이유도 바로 마이클 해머의 말을 이해하지 못했기 때문이다. 프로세스 보다 제품을 더 중요시 한 결과이다. 제품의 수명주기에서 볼 수 있듯이 아무리 좋은 제품도 시간이 지남에 따라 보급률이 올라가게 되고 시장이 성숙기에 접어들게 되면 일반 생필품(Commodity)화 되므로 기능의 우위나 가격의 우위를 더 이상 유지하기 어려워진다. 특정 제품에 의한 우위는 영원히 지속될 수 없는 것이다. 따라서 새로운 대체 제품이 개발되어야 지속적으로 수익을 창출할 수 있는 것이다.

그렇다면 새로운 제품을 만드는 것은 어떠한 노력을 통해서 가능한 것일까? 바로 제품을 개발하는 프로세스 능력인 것이다. 마이클 해머의 말처럼 기업에 성공을 가져다 주는 것은 제품이 아니라 프로세스인 이유인 것이다. 피터 드러커 역시 기업의 목적을 정의함에 있어 경제학자들이 주장하는 이윤추구는 아니라는 것이다. "기업의 목적은 지속적인 혁신과 이 혁신을 통하여 고객을 창출하는 것"(DruckerPeter, 1954)이라고 말하였다.

앞서 산업화 시대를 지나 정보화 시대에 진입하면서 공급자 중심의 시장에서 소비자 중심의 시장으로 전환이 되었다고 하였다. 소비자 중심으로 변하였다는 것은 고객의 소리, 요구는 물론 욕구까지 파악하고 이를 충족시킬 제품과 서비스를 개발해야 한다는 것이다. 기존의 기업 내부 효율을 향상시키기 위한 노력만으로는 고객과 멀어지게 되므로 고객의 요구를 수용하기 위하여 내부의 프로세스들을 고객과 연계하여 재정비해야 한다. 재정비하는 범위는 전체 간접 부문의 프로세스가 될 것이고, 목적은 고객 만족을 통한 수익 창출이며 방법은 일하는 방법을 기존과 다르게 고객에게 가치를 부여할 수 있는 방향으로 프로세스를 개선해야 하는 것이다. 이 과정이 바로 프로세스 혁신이다.

일하는 방법을 다르게 하는 것에 대하여 좀 더 살펴 보자. 고객에게 제품이나 서비스를 제공할 경우 이를 평가 받는 세 가지 항목이 있다. 품질에 해당하는 Quality, 비용에 해당하는 Cost, 그리고 배달에 해당하는 Delivery가 있다. 품질은 고객이 만족하는 정도를 나타내는 척도이고, 비용 더하기 마진은 고객이 기꺼이 돈을 지급하고자 하는 대가이며, 배달은 고객이 원하는 시간에 제품이 도착하는지를 측정하는 항목들이다. 그러나 세 가지 항목들에 대하여 더 좋게, 더 싸게, 더 빠르게 하는 공통의 목표는 있지만 기업과 고객은 서로 다른 견해를 갖고 있다. 그러므로 이 차이를 극복하기 위해서 기업들은 고객의 관점에 맞추어 프로세스를 혁신해야 하는 것이다. 아래 표를 통하여 본질을 이해해 보자.

혁신목표	기업 관점	고객 관점
더 좋은 품질	효과: • 생산성 향상 • 많은 기능 제공	고객만족: •고장이 없어야 한다 •필요한 기능만 원함
더 낮은 가격	효율: • 비용을 회복할 가격	가치: • 돈 지불에 만족하는 가격
더 빠른 배달	리드타임: • 내가 공급하는 기간	스피드: •고객이 필요할 때

기업의 입장에서는 품질은 생산성에 영향을 주는 불량품이 없도록 만든 제품을 의미하는 것이고, 비용은 제품을 만드는데 투입된 원가들로서 가격으로 책정되는 것이며, 배달은 기업이 공급할 수 있는 리드타임일 것이다. 고객의 입장에서 품질은 고장이 없는 것이고 필요한 기능의 제공 유무를 나타낸다. 가격은 돈을 지불할 가치가 있는지를 보여주는 척도이고, 배달은 내가 원할 때 공급이 되는지를 확인하는 항목들이다.

이렇듯 기업과 고객 간에는 상호 간에 다른 관점에서 품질, 비용, 배달의 항목들을 바라고 보고 있다. 그러므로 기업이 제품을 개발할 때 오류를 범하는 일이 발생하는 것이다. 고객과의 시각 차이가 존재하기 때문이다. 결국 고객이 원하는 것은 기업 내부의 효율이나 효과는 중요한 것이 아니고 고객의 입장에서 필요한 것이 주된 관심사인 것이다. 가끔 서비스 센터에 제품 사용상 문제로 인하여 연락을 할 경우 기업 내부 프로세스상 고객의 요청은 불가하거나 처리에 장기간이 소요된다는 답변을 들을 수 있을 것이다. 다분히 내부 지향적인 기업이라 할 수 있다. 고객의 요구를 충족시키기 위하여 원스톱One Stop 서비스를 제공해야 하는 환경인데도 내부의 절차상 문제로 시간이 걸리거나 해결이 안 되는 것은 이해하기 힘든 처사이다. 이를 해결하기 위한 방법이 바로 프로세스 혁신이다. 고객의 요구를 만족시키기 위하여 내부의 프로세스를 고객의 관점에서 한번에 해결할 수 있도록 현재의 일하는 방법을 바꾸자는 것이다. 고객들의 요구를 단순화 시켜보면 더 좋은(Better Quality) 제품을, 더 저렴한(Lower Cost) 가격에, 더 빨리(Faster Delivery) 배달받고자 하는 것이다.

2
정보화의 역사: 프로세스 혁신과 정보시스템

프로세스 혁신과 정보화의 관계는 바늘과 실의 관계라 할 수 있다. 왜냐하면 눈에 보이지 않는 일 처리 과정들을 정형화 하여 일정한 기호와 표현 방식에 따라 도표화 하고 순서를 표시하게 되면 이것을 토대로 컴퓨터 프로그램 언어를 통하여 반복적으로 실행할 수 있는 컴퓨터 프로그램인 정보시스템을 만들게 되는 것이다. 눈에 보이는 제조 현장의 프로세스는 설비의 자동화와 함께 전산화가 먼저 진행되었다. 반면 눈에 보이지 않는 프로세스가 대부분인 간접부문의 경우는 앞서 설명한 혁신의 과정을 거치면서 전산화 주도로 프로세스의 정형화가 이루어졌다.

프로세스 혁신은 기업의 운영효율과 생산성을 향상시키기 위하여 일하는 방식과 업무처리 방법을 재설계 하는 것이고 새로운 프로세스에 의해 업무가 자동으로 처리되도록 시스템화 하는 것이다. 왜냐하면 프로세스를 단순히 재설계만하여 사람의 손을 직접 거치면서 일을 처리할 경우 처음에는 소기의 목적을 달성할 수 있어도 지속적으로 유지관리 하기가 어려워진다. 특히 규모가 커지게 되고 처리해야 할 일들이 늘어나게 되면 사람의 작업으로는 한계에 달하기 때문에 정보시스템이 같이 수반되어야 성과를 유지하기 쉬워진다.

프로세스만의 문제 이외에도 기존의 정보시스템도 많은 문제를 내포하고 있다. 기존의 전산화 된 업무들은 단순 수작업을 기능의 자동화에 초점을 맞추어 설계와 프로그램을 개발하였기 때문에 프로세스들 간의 통합 및 시스템 간의 데이터 교환은 크게 고려대상이 되지 않았다. 그러나 최근의 경영환경 및 업무 처리 방식은 분산된 시스템들 간의 통합을 요구하고 있다. 왜냐하면 신속한 업무처리 및 리드타임 단축을 위해서는 프로세스들간의 통합이 강조되고 있으며 프로세스는 시스템과 동기화 되어 운영되어야 통합의 효과를 낼 수 있기 때문이다. 기존의 프로세스와 시스템과의 연계가 문제가 되어 이를 해결하기 위해 프로세스를 재설계하고 시스템을 보완해야 하는 상황이다.

프로세스 관점의 정보화 역사

제조현장에서의 프로세스 혁신은 시작부터가 물리적인 설비나 실물의 이동 등 눈에 쉽게 보이는 대상을 활용했기 때문에 문제점 발굴이 쉬웠고 이를 개선하기 위한 노력에 대한 공감대를 얻기가 비교적 수월하였다. 반면에 간접부문의 경우는 제조현장의 생산성 향상만큼 비약적인 발전을 이룩하지 못했다. 왜냐하면 간접 부문의 일들은 그 동안 사람들의 수작업에 의해 수행되는 업무들이 많이 있었다. 구매발주, 대금 지불, 주문접수, 고객불만 접수, 손익 분석 등 대부분의 일들이 담당자들의 경험과 이해 수준에서 처리되고 있었으며 주기도 보통 한 달에 한 번 손익 결산을 정리하기 위해서 데이터의 확인 및 실적 분석이 실시되고 있었다.

간접 부문도 컴퓨터의 발달에 힘입어 수작업으로 처리하던 업무들에 대하여 정형화 및 전산화가 진행되고 있었다. 초기 메인 프레임급의 대형컴퓨터를 이용하여 급여계산을 실시하였고 구매에서 제조에 필요한 부품들을 정확히 공급하기 위하여 제품별로 필요한 부품들을 자동 계산하는 자재소요계획(MRP I: Material Requirement Planning) – 이후 제조자원관리(MRP II: Manufacturing Resource Planning)으로 확장 – 이 진행되었다. 이후에도 재고의 적정 수준 운용 및 최적 생산계획을 수립하기 위하여 생산계획시스템(Advanced Planning System)을 도입하여 자원의 효율적 배분을 달성하고자 하였다.

그러나 간접부문은 앞서 가치사슬(Value Chain)에서 설명하였던 것과 같이 기업의 전체 영역을 다루어야 했다. 구매, 제조, 물류, 영업, 마케팅, 품질, 기술개발, 조달, 인사, 재무, 관리 등 전 부문이 해당되고 이 전 부문은 주 프로세스인 Primary Activity를 효과적으로 지원을 해야 한다. 앞선 전산화 사례들을 보면 기업의 핵심 프로세스 각각 개별로 전산화를 진행하였다.

그 결과 업무 시스템 간의 정보의 교환에 문제가 발생하였다. 각 시스템별로 자신들만의 데이터 교환 방식, 표현 방식, 프로그램 개발을 진행한 결과 한 기업 내에 존재하는 시스템이지만 상호 간에 데이터의 공유가 필요할 경우 양쪽에 데이터를 해석해 주는 인터페이스Interface 프로그램을 별도로 개발해야 하는 불합리가 발생하였다.

이를 해결하기 위하여 전사적 자원관리(ERP: Enterprise Resource Planning) 시스템이 소개되면서 기존 자체 독립적 개발에 따른 비효율을 제거하고 전사의 데이터 및 정보와 프로세스에 대한 통합의 필요성이 강조되었다. ERP시스템에는 기본적으로 영업, 구매, 제조계획, 재무, 원가의 핵심 기능이 핵심 프로세스로 통합되어 제공되며 이를 사용하기 위해선 각 기업의 업무 운영 특성을 감안한 기본 정보들에 대한 반영과 조직 구조 등에 대한 필요 사항들을 사전에 정비하여 사용하며 이미 상용화(Package)화 되어 있는 시스템을 큰 수정 없이 사용할 수 있다는 것이 강점이었다.

ERP시스템은 정보의 고속도로에 자주 비유되면서 기업의 간접 부문의 프로세스와 데이터 및 정보를 통합하여 확장된 도로 환경을 제공하므로 기존의 국도 환경에서의 병목현상 등을 해결하였기 때문에 목적지까지 도달하는데 시간을 단축할 수 있고 내부 의사 결정을 위한 정보들의 흐름도 원활하게 하여 제공하므로 업무 처리 시간도 크게 단축할 수 있는 강점을 보유하고 있는 것으로 소개되었다.

이후 많은 기업들이 ERP시스템을 도입하였지만 성공사례보다는 실패사례가 많이 보고되었고 투자 대비 효과가 무엇인지에 대하여 계속 의문이 제기되고 있는 상황이다. 반면에 성공한 기업들의 사례를 보면 무시하고 지나치기에는 활용 가능성이 높은 시스템으로 판단되므로 기업들마다 ERP시스템 투자를 포기하지 못하고 주기적으로 보완하고 개선하는 상황이다.

진정한 의미에서 ERP시스템 도입에 어려움을 겪는 것은 우리가 우리 몸에 대한 이해가 부족하여 병이 어떻게 생겼고 이를 예방하기 위해서는 무엇을 해야 하는지 모르는 것과 유사하다.

기업에서 직원들이 매일 진행하고 있는 일들이 무엇이고 이 일들은 누가 하더라도 같은 결과를 만들어 내는지, 한 부서의 일이 다른 연관 부서들과 어떻게 연결되고 있는지를 상세히 알지 못하고 단순히 자기 부서와 자기 업무 중심으로 일을 처리하기 때문에 생기는 이해 부족이 가장 큰 이유이다.

내가 하는 일과 우리 부서가 하는 일들이 제대로 안 되었을 경우 다른 부서들에게 어떤 악영향을 주고 궁극적으로는 회사 차원에서 어떤 손실을 가져오게 되는지에 대하여 관심이 없는 것이다. 그러다 보면 기업내부의 소통의 문제가 발생하게 되고 수직적, 수평적 정보의 통합뿐 아니라 사람들 간의 의사 소통이 막히게 되는 것이다. 특히 조직이 성장하면서 규모가 커지게 되면 복잡도 증가에 따라 소통부재는 자연 발생적으로 태동한다. 마치 우리 몸이 성인이 되어 가면서 혈액 순환에 장애가 생겨 각 장기들 간에 혈액 공급이 원활치 않아 각종 혈관계통의 질병이 생기는 것과 유사하다.

그 동안 기업들이 많은 노력을 기울였던 혁신 활동들은 제조 현장의 성과 창출에는 큰 성공을 거두었지만 이는 외형적인 성과로서 경쟁자들이 쉽게 모방할 수 있는 기술이다. 실제로 선진 기업들은 제조 생산성의 우위를 지키기 힘들어 저렴한 인건비를 찾아 후진국으로 생산기지를 옮기는 것도 좋은 사례이다. 반면에 간접부문의 생산성 향상은 아직 기회 선점을 한 기업들에게는 매력적인 경쟁력을 가져다 줄 수 있다. 왜냐하면, 간접부문의 생산성 향상의 핵심은 사람들의 일을 혁신적으로 바꾸거나 기존의 일을 신속하게 처리할 수 있도록 내공을 쌓은 것으로 비유할 수 있다. 경쟁자들이 이 과정을 지켜 보더라도 실제로 일하는 사람들의 방식과 현장의 흐름이 일심동체가 되어 운영이 된다면 쉽게 모방할 수 없기 때문이다.

미국의 델 컴퓨터가 기업의 외부 프로세스까지 대상을 확장하여 경쟁력을 강화시킨 사례를 살펴보자. 이전에는 필요한 제품의 수량을 내부 영업이나 마케팅 부서에서 예측을 하고 이를 근거로 생산계획을 수립하여 제품을 생산하고 공급하였다. 그러다 보니 예측이 빗나가게 되면 불필요한 재고들이 발생하게 되고 이 제품들을 생산하기 위해서 투입되었던 원부재료 비용, 생산비용, 보관 비용 등이 발생하였지만 재고로 쌓여 처리가 어렵게 되는 재고비용 부담이 커지게 되었다. 델 컴퓨터는 제품의 수요를 예측하는 방법이 아닌 고객으로부터 직접 제품을 주문 받는 방법을 채택하였다. 문제를 내부의 자원으로만 해결하기에는 한계가 있음을 파악하고 프로세스의 범위를 고객까지 확대하였다. 주문받은 수량을 정확히 알고 있으므로 필요한 자원 소요계획 및 생산계획 그리고 배송계획까지 준비하고 실행하는데 있어서 정확성을 확보할 수 있고 필요한 원부자재 수량을 미리 알 수 있으므로 재고 운용에도 부담을 줄일 수 있게 되었다. 또한 납기에 대한 약속이 정확해지면서 효율 및 스피드 모두를 개선할 수 있었다.

이렇듯 정보화는 단순히 컴퓨터를 통한 업무의 자동화 수준을 넘어서서 정보기술을 이용하여 프로세스를 새롭게 설계하고 실행할 수 있도록 해주는 것이다. 앞으로도 새로운 기술이 도래할 때마다 이를 경영에 활용하는 선두 주자들이 계속해서 나타날 것이다.

정보활용 관점의 정보화

업무들이 정형화 되고 나면 정해진 방법과 절차대로 일을 처리할 경우 누가 하더라도 같은 결과를 만들어 내게 된다. 이 업무들은 결국 단순 반복적인 업무가 되고 양이 늘어날 경우 사람이 수작업으로 일일이 계산하고 처리함에 있어 작업 오류와 같은 문제로 인하여 데이터의 정확도 유지가 한계에 부딪히게 된다. 컴퓨터 언어를 사용하여 전산 프로그램화 하여 시스템으로 만들고 나면 자동화된 업무로서 해당 기능을 수행하는 정보시스템이 된다.

정보시스템의 역할에 대한 설명을 보자. "정보시스템은 의사결정을 지원하고 조직을 관리하기 위하여 정보를 수집하고, 추출하고, 처리하고, 저장하고, 분배하는 상호연결된 기술적인 구성요소로 정의된다. 정보시스템은 의사결정, 조정, 통제를 지원하는 기능 외에 관리자들과 작업자들이 필요로 하는 분석작업과 복잡한 문제들을 가시화 해주는 지원작업을 한다."(LaudonKenneth & LaudonJane, 2006)

정보시스템은 프로세스로 정리된 업무들의 데이터 처리, 조회, 분석, 의사결정 과정들을 컴퓨터를 통하여 자동으로 실행하여 업무를 지원해 주는 것이고 이를 정보기술을 활용하여 데이터와 정보들의 수집, 가공, 저장, 분배 등의 보조 기능을 제공해 주는 컴퓨터 프로그램이다. 컴퓨터의 발전과 더불어 정보시스템이 기업의 업무에 활용된 역사를 살펴 보자. 다음 표 참조.

정보분류	주요 기능	정보시스템
지혜	의사결정	BI, SEM
지식	분석	APS, Data Mining, CRM, SRM, KM
정보	조회	ERP
데이터	수집 · 처리	MES, POS

아날로그의 디지털 데이터화: 1970~80년대에는 주로 생산현장의 자동화와 함께 컴퓨터의 활용이 시작되었다. 각종 운전설비 및 제어기기들로부터 온도, 유량, 압력 등 아날로그 데이터들을 컴퓨터가 읽을 수 있도록 디지털화 하는 과정이 활발하게 진행되었다. 이와 함께 중앙처리장치(CPU: Central Process Unit)의 성능이 발전하면서 엔지니어링 분야의 수치계산에 특화된 워크스테이션Workstation이 개발되었고 이를 통하여 기술분야 사무실의 부서 단위의 업무까지 컴퓨터의 활용 영역이 확대되었다. 동시대에 IBM의 메인 프레임 기종인 360모델로 직원들의 급여 계산이 적용되고 있었다.

데이터의 정보화: 디지털화를 통한 데이터의 전산화가 확대되면서 사무 분야의 업무 영역까지 전산화가 확대되었다. 자재소요계획(Material Requirement Planning)이 우선 도입되면서 생산에 필요한 자재들의 소요량을 자동으로 산출하여 공급하게 되었고 생산 현장의 실적관리, 품질 데이터, 판매 데이터, 배송 데이터 등 사무부문 전 분야의 업무들이 전산화 되면서 용도에 맞게 데이터를 처리하고 모니터링하게 되었다. 전사적 자원관리(Enterprise Resource Planning) 시스템이 개발되고 전사의 자원관리에 대한 가시성이 확보되기 시작하였다.

정보의 지식화: 기업의 운영 전반에 대한 전산화가 진행되면서 각 부

문 간의 정보의 연계를 통한 새로운 효율 및 효과 창출의 기회가 발굴되기 시작하였다. 주문에서부터 자재 조달, 제품 생산, 출하, 배송 및 자금 관리까지의 일련의 과정에 대한 정교하고 정확한 계획이 수립되면 이동 과정에서의 재고의 낭비를 제거할 수 있고 업무처리 속도를 단축시켜 경쟁자들보다 빨리 제품을 공급할 수 있는 기회들을 발굴하기 시작하였다. 이를 지원해준 정보시스템들이 생산계획(Advanced Planning System), 공급망 관리(Supply Chain Management), 제품개발관리(Product Lifecycle Management), 고객관계관리(Customer Relationship Management), 협력업체관리(Supplier Relationship Management) 등이다. 이상에서 언급한 정보시스템들은 가시화를 통하여 획득한 정보들을 수직적, 수평적 관계 분석과 데이터들 간의 관계 분석에 기반하여 새로운 프로세스 개선의 기회와 일하는 방법의 개선을 제공하고 있다.

지식의 지혜화: 아직까지 우리 인간이 컴퓨터 보다 우월하다고 장담을 할 수 있는 것이 지혜를 만들어 내는 것이다. 눈부시게 발전하는 정보기술은 데이터의 연산 능력의 비약적 발전으로 인하여 데이터의 저장 및 처리 능력은 이미 인간의 한계를 뛰어 넘은 지 오래되었다. 컴퓨터의 발전이 한창이던 1990년대에 등장했던 인공지능(Artificial Intelligence)이 아직은 요원한 상황이므로 컴퓨터가 우리 인간처럼 혼자서 생각하고 판단하는 것은 무리이다. 그러나 잘 만들어진 시나리오, 알고리즘을 활용하여 인간의 의사결정을 지원하는 정보를 제공할 수 있다. 이러한 필요에 의하여 개발되고 있는 정보시스템들이 경영정보관리(Business Intelligence), 전략적 기업경영(Strategic Enterprise Management) 등이 있다. 경영정보관리(BI)는 다량의 다양한 이력 데이터들을 활용하

여 각종 분석 및 리포트를 제공하고 빅데이터Big Data 분석과 같은 다차원 분석을 통하여 새로운 경향이나 미래 트렌드를 찾아내는 기능을 제공하고 있다. 전략적 기업경영(SEM)은 다양한 시나리오를 활용하여 포트폴리오 분석, 투자 분석과 같은 전략 분석에 필요한 정보를 제공하여 의사 결정을 지원하고 있다.

이상에서 살펴 본 바와 같이 기업의 정보시스템은 기업의 업무 전체 영역으로 까지 활용 범위를 확대하여 신속히 진화되어 왔다. 그러나 문제는 신속한 정보화 과정에서 정형화 시킨 업무와 자동화 된 업무들 간의 격차(Gap)가 발생하는 것이다. 처음 정보시스템 구축과 함께 오픈 후 몇 달 동안은 시스템이 불안하여 잦은 고장과 사용법이 익숙하지 않아 고생하게 된다. 그러나 시스템이 안정화되면서 사용법이 익숙해 지고 나면 기존의 업무 처리 방법과 달라 사용을 꺼리게 되어 시간이 흐르면서 업무와 정보시스템 간의 불일치가 늘어나게 되어 정보시스템이 사양화 되어가는 악순환이라는 시행착오를 겪어왔다.

시행착오 과정은 어느 누구의 잘못이라고 단정짓기 보다는 정보화 진화과정이라고 말할 수 있다. 만약 처음부터 기업의 모든 프로세스를 꿰뚫고 있어 이에 상응하는 정보시스템을 설계할 수 있다면 초기 구축에 상당히 오랜 시간이 소요되더라도 업무와 시스템을 일치시킬 가능성이 높을 것이다. 그러나 기업 프로세스는 기업의 경영환경이 변함에 따라 전략이 바뀌게 되면 업무도 변화하게 된다. 또한 다분히 프로세스만의 문제가 아니라 조직이나 구성원의 행동도 반영이 되므로 이런 변화가 끊임없이 진행되기 때문에 한번에 완벽한 시스템을 구축하기 어려운 것이다. 환경변화에 신속하게 대응해 줄 수 있는 정보시스템의 구축이 더 유용한 방법이다.

하나의 대안을 제시할 수 있다. 기업의 전체 업무를 속속들이 알 수 없다고 하였지만 모든 업무를 정형화하여 데이터베이스에 저장 후 이를 모니터링하고 프로세스들 간의 연결고리를 확인하여 프로세스의 단절, 누락, 중복 등의 문제를 파악하고 관리하는 것이다. 전체 프로세스를 알지 못하면서도 이를 수행할 정보시스템을 구축할 수 있으며 프로세스와 시스템을 일치시킬 수 있다는 것은 넌센스다. 처방 방안에서 상세한 설명이 전개될 것이다.

3
디지털 시대의 부작용, 디지털 치매

개인의 디지털 치매: 컴퓨터의 발명이래 지속적인 전산화와 컴퓨터의 성능 발달에 힘입어 우리는 주변에 매우 다양한 디지털화된 전자기기들을 보유하게 되었다. 전자 계산기부터 시작한 소형화된 전자기기들은 음악을 재생하는 MP3 플레이어, 휴대폰, 태블릿 PC, 디지털 카메라 등 다양한 형태의 기기들이 우리 주변을 둘러싸고 있다. 이 기기들은 나름대로 CPU(중앙처리장치)를 내장하고 있어서 똑똑한 기능들을 수행한다 하여 스마트한 기기들로 대변이 된다. 그러나 기기들은 나날이 똑똑해지는데 반하여 이를 사용하는 사람들은 오히려 기억력이 감퇴되는 기이한 현상이 나타나고 있다. 이른바 부작용이다. 어떤 부작용이 있으며 디지털 치매의 형태는 어떤 것인지 살펴 보자.

전화번호 수첩의 소멸

산업화시대의 자동화 기계들의 발달은 인간을 육체의 노동으로부터 해방시켜주었다. 힘들고 무거운 물건들의 운반을 기계가 담당하고 자동으로 일을 처리해 주는 결과 사람들은 여분의 시간을 가질 수 있었다. 이후 컴퓨터의 등장과 더불어 시작된 정보화시대에는 인간의 육체가 아닌 지적 활동을 대신해 주는 자동화가 발달하기 시작하였다. 전자계산기의 등장은 복잡한 수식의 연산들을 신속하고 정확하게 처리해주었다. 자동화 기계 역시 컴퓨터의 도움을 받아 더욱 정밀하고 미세하게 일을 처리하여 생산성을 향상시키고 있다.

이러한 발전은 개인의 생활에도 깊이 관여하기 시작하였다. 우리가 핸드폰이라고 부르는 휴대폰의 등장이 시초라 할 수 있다. 초기 휴대폰의 기능은 전화를 주고 받고 문자를 주고 받는 것이었다. 여기에 필요한 전화번호를 휴대폰이 대신 관리해주기 시작하였다. 이전의 아날로그식 전화에서는 연락에 필요한 전화번호를 별도로 수첩에 메모하든가 아니면 사람들이 각각 필요한 번호를 외우고 있다가 필요시 사용하였던 것이다. 그러나 휴대폰이 널리 보급되면서 보편화된 후 나타난 현상이 전화번호를 기억하지 못하는 것이었다.

휴대폰에 저장된 번호를 사람 이름이나 별도의 명칭을 입력하기만 하면 자동으로 전화에 연결이 되는 방식에 익숙해지다 보니 번호 자체를 외우지 못하는 것이다. 이름하여 디지털 치매(Digital Dementia)라 불리는 현상이 발생한 것이다. 정보화에 익숙해 질수록 기억력을 사용하지 않다 보니 기억력이 감퇴되면서 마치 치매에 걸린 것처럼 기억을 못하게 되는 현상이다. 오히려 휴대폰에 익숙하지 못했던 중·장년층들이 휴대폰을 들고도 전화를 걸기 위해 전화번호 수첩을 꺼내는 모습을 보고 시대에 뒤떨어졌다고 비아냥거리기까지 했던 것이다.

치매 현상은 계속 범위를 넓혀가면서 중·장년층은 물론 젊은 세대에까지 확산되고 있다. 이것을 가속화 시킨 것이 스마트폰의 등장이다. 스마트폰 이전까지는 보급률이 특정 계층에 편중되었던 것이 사실이다. 그러나 스마트폰 등장 후 4년도 되지 않아 거의 전 국민이 보유하게 된 것이다. 거리의 공중전화를 찾아보기 힘든 세상이 된 것이다. 결국 전 국민에게 디지털 치매가 전염되고 있는 것이다.

디지털 길치의 등장

디지털 치매 현상은 전화번호에만 국한하지 않고 위세를 떨치고 있다. 과거에는 우리가 운전을 하거나 새로운 길을 찾아갈 경우 인쇄된 지도를 사용하였다. 그래서 운전자들의 차 안에는 최소한 한두 권 이상의 전국지도 또는 자주 가는 곳의 지도가 있었다. 이를 토대로 다른 사람에게 길을 알려줄 경우에도 지도를 참조하거나 거리의 이정표를 중심으로 방향과 길을 가르쳐주었다. 어느 날 사용법이 어려우면서 방향을 지시하는 무전기 같은 기기가 등장하였다. 이름하여 내비게이터Navigator였다.

내비게이터 등장 초기만 해도 지시하는 방향의 정확도가 낮고 엉뚱한 길로 안내하여 호응도가 낮았다. 꾸준히 성능을 향상시킨 결과 사용인구가 증가하게 되었다. 이 당시에도 내비게이터에 익숙해진 사람들 사이에선 목적지를 갔다 왔지만 다시 찾아가라면 못 가겠다, 내비게이터가 없으면 못 가겠다는 반응이었다. 특히 내비게이터의 지시대로 현재 보이는 곳 중심으로 화면과 정면만을 바라보면서 지나간 결과 주변 사물이나 환경 등을 충분히 인지하지 못하는 것이 문제였다. 과거 지도를 활용하여 찾아갈 경우는 지도에 표시된 지형지물과 운전시 마주치는 주변 상황을 비교하면서 찾아갔기 때문에 초행길 이후에는 기억을 더듬으며 찾아갈 수 있었던 것이지만 내비게이터를 활용한 이후에는 지시하지 않으면 찾지를 못하게 된 것이다. 디지털 치매를 넘어 디지털 길치라 할 수 있겠다.

물론 내비게이터의 순기능도 있다. 전혀 낯설고 생소한 곳을 정해진 시간에 도착해야 할 경우 내비게이터가 필수적이다. 그러나 만약 통신장애 등이 발생하여 내비게이터의 작동이 멎을 경우를 상상해 보자. 그야말로 고립무원에 빠진 것과 같은 멘탈 붕괴가 발생할 것이다. 어떻게 상황을 극복해야 할지 막막해 지는 것이다. 예전에 활용하던 지도를 확보하더라도 방향과 거리 등을 인지할 수 있는 능력이 쇠퇴하여 길을 찾는데 애를 먹을 것이다.

머리를 쓰지 않는다

모든 것이 디지털화 되면서 과거보다 편리해 지고 다양한 기능들을 제공받을 수 있게 되었지만 인간의 고유능력인 기억력의 상실이라는 중대 국면에 접하게 된 것은 무엇 때문일까? 여러 원인들이 있을 수 있지만 가장 공통적으로 얘기되는 것이 우리의 능력을 너무 사용하지 않고 기기들에게 의존하기 때문에 능력이 쇠퇴하는 것이다. 그 결과 기기의 도움이 없이는 아무것도 할 수 없는 역설적으로 설명하면 기기의 조종을 받는 로봇이 된 것 같은 기분이 든다. 이를 극복하기 위해서는 가급적 기기를 사용하는 시간을 줄이고 아날로그식 방법인 글쓰기, 외우기, 몸으로 체험하기 등이 대안으로 제시되고 있다. 인간에게 고유하게 주어진 능력을 갈고 닦는 것을 게을리 해서는 안 된다. 우리가 동물과는 다른 사람이라는 것을 잊지 말자.

기업의 디지털 치매: 한 시대를 구성하는 것은 사람들이 속한 사회이고 사회현상 역시 사람들에게 영향을 미치기 때문인 것일까? 사회구성원 개인들에게 나타나는 디지털 치매 현상이 사람들로 구성된 기업에서도 발생하는 것은 우연이 아닌 것 같다. 기업에서도 생산성 향상과 경쟁력 강화를 위해 많은 돈을 들여가면서 자동화, 정보화를 추진하였다. 경제신문의 첫 머리를 장식하는 성공사례들이 소개되지만 부작용으로 일종의 치매 현상이 나타나고 있다. 컴퓨터 시스템이 고장이 나거나 통신 시스템이 바이러스에 감염되어 업무가 중단이 될 경우 과거와 같은 방식으로 업무를 처리하는 능력을 상실해 가고 있는 것이다. 주의 깊게 살펴 볼 필요가 있다.

내부 소통 마비

정보화 이전 기업 내에서 정보를 공유하는 방법은 문서를 통하여 관련 부서들 간의 회람이라는 절차를 거치면서 필요한 내용과 의사결정 사항들을 교환하였다. 오늘날 많은 기업들이 사내 인터넷의 일종인 인트라넷 시스템을 활용하면서 정보와 문서를 회람하는 방법을 전산화하여 이메일을 통해서 주고 받는다. 여기에는 보낸 시간, 받은 시간, 결재순서, 첨부 문서 및 관련자들의 의견 등이 다양하게 교환이 되고 실시간으로 해외와도 연결이 되어 업무처리의 스피드를 향상시켰다.

그러나 간혹 인트라넷 시스템이 장애를 일으켜 단 몇 시간이고 사용을 못할 경우가 발생한다. 이때가 되면 직원들은 까막눈이 되고 사무실은 재앙 수준의 상태가 된다. 처음엔 차를 마시러 나가거나 담배를 피우러 자리를 비운다. 시간이 지날수록 일이 손에 잡히지 않고 아무것도 할 수 없음에 짜증이 나기 시작한다. 특히 납기가 정해진 일을 처리하던 사람들은 하염없이 시간을 까먹게 되므로 분노가 극도에 달한다.

필요한 정보들이 예전처럼 파일에 보관되어 있었다면 서류를 뒤지면서 일을 할 수 있지만 거의 모든 서류들이 전산화 되어 시스템에 보관되어 있는 관계로 시스템이 정상운영 되기 전까지는 할 수 있는 것이 없다. 기업으로서는 엄청난 손실을 보게 되는 것이다. 마치 사람들이 휴대폰을 분실하거나 고장이 났을 경우 번호를 기억 못하고 있으니 연락도 못하고 외부와 단절되는 것과 유사한 현상이다.

업무 중단

앞서 설명한 인트라넷 시스템의 경우는 그래도 사내 내부의 의사소통 상에 발생하는 문제이다. 기업의 고유 업무를 운영하는 경우 동일한 현상이 발생하면 치명적이 된다.

어떤 공정의 운영을 전산화 하게 되면 이전에는 수작업으로 작업일지를 작성하고 기록하면서 운전 상태를 점검하는 방법이었지만 전산화 이후에는 수작업 기록 부분이 자동으로 처리되므로 작업자들은 처리된 결과를 모니터를 통하여 조회하면서 운전의 이상 상태를 감지하고 조치하는 방법으로 전환된다. 이 방식에 익숙하게 된 작업자는 시스템이 갑작스럽게 다운이 되었을 경우 볼 수 있는 것이 없게 된다. 과거의 작업 방식을 경험했던 작업자들일 경우에는 현장으로 달려가서 수작업

상태로 전환하여 작업을 임시로 처리할 수 있을 것이다. 그러나 처음부터 전산화된 방식으로 업무를 습득한 작업자들의 경우에는 비상조치가 막연해 지는 것이다.

공장의 운영만 해당되는 것이 아니고 각 부서의 업무도 마찬가지이다. 영업, 구매, 물류 등의 업무도 전산화 되어 있으므로 해당 시스템이 다운이 되면 비상 업무 처리 방법이 막연해 지는 것이다. 다시금 스마트폰 분실과 같은 현상이 벌어지는 것이다. 직원들에게는 PC가 스마트폰인 셈이고 PC에 연결된 네트워크망은 3세대, 4세대 이동 통신망인 것이다.

업무처리 과정 모름

지금까지 설명한 디지털 치매의 파급 효과는 현상에 대한 결과 성격이 강하다. 이번에는 원인 성격이 강한 내용을 설명하고자 한다. 전산시스템 다운을 비유하여 디지털 치매라고 설명하게 된 배경이기도 하다. 사람에게 발생하는 디지털 치매는 기억력의 감퇴가 원인으로 설명된다. 기업에 있어서 디지털 치매의 원인은 직원들이 프로세스(업무)를 잊어가고 있다는 것이다.

과거 아날로그 시절에는 손익계산이나 결산을 진행할 경우 주판을 활용하거나 탁상용 전자계산기를 사용하였다. 직접 수많은 데이터들을 관리하였고 일일이 계산하면서 검산도 하였기 때문에 이상 데이터를 보게 되면 직감적으로 찾아내는 경우도 있었다. 여기서 중요했던 것은 사람이 직접 과정에 참여하면서 일을 처리했기 때문에 전후 결과를 비교하거나 예측이 가능했던 것이다. 그러므로 오류를 범하긴 해도 심각한 대형 오류를 사전에 걸러낼 수 있던 것이다.

그러나 전산화 이후 업무를 파악한 사람들은 이러한 과정이 생략되어 있다. 전산시스템에 필요한 데이터를 입력하면 결과가 조회되고 이어서 다음 업무를 처리하는 것이다. 검산이나 오류 확인은 시스템이 알아서 해주는 것이다. 단순 데이터만을 다루다 보니 데이터의 숨은 의미에 대해서도 관심이 없다. 필요한 업무처리만 하면 되는 것이다. 가끔 언론에 보도되는 증권회사의 대금 입력 오류 사례들을 보면 이해할 수 있을 것이다. 데이터의 입력 단위가 평상시와 분명히 다름에도 불구하고 담당자는 놓치게 되고 시스템은 정해진 오류 검증 로직 이외에 발생한 것만을 체크하므로 시스템개발 당시 처리되지 않았던 검증 로직은 반영이 안 되어 있어 발생하게 되는 것이다. 만약 사람이 직접 데이터를 관리했다면 아마도 평상시와 다른 데이터를 보고 걸러냈을 확률이 높았을 것이다.

물론 과거와 같은 수작업이 우수하다고 주장하는 것은 아니다. 얘기하고 싶은 것은 전산화나 정보화는 필수적인 것이고 안할 수 없는 것이다. 그러나 부작용이 발생하는 내용을 보았을 경우 작업자가 단순히 데이터를 처리하는 사람으로만 활용하면 안 된다는 것이다. 자신이 하는 일에 대해서 능통해야 하고 왜 이 일을 하는지 문제가 발생할 경우 어떻게 처리해야 하는 지를 이해하고 있어야 한다는 것이다.

도요타의 생산방식이 비난 받는 부분 중 하나가 생산라인의 효율과 생산성을 높이기 위하여 작업자를 공정의 한 부품처럼 단순히 정해진 작업만 처리하도록 하는 것이기 때문이다. 비인간적이라는 것이다. 사무부문에도 전산화가 진행되면서 유사한 현상이 발생할 조짐을 보이고 있다. 시스템에서 정해진 절차대로 필요한 시기에 데이터를 입력하고 결과를 확인하는 단순한 작업만을 하게 되는 경우이다. 자신이 한 일이 다음 사람에게 어떻게 전달되고 어떤 영향을 끼치는지를 알고 있다면 아마도 한두 번은 더 데이터를 점검하고 확인하게 될 것이다.

전산화는 시스템 개발 시점에서의 일하는 방식에 근거하여 새로운 상상 가능한 방법을 표준화하여 만들어 놓은 업무처리 방식이다. 경영환경이 변화되면서 업무방식도 변화시켜야 할 경우 단순 데이터의 입력과 처리만을 수행한 작업자들은 새로운 방법을 찾아내기 힘들고 왜 바꾸어야 하는지 이해를 못하게 되는 것이다. 혁신이 왜 필요한지 이해 못하게 되는 근본적인 원인이다. 경영환경은 수시로 바뀌는데 일하는 방식이 이를 쫓아가지 못하게 될 경우 처하게 될 미래는 설명하지 않아도 충분히 이해할 수 있을 것이다.

디지털 치매가 기업에 미치는 악영향이 바로 이 부분이다. 개인의 디지털 치매는 일단 파급효과가 개인에게만 국한이 되지만 기업의 디지털 치매는 기업에 영향을 미치므로 전 직원에게 확장되는 것이다. 궁극적으로는 경쟁력의 상실을 가져오게 되는 것이다. 부수적으로 발생하는 악영향은 내부 직원들이 프로세스를 잘 이해 못하고 있는 상황에서 외주화하여 정보시스템을 개발하기 때문에 많은 비용과 시행착오를 반복하게 되는 것이다. 자세한 내용들은 원인과 처방에서 계속 이어진다.

Ⅲ
디지털 치매의 원인, 프로세스 이해 부족

많은 자원과 인력을 투입하며 혁신과 정보시스템 구축을 추진하여 왔는데 디지털 치매에 걸렸다는 판정을 받게 되면 요즘 개그맨들이 보이스 피싱Voice Psihing과 관련하여 만들어낸 유행어인 "고객님~ 많이 당황하셨어요?"가 생각날 수 밖에 없다. 필자도 사실 많은 정보화 및 혁신 프로젝트들을 수행할 때마다 수없이 질타를 받았던 사항은 지난번에도 투자했는데 왜 또 필요하다는 것이며 투자비도 증가하는 것에 대한 것이었다. 가장 최근의 프로젝트를 성공리에 마무리하고 1년여 시간의 안정화 과정을 거치면서 파악한 사실들을 정리해 보고자 한다.

디지털 치매에 걸리게 되는 근본적인 원인은 정보화나 혁신자체에만 국한되어 있는 것이 아니고 정보화 및 혁신을 지속적으로 추진해나가기 위한 제반 여건 및 환경들을 같이 고려하지 않았다는 것이다. 단순히 프로젝트만 끝나면 모든 것이 다 잘 운영되는 것으로 착각한 것이 근본원인이다. 정보화라는 새로운 시스템이 도입되었는데 이를 운영하기 위하여 추가로 필요한 자원들에 대하여 충분한 고민이 없었고 단지 비용의 증가를 줄이기 위한 방향으로 초점을 맞추었던 것이 큰 문제였다.

일례로 제조현장의 자동화를 살펴보면 사람들의 근력에 의존하여 진행되던 일을 기계의 힘을 빌어 자동화로 대체하였다. 물론 생산성이 급격하게 상승한 것은 믿어 의심치 않는다. 그러나 자동화된 설비를 운영하기 위한 전문 보수 인력들이 필요하게 된 것이었다. 보수 인력들이 설비의 고장 없이 지속적으로 생산성을 향상시킬 수 있도록 사전 점검도 철저히 해야 하고 주기적으로 성능을 높이기 위한 개선 프로젝트를 진행하는 것이 필요한 것이다.

정보화도 마찬가지이다. 단지 눈에 보이지 않는 일들이 진행되기 때문에 직접 비교가 힘든 것이었다. 전산 프로그램을 통하여 수작업으로 사무 부문에서 진행되던 일들을 자동화하여 생산성을 높였다. 다음은 일하는 방법들이 바뀌면서 새로운 자동화를 요구하게 될 경우 마치 기계를 유지 보수하는 것처럼 프로그램을 수정하여 보완해 주어야 하는 것이다. 일하는 방법이 혁신적으로 바뀌게 되면 설비의 성능 향상을 위한 개선과 같이 프로그램의 전면적인 수정이 필요하게 되어 대대적인 정보시스템의 재구축을 진행하게 되는 것이다.

설비의 유지보수 인력은 당연한 것이고 전산시스템의 유지보수 인력은 단순 비용으로 간주하고 외주화 한 결과 일하는 방법을 외부 사람들이 알고 있으며 오히려 기업 내부에는 이해하는 사람이 부족해진 것이다. 주객이 전도된 것이다. 왜 이런 일이 발생했는지 알아보자.

1
IT 외주화(Outsourcing)의 함정

ITO(Information Technology Outsourcing)의 역사는 1980년대로 거슬러 올라간다. 이 당시에는 IBM과 EDS가 지배하고 있던 시절이다. 이 당시는 메인 프레임Main Frame 컴퓨터로 불리는 대형컴퓨터를 이용하고 모든 것을 한곳에서 처리하는 방식이 유행하던 시절이다. 당연히 전산실 및 운영인력이 대규모로 필요하게 된 상황이었다. 이런 환경에서 내부에 이러한 대규모 시설과 인력이 필요한지에 의문을 가지며 비용절감 차원에서 그리고 기업의 비전문영역을 비용 절감의 기회로 활용하기 위하여 외주화 차원에서 ITO를 선택하게 된 것이다.

비전문 분야는 외부에 맡긴다

국내에서도 이러한 유행은 곧 바로 번지게 되었다. 삼성, 현대, LG 등 재벌 기업들을 중심으로 ITO를 수행하는 시스템 전문회사를 설립하게 된다. 이러한 외주화는 IT시장의 성장과 더불어 Data Center로 까지 확장되면서 계속 성장해왔다. 그러나 인터넷의 등장과 더불어 웹Web상에서 처리되는 각종 앱App들의 출현은 종전의 전문적인 2세대, 3세대 컴퓨터 언어보다는 비교적 쉬운 프로그래밍 기술을 요하는 4세대 언어로 급여계산이나 전표처리 등과 같은 단순 업무처리 위주의 프로그램을 개발하게 되었다. 프로그래밍 기술의 전문화와는 거리가 멀어지게 되었다. 이런 경향에 따라 외주화의 영역이 전문적인 정보기술에서 확장되어 기업의 실무를 처리하는 응용 프로그램 영역까지 확장하게 되었다. 이때 등장하는 것이 응용프로그램 서비스 제공자(Application Service Provider)라 불리는 응용 프로그램들을 전문으로 개발하여 사용토록 해주는 ASP[3]가 등장하게 된다.

1990년대 후반까지ASP가 폭발적인 인기를 끌던 무렵 많은 사람들은 ASP가 대부분의 기업들의 전략적인 기능까지도 자신들의 어플리케이션으로 원격으로 운영할 수 있을 것이라 믿었다. 기업들은 더 이상 비용이 많이 드는 자신들의 IT 부서를 유지할 필요가 없을 것이다, 사설 망이나 인터넷을 통해서 어플리케이션들을 빌려 쓰면 된다고 하였다. 이러한 주장은 벤처 자본을 보유한 닷컴(.com) 기업들과 전통적인 소매상들에게 강하게 받아들여졌다. 그러나 ASP는 약속한대로 서비스를 제공하기에는 한계가 있었다. 자신들이 수익을 내기 위해서는 어플리케이션의 수를 어느 정도 제한해야만 했다. 고객이 원하는 모든 것을 다 제공할

3) ASP(Application Service Provider): 기업에서 필요로 하는 다양한 응용프로그램들을 서비스 형태로 제공하는 기업. Salesforce.com의 경우 영업관련 응용프로그램을 접속하여 사용하는 형태로 서비스를 제공하고 운영된다.

수 없었던 것이다. 일종의 전문화가 필요했던 것이다.

ASP고객들은 뒤늦게 이 사실을 알게 되었다. 주요 ASP들이 사라져갔을 때, 고객들은 갑자기 사업을 운영할 어플리케이션이 없다는 것을 알게 되었다. IT 분야의 전문가들은 더 이상 ASP가 필요 없음을 알게 되었다. 이에 대한 대안으로서 분석가들은 MSP(Managed Service Provider)를 추가로 제시하였다. MSP는 서비스 제공자의 시스템을 사용하는 것보다는 고객의 사이트에 서비스 제공자들이 상주하면서 필요한 응용프로그램을 개발하고 유지해 주는 개념이다.

결국 외주화도 효율을 고려하여 적용 범위는 전문적인 정보기술 영역에서 일반적인 응용프로그램 개발 영역까지 확장되었으며 서비스 수준도 외부에서 원격으로 제공하는 수준에서 내부에 상주하면서 신속하고 안정적으로 운영하는 방향으로 전환되어 왔다. 이것이 오늘날 대부분의 기업들이 ITO서비스를 받는 형태이다.

잃는 것이 더 크다

ITO를 하는 가장 근본적인 이유로서 비용절감이 있지만 본래 ITO를 추구한 목적은 위에서 설명한 것과 같이 기업들이 자신들의 전문분야에 집중하고 비전문 분야는 전문가들을 활용한다는 것이었다. 그러다 보니 비전문 분야의 사람들을 고용할 필요가 없이 서비스 받으면 되는 것으로 판단하고 기존에 내부에 있었던 IT인력들(프로그래머, 시스템 관리, 운영 인력 등)도 외주화 한 것이었다.

그러나 이것은 크나 큰 패착이었다. ITO는 IT기반 서비스(Enabled Service)의 한 형태로서 IT를 통한 가치를 창출할 수 있는 다양한 서비스를 말한다. 이 중 정보시스템 유지보수와 관련된 항목이 비즈니스 프로세스 외주화라고 불릴 정도로 전산화된 프로세스에 대한 변경 및 유지 관리가 핵심이다. 역설적으로 얘기하면 전산 시스템에 해당 기업의 비즈니스 지식이 프로세스 형태로 포함되어 있는 것을 간과한 것이었다. 자신들의 지식을 외부 인력들에게 맡긴 상황이 된 것이다. 오히려 내부의 인력들은 남이 만들어준 시스템대로 사용하게 되어 어떻게 만들어져서 운영되고 있는지를 모르게 된 것이다.

그 결과 새로운 시스템을 대규모로 구축하거나 부분적인 개선이 필요할 경우 내부에서 검증할 인력이 없는 상황이 발생하고 외부개발자들이 제시하는 방법대로 끌려가게 되며 역으로 비용이 증가하는 정반대의 현상이 벌어지고 있는 것이다. 함정에 빠진 것이다. 탈출 방법을 찾아야 한다.

프로세스는 핵심역량이며 자산이었다

소품종 대량생산의 시대에는 소비자들의 요구 보다는 제품 공급자 중심으로 시장이 움직이고 있었다. 따라서 무엇을 만들어서(what to make) 판매하느냐가 경쟁력의 원천이었던 것이다. 다품종 소량생산의 시대에 접어들면서는 궁극적으로 한 사람의 고객에게 특화된 제품을 공급하는 능력을 갖추어야 한다. 다시 말해 어떻게 만들어서(how to make) 판매하느냐가 경쟁력의 원천이 되는 것이다.

인풋을 투입하여 무언가를 만들어 아웃풋으로 제품을 만드는 과정을 프로세스로 설명하게 되면 제품을 어떻게 만드느냐가 바로 처리 과정인 프로세스가 되는 것이다. 똑 같은 인풋을 가지고도 프로세스가 다르면 더 빨리, 더 싸게, 더 좋게 만들 수 있는 것이다. 또는 여태껏 존재하지 않던 새로운 프로세스를 만들어서 생산성을 향상시키는 경쟁자들도 등장한다.

이를 위해서는 내가 어떻게 일하고 있는지를 제대로 알고 있어야 하는 것이다. 그러나 뒤늦게 깨달은 것은 외주화 후 잃어버렸던 것이 바로 내 핵심역량이었던 것이다. 외부 컨설턴트에게 맡겼었고 시스템 개발자들에게 의존하면서 남 좋은 일만 해주었던 것이다. 직원들로 하여금 자신들이 하는 일을 정확히 파악하고 수시로 문제점을 찾아내어 개선할 수 있도록 해야 한다. 남에게 내 주었던 나의 자산을 되찾아와야 한다.

2
허술한 프로세스 관리

IT외주화에 따른 부작용으로서 비즈니스 프로세스를 제대로 확보하고 운영하지 못하게 되었다. 비즈니스 프로세스의 특성상 눈에 보이지 않는 무형의 자산이기 때문에 소홀히 다루어 온 것도 사실이다. 우선 눈에 보이지 않으니까 사람들마다 자기 고유 방식대로 수작업으로 업무를 진행하여 왔다. 더욱 안타까운 것은 정형화 되어 있지 않은 일하는 방법으로 인하여 업무를 신입사원에게 전수할 때도 도제식 훈련에 익숙해져 있다. 프로세스가 없으니 설명한 자료는 없고 눈으로 확인할 수 없으니 뭐가 문제인지 정확한 파악이 어렵고 문제에 대한 공유도 쉽지 않다. 아날로그식 프로세스 관리는 사실상 관리라고 할 수 없고 단순히 문서로만 보관하고 있다는 수준이다. 디지털 프로세스 관리로 전환해야 프로세스의 가시성을 확보할 수 있으며 이력관리 및 전체가 공유하기 쉬운 가용성을 높일 수 있고 기업 고유의 자산으로 활용할 수 있게 된다. 무형의 암묵지를 형식지화 하는 것과 같은 것이다.

프로세스의 가시성 확보 필요

'백문이 불여일견(百問 不如一見)" 이라는 말과 '측정할 수 있어야 개선할 수 있다."는 표현이 있다. 전자는 아무리 여러 번 듣더라도 한 번 눈으로 보고 확인하는 것만 못하다는 뜻이고 후자는 우리가 어떤 문제를 개선하기 위해서는 문제의 원인이 무엇인지 또는 구체적인 수치나 현상을 정확히 묘사할 수 있어야 한다는 것이다. 일단 측정을 하게 되면 상태를 계속 조회하면서 변화 추이를 볼 수 있고 다른 주변 현상과의 비교 내지는 분석을 통하여 새로운 인과관계가 밝혀지면 이전엔 못보던 문제를 발견할 수 있기 때문에 모든 문제는 가급적 수치화 하려고 한다. 사실(Fact)에 근거한 의사결정을 원하는 것도 같은 이치이다.

인간의 몸의 건강 상태를 쉽게 확인할 수 있었던 주요 인자는 아마도 인체에 대한 해부였을 것이다. 우리 몸이 어떻게 구성되어 있으며 각각 어떤 장기들이 존재하며 무슨 역할을 하는지 눈으로 확인할 수 있게 되어 몸의 이상이 생기게 되면 어느 곳이 원인인지 빨리 찾아 낼 수 있고 필요시 수술과 같은 물리적 치료를 통해서 병을 치료하게 된 것이다.

이어서 가시화된 장기들의 기능을 상세히 분석하면서 장기들에 영향을 주는 인자들을 발굴하였고 인자들의 상태가 어떤지를 측정할 수 있는 지표들을 발굴하고 이를 토대로 건강검진을 실시하여 사전에 질병의 유무 및 장기들의 이상 유무를 확인할 수 있게 된 것이다.

기업의 경우도 마찬가지이다. 기업의 운영 상태를 눈으로 확인할 수 있어야 직원들이 무슨 일을 하고 있고 어디에서 문제가 발생하고 있으며 어떻게 해결해야 하는지를 쉽게 확인할 수 있게 된다. 그러나 실상은 거리가 멀다. 앞장에서도 자주 언급하였지만 기업의 비즈니스 프로세스는 사람들이 그 동안 해왔던 경험과 원칙과 논리와 방법 등으로 구성되어 있으므로 사람마다 처리하는 방식이 다르기 때문에 문제가 발생하여 이를 해결하기 위해 관련자들이 모였을 경우에도 언어 소통에 문제가 생기는 경우가 많다.

기업에도 업무에 대한 일종의 해부도가 필요한 것이다. 기업을 운영하기 위해 필요한 기능들과 각 기능들이 직원 개개인별로 어떤 일들을 하고 정보를 교환하며 협업을 하고 있는지, 단절된 프로세스는 없는지, 누락된 프로세스는 없는지를 한눈에 볼 수 있다면 아마도 문제를 알고서도 방치하는 일들은 많이 사라질 것이다.

프로세스에 대한 정의를 하면서 마이클 포터의 가치사슬에 기반하여 기업의 핵심 프로세스들에 대하여 설명하였다. 기업들 마다 속한 산업에 따라 표현 방법은 다를 수 있지만 기본 개념은 매일 진행하는 기업의 운영 관점에서 정의한 프로세스 분류이다. 가치창출에 직접적으로 기여하는 주프로세스와 이를 지원하는 보조프로세스로 구분된다. 각각의 대표 프로세스들로 구성되어 있다. 주프로세스는 마케팅, 개발, 구매, 계획, 제조, 물류, 영업, 고객 서비스이고 보조프로세스는 인사, 재무, 환경, 연구개발, 정보기술로 분류된다. 각각의 대표 프로세스들이 어떻게 세분화 되어 직원들의 일처리와 연결되는지를 확인할 수 있다면 기업 전체의 업무의 흐름과 일처리를 보여주는 프로세스 해부도라고 할 수 있다.

이 해부도에는 프로세스들 간의 단절, 누락, 중복, 지연 등을 자세히 볼 수 있으므로 어디가 문제이고 방치하면 어느 프로세스에 문제가 발생할 확률이 높은지를 눈으로 확인할 수 있다. 기업업무 해부도 역할을 하는 것이 나중에 설명할 프로세스 체계도다. 체계도에는 대표 프로세스들의 기능을 조직 구조와 연계하여 크게 5개 계층으로 분해하여 프로세스들을 상세화 하고 개별 프로세스들 간의 연관관계를 프로세스 지도(Map)로 보여 준다.

기업운영의 가시성 확보를 위해 노력했던 사례들을 살펴 보자. 경영 프로세스는 물리적 기계나 실물이 관리되는 제조현장의 프로세스와 이를 지원하는 간접 부문의 사무 프로세스 크게 두 가지로 분류할 수 있다.

제조현장에서의 프로세스 진화 과정은 소품종 대량생산에서 다품종 소량생산으로 이어서 개인별 맞춤 생산으로 전개되고 있다. 과거 포드사의 어셈블리 라인Assembly Line 이전의 생산 방식은 잡샵Job Shop이라는 필요한 부품이나 제품을 수작업에 의존하여 생산하고 보관하고 다음 잡샵에서 요청이 오면 전달하는 방식이었다. 반제품의 보관이나 이동이 중복이 되고 이동 중인 정보도 정확할 수 없었다. 다시 말하면 정형화된 프로세스가 없었던 것이다.

어셈블리 라인이 등장하면서 한곳에서 일관된 작업이 진행되면서 공정을 이동하는 과정에서 어떤 작업이 진행되고 반제품들이 이동정보가 눈에 보이기 시작하게 되었다. 각 공정마다 입력과 작업과정 그리고 출력이 어떻게 전개되는지 프로세스를 가시화 할 수 있게 되었다. 대량생산 과정을 프로세스를 통하여 관리하기 시작하니 공정 간 이동 시 전후 간의 속도나 생산성 차이로 인하여 중간에 생산중인 제품들이 쌓이게 되고 후 공정은 작업할 부품이 없어서 가동이 중단되는 사태가 발생하게 되었다. 도요타 사는 이런 문제들을 해결하기 위하여 전후 공정 간의 생산성 균형을 맞추기 위해서 필요한 작업 수량에 따라 필요한 부품을 공급하는 JIT(Just In Time) 개념을 적용하여 프로세스의 낭비를 제거해 나가기 시작하였다. 여기까지는 기업 내부에서 벌어지고 있는 프로세스상의 비효율을 제거하는 활동 중심이었다.

비즈니스를 읽는 지도: 프로세스 맵(Map)

우리 몸의 구조를 상세히 보여주는 것이 인체의 해부도다. 한방에서는 '신형장부도'를 예로 들 수 있고 양방에서는 다양한 종류의 상세히 묘사되고 정확히 그린 해부도를 볼 수 있다. 정교함과 정밀함의 차이를 떠나 해부도의 목적은 우리 몸을 눈으로 보고 읽는 것이다. 장기들은 어떤 것이 있으며 상호 간에 어떻게 연결되어 있는지를 보고 이해할 수 있는 것이다. 그러므로 우리는 인체의 해부도를 우리 몸을 읽는 지도라고 표현할 수 있다. 낯선 곳을 여행할 때 필수품인 지도가 있어 목적지에 도달할 수 있듯이 인체의 지도가 있었기에 우리의 의술과 의학이 눈부신 발전을 이루는 밑거름이 되었을 것이다.

기업의 상황을 살펴보자. 일반인 또는 심지어는 기업을 경영하고 있는 최고 경영자나 직원들마저도 기업이 어떻게 운영되고 있는지 상세하게 알고 있는 경우가 거의 없다고 해도 과언이 아니다. 우리가 해부도로 몸을 읽을 수 있었다면, 기업에서 진행하고 있는 일들이 무엇인지 어떻게 운영하고 있는지를 읽을 수 있는 지도 또한 필요하다. 물론 일부는 프로세스 지도를 가지고 있다고 말할 것이다. 그러나 이는 전체 프로세스에 비유하면 극히 일부에 해당하는 그것도 약도 수준에 해당하는 소축척 지도만을 보유하고 있는 것이다. 상세 지도에 해당하는 대축척 지도를 보유하고 있는 기업들은 흔하지 않다.

우리가 길을 찾을 때 지도를 활용하게 되는 데 지도에는 가고자 하는 목적지까지의 지형지물, 도로의 연결 상태 등이 표시되어 있다. 그런데 만약 모임을 주최하는 사람이 목적지까지의 약도만을 제공해 주고 찾아오라고 주문할 경우를 생각해 보자. 약도에는 개략적인 이정표 및 큰길들만이 표시가 되므로 '길치'인 사람들의 경우 엉뚱한 방향으로 가서 헤매거나, 일반적인 사람들도 약도가 제대로 업데이트 되지 않았을 경우 우왕좌왕하다가 목적지에 도착하게 된다. 만약 골목길까지 상세하게 그려진 정확한 지도를 제공했다면 이야기는 달라질 것이다. 마찬가지다. 우리가 프로세스 맵을 그릴 때 약도 수준의 개략적인 프로세스 연관도를 그릴 경우 실제 업무를 추진하는 실무자들이 어려움을 겪게 될 것이다. 상세한 프로세스 맵을 제공하면 – 여기에는 명확한 업무분장, 역할, 운영정의, 표준 등이 포함되어 있다 – 불필요한 일들이 많이 사라지게 된다.

경영진이 약도 수준의 업무지시를 하고 사원들에게 목적지까지 찾아오라고 하는 경우 약도는 개략적이고 구체적이지 못하기 때문에 불명확한 업무지시와 같으므로 실무자들은 헤맬 수밖에 없다는 것을 쉽게 이해할 수 있을 것이다.

지도를 보면 크게 소축척 지도와 대축척 지도로 크게 두 가지로 분류한다. 소축척 지도는 약도에 비교할 수 있게 개략적인 지형만이 표시가 된다. 대한민국 전도 같은 것이 사례이다. 반면 대축척 지도는 상세한 거리 정보가 나올 수 있을 정도로 축척의 비율을 높인 것이다. 최근에는 IT의 발달에 힘입어 GPS(Global Positioning System)가 등장하여 실제 사람들의 위치를 1미터 이내의 간격으로 표시해 준다. GPS를 활용하면 목적지에 도착하는데 큰 문제가 없게 된다. 현재 하고 있는 업무에 대해서 대축척 지도와 같은 상세 프로세스 맵을 작성해 보고 문제를 파악해야 한다. 아닐 경우 서두에서 말했던 후회를 되풀이 하게 된다. 이 경우 물론 업무의 완성도는 목표했던 것보다 낮아질 수밖에 없다.

		소축척 지도	대축척 지도
지도	특징	넓은 지역을 개략적으로 봄	좁은 지역을 자세히 보여줌
	장점	전체와 부분의 관계 보기 쉬움	지역과 주변을 자세히 볼 수 있음
	단점	자세한 지역 정보를 얻지 못함	전체와 부분과의 관계 파악 어려움
	활용	지역의 위치 파악에 이용	지역의 상세 영역 파악에 이용
프로세스	특징	전략과 연계된 프로세스의 개선 방향을 파악	프로세스 실행을 위한 정보 시스템과 연결 방법 제공
	장점	전략의 방향성·실행가능성 파악	상세한 업무까지 볼 수 있다.
	단점	상세한 업무내용 파악 못함	그리기가 쉽지 않다
	활용	방향성 확보	실행력 확보

대부분의 기업들이 정보시스템을 구축하였거나 프로세스 혁신을 추진하였다면 아마 소축척 지도 수준의 비즈니스 프로세스 지도를 보유하고 있을 것이다. 왜냐하면 컨설팅의 산출물이 바로 개략적인 프로세스 흐름도와 개선 방안 및 효과 등으로 요약되어 있기 때문이다. 대축척 지도에 해당되는 것은 정보시스템 구축 시 프로그램 설계를 위하여 참

조된 후 시스템에 용해되어 존재하므로 볼 수가 없게 된다.

그러므로 프로세스를 확보해야 된다는 것은 우선 대축척 지도인 상세 프로세스 지도를 만들어야 한다는 것이다. 소축척 지도에서는 인체의 해부도와 비교할 경우 오장육부 등 주요 장기들의 구성을 보여주었다고 할 수 있다. 대축척 지도에서는 오장육부와 같이 순환하면서 우리 몸의 항상성을 유지하기 위한 다른 장기들과의 상세한 연결을 볼 수 있다. 아래 표를 참조해 보면 왜 비즈니스 프로세스에서 상세한 지도가 필요한지 이해하기 쉬울 것이다.

소축척 프로세스 지도

프로세스를 상위수준으로서 전략과 연계된 프로세스만을 그린다는 것은 프로세스 운영의 개략적이면서 논리적인 수준에서 이해한다는 것이다. 길을 찾을 때 약도를 그려서 찾아가는 것과 유사하다. 약도에는 개략적인 지형 지물과 건물, 도로 및 주요 명칭들만 기록되어 있다. 때로는 방향 표시도 없이 그림만 존재하는 경우도 있다.

기업을 경영하는 것에 있어서도 사업부 단위 전략이 필요하고 전략을 어떻게 수립할 것인지 방향을 설정할 경우에는 마치 약도처럼 개략적인 목표와 방향을 먼저 정하고 이를 실천할 방법을 별도로 작성하게 되는 것이다. 그러나 세분화 되지 않은 약도 수준에서 전략 수립이 마무리 된다면 길을 잘 못 찾아 헤매는 것과 같이 기업의 방향도 미로 속에서 고전을 면치 못하는 경우가 발생할 수 있다.

예를 들어보자, 만약 신제품 매출 비중을 향상시키는 전략을 수립하였을 경우 이를 실천하기 위한 약도를 그려보자.

신제품 매출 비중 향상을 위한 주요 성공요인이

- 신제품 개발 기간의 단축
- 신제품 개발 과정 관리
- 신기술 상품화 오너 확보
- 신제품 개발 성공률로 정리되면

주요 성공요인들과 관련된 프로세스들을 확인하고 현재의 수준 및 개선해야 할 프로세스의 방향을 설계한다.

- 신제품 설계~시제품 생산~품질승인~양산~손익분기점분석 프로세스 관리 방안 설계
- 신제품 개발 단계별 디자인 리뷰 절차 및 점검 프로세스 설계
- 오너 주관으로 유관 부서들 간 상품기획 운영 위원회 실시
- 개발 건수별 사전 진도관리 및 포기 프로세스 설계

이처럼 전략을 실행하기 위한 프로세스의 방향을 설정하고 이를 도식화 하여 개략적인 프로세스 지도로 보여주는 것이 소축척 프로세스 지도를 작성하는 것이다. 약도에 해당되는 소축척 프로세스 지도를 통해서 얻고자 하는 것은 전략과 프로세스를 어떻게 연계할 것인지를 확인하는 과정이다. 로버트 카플란 교수의 BSC(Balanced Scorecard)에서 설명한 "전략을 실행으로 전환하라"는 내용과 일맥상통한다. 재무, 고객, 내부프로세스 및 학습·성장 관점의 활동들이 전략에서 추구하는 방향과 같이 진행해야 한다는 것이고 그것을 보여주는 것이 전략지도(Strategy Map)이다. 전략지도와 연계된 소축척 프로세스 지도를 확보할

것을 권장한다.

BSC가 전략의 실행을 위한 소축척 프로세스 지도를 위한 것이었다면 대축척 프로세스 지도는 프로세스의 구현을 강조하는 것이다. 프로세스가 설계로만 끝나는 것이 아니라 정보시스템화 하여 자동화 될 수 있도록 해주는 것이다.

대축척 프로세스 지도

약도를 보완한 것이 상세 지형을 보여주는 지도인 것이다. 찾아갈 길을 약도 보다 더 확대하여 구간별 거리, 건물명, 도로명 등이 정확하게 그려져 있으며 방향도 명시되어 있다. 상세지도를 활용하면 길찾기가 한결 수월해 진다. 헤매는 것도 없어진다. 단, '길치'는 예외사항이다. 길치들을 위한 반가운 소식이 있다. 정보기술의 도움을 받을 수 있다는 것이다. 바로 내비게이션이다. 특히 자동차 운전 중에는 매우 유용하다. 목표지점을 설정하면 목적지까지의 교통 상황을 감안하여 최적의 길을 안내하고 수시로 상황 변화에 따라 새로운 방향을 제시해주고 도착 가능시간까지 알려준다. 이 점이 바로 우리가 경영에 정보기술을 접목해야 하는 이유 중의 하나이다. 길 찾기의 오류를 최소화 하고 신속히 제공하는 것처럼 정보기술을 경영에 활용하여 업무 처리의 오류, 스피드 개선을 통한 원가절감과 같은 성과를 창출할 수 있기 때문이다.

상위 수준에서 정의된 프로세스를 세분화 하고 상세화 하여 명확한 방향과 정확한 길을 제공할 수 있도록 대축척 프로세스 지도를 확보해야 하고 마치 내비게이션을 활용하는 것처럼 정보시스템과 연결하여 경영 길찾기의 신속성과 정확성을 확보할 수 있도록 해야 한다. 프로세스와 정보시스템의 동기화를 의미한다.

소축척 프로세스 지도에서 설정된 프로세스의 방향을 시스템에서 실현가능하도록 상세 프로세스 설계를 진행해야 한다. 앞에서 설명한 4개의 프로세스 중 첫 번째 프로세스에 대한 예를 설명해 보자.

- 신제품 설계~시제품 생산~품질승인~양산~손익분기점분석 프로세스 관리 방안 설계
- 신제품 설계 ~ 손익분석까지의 실행과정 중 의사결정 시점, 동시 진행할 수 있는 프로세스 설계, 피드백 프로세스 설계 등을 정한다.
- 의사 결정을 위한 데이터 입력, 가공, 조회, 추출, 분석의 데이터 흐름과정을 설계하고 데이터베이스 설계
- 타 프로세스와 주고 받을 데이터의 인터페이스 방식 설계
- 사용자 사용화면 설계 및 기능 설명

이상과 같이 프로세스를 계층화 하여 전사의 프로세스에 대하여 상세한 지도를 만드는 것이 프로세스를 확보하는 첫걸음이다. 이를 토대로 사용자들과 문제의 원인 파악과 개선 사항 발굴 시 전사 프로세스 지도를 활용하여 소통을 원활하게 하고 증상을 정확히 파악하는데 적극 활용해야 한다.

3
프로세스를 이해하지 못한다

사회 전반에 정보화가 진행된 이후 대부분의 기업들이 정보시스템을 보유하고 운영하는 상황에서 새로운 사원들이 입사하게 되면 정보화 이전과 비교했을 경우 이해하기 힘든 일들이 발생한다. 정보시스템이 구축되기 이전에는 수작업을 통해서 업무를 진행했으므로 기본 원리나 다양한 대안들에 대하여 익히 경험을 하고 있었기에 유사시에 대응이 비교적 수월하였다.

그러나 정보시스템 구축 이후 입사한 사원들은 정보시스템에서 제공하는 기능을 단순히 사용만 하는 것에 익숙해지는 것이다. 정보시스템에 용해되어 있는 일하는 방법에 대하여 이해도가 낮은 수준이다. 유사시 무슨 일을 어떻게 해야 할지 모르는 것이다. 실제 업무를 설계하거나 경험해 보지 못했기 때문에 발생하는 자연적인 현상이다.

늦은 감은 있지만 직원들이 매일 출근하여 하고 있는 일들인 프로세스에 대하여 정의 및 종류와 대상들을 설명하여 이해를 돕고자 한다. 매일 바쁘게 일하고 있는 것 같지만 실제 내용들을 들여다 보면 부가가치를 창출하는 일들은 찾아 보기 힘든 것이 현실이다. 그러나 모두들 바쁘다고 아우성이고 사람이 더 필요하다고 노래를 부른다. 전산화 하였으면 사람이 줄어야 하는데 더 필요하다고 하는 것은 어딘가 누락된 업무가 있던가 잘못 설계된 것임에 틀림없다. 근본적인 의문을 해결하기 위하여 프로세스가 무엇인지부터 설명하고자 한다.

일이란 무엇인가

"일이란 해결해야 할 과제로서 개개의 작업이 아니라 일련의 프로세스이다. 예측할 수 없는 편차를 감지하고, 프로세스 변경이 필요함을 알아채고, 필요한 수준으로 프로세스를 유지하기 위해서는 피드백 장치가 필요하다."(피터드러커, 2007)

드러커의 정의를 통해 기업에서 일을 한다는 것은 프로세스의 묶음이고 업무와도 일맥상통함으로 확인할 수 있다. 그러나 업무와 일과 프로세스에 대하여 우리는 간혹 혼동을 일으킨다. 프로세스는 일종의 세분화된 활동(Activity)로 정의할 수 있다. 예를 들면, 구매 청구 업무가 있을 경우 이를 세분화시키면 코드를 입력하고 청구하는 활동을 완료하는 것을 청구 프로세스라 할 수 있다.

반면에 "구매 청구 업무처리 시간을 단축하는 일"의 경우는 일종의 과제로서 구매 청구 업무를 처리하는 전체 프로세스의 시간을 측정하고 처리 시간을 단축하는 활동을 의미한다. 물론 여기에는 청구 사전준비 단계도 있고, 청구 프로세스, 사후 관리 프로세스 등 일련의 프로세스가 포함되고 각각 처리 시간이 소요된다. 기업에서 일이나 업무라고 하는 것은 프로세스를 실행한다는 것으로 정의할 수 있다.

실제 필요한 일은 무엇일까

일반적으로 규모가 큰 기업에서 ERP프로젝트를 추진하게 되면 항상 겪게되는 저항이 있다. '새로운 시스템은 사용하기가 불편하다, 절차가 까다롭다, 데이터가 종전과 다르다, 볼 정보가 없다' 등이 공통적으로 발생한다. 그리고 이 변화관리를 잘 못할 경우 과거로 되돌아 간다는 것이다.

그렇다면 조직이나 인력 측면에서 상대적으로 취약한 중소기업들의 경우는 어떨지 궁금했다. 왜냐하면 인력과 자원 측면에서 훨씬 더 유리한 큰 기업들이 불만을 해결 못하고 실패하는 경우가 다반사인데 모든 면에서 불리한 중소기업은 어떻게 ERP를 설치하고 운영할 수 있는 것인지 이해하기가 힘이 들었다.

중소기업의 ERP를 전문으로 구축해주는 시스템 개발기업의 사장의 말을 들으니 정답은 의외로 간단하면서 충격적이었다. 중소기업의 경우는 인력이 적으므로 보통 한 사람이 대기업 같으면 여러 부서에서 처리할 업무를 혼자서 처리하므로 부문 간 의사결정이 쉽다는 것이다. 부서간의 이해관계로 인한 충돌이 적다는 것이다. 큰 기업들의 경우 얼마나 많은 시간과 인력들이 이 문제를 해결하기 위하여 다툼이 일어나고 있는지를 살펴보면 안 해도 될 일들을 단지 조직과 사람들이 많아서 발생하는 문제는 아닌지 되짚어 봐야 할 것이다. 결론적으로 중소기업들의 경우 부족한 인적자원과 정보시스템 인프라로 인해서 수작업에 파 묻혀 살던 실무자들이 ERP를 통해서 신속한 업무처리가 가능해져 일찍 퇴근할 수 있어 만족해 한다는 것이다. 큰 기업의 불만과는 대조적인 결과이다.

또한 경영진의 경우도 중소기업의 만족도가 높다는 것이다. 왜냐하면 부족한 인적자원으로 인하여 의사결정을 위한 다양한 정보나 보고서를 보기가 힘든 상황에서 ERP를 구축하고 나면 기본적으로 제공되는 각종 보고서 및 분석 화면들을 통하여 그 동안 목말라 했던 의사결정 지원 정보들을 볼 수 있기 때문에 만족한다는 것이다. 큰 기업의 경영진들의 경우 자기 입맛에 맞지 않는다 하여 기존의 방식대로 시스템을 고쳐달라는 경우와도 대조적이다.

그렇다면 과연 큰 기업들은 정말로 복잡하기 때문에 ERP가 지원을 못하는 것일까? 큰 기업은 안 해도 될 일을 하느라 바쁘다. 의외로 많은 직원들이 가공의 가공을 거치는 수많은 엑셀 및 문서 작업 일들을 몸으로 하느라 고생한다. 냉정하게 따지면 기업은 크나 작으나 고객을 만족시켜서 이익을 만들어 내는 것은 공통사항이다. 이 일을 어떻게 단순하게, 신속하게 처리하느냐가 본질인 것이다. 굳이 안 해도 상관 없는 일들을 하면서 바쁘다고 핑계 대고 일 많이 한다고 자아도취에 빠지는 것은 아닌지 궁금해진다.

혁신이란 간단히 요약하면 줄여야 할 일들을 과감하게 바꾸거나 안 해도 될 일들을 과감하게 버리는 것이다. 실제 우리가 할 일은 가치 없는 일만 안 해도 되는 것이다. 필요 없는 일은 과감하게 폐기시키는 용기가 필요하다. 습관의 힘이 무서운 것을 느껴야 한다.

남이 무슨 일을 하는지 관심이 없다

'기업마다 고객이 왕이다.', '우리의 월급은 고객으로부터 나온다.', '모든 답은 고객에게 있다.' 등의 슬로건을 내걸고 직원들에게 고객만족을 몸소 실천할 것을 강조하고 있다. 그러나 무슨 일을 해야 할지 어떻게 처리해야 할지 프로세스를 모르니 고객관점에서 생각하고 일하라 한들 실천력이 떨어지는 공허한 메아리가 된다.

고객의 불만을 처리하는 과정에서 전체 업무를 알면 고객접점에서 처리가능하나 혼자서 대안을 찾기가 힘들다 보면 원칙만 강조하게 되고 -모르기 때문에- 해결책이 안 나오게 된다. 내부 규정상 안 된다고 하는 식의 자동응답시스템과 같은 답변만 얘기하게 된다. 과연 예외 처리할 수 있는 방법은 없을까?

많은 사람들이 종합병원과 같이 큰 대형병원에 가 본 경험들이 한두 번은 있었을 것이다. 짧은 진료를 받기 위해 너무 오랜 시간을 기다려야 하고 검사해야 한다면서 이곳 저곳을 차트를 들고 방황하면서 왜 이 검사를 받아야 하거나 다음은 무엇인지 그리고 언제 끝날지 궁금하면서 답답했을 것이다.

미국의 한 병원에서 이런 고객들의 불만을 해소하기 위하여 새로운 프로세스를 도입하였다. 환자가 병원에 오게 되면 환자별로 전담자를 배치하는 것이다. 그러면 전담자는 환자와 함께 다니면서 현재 진행하는 검사는 무엇이고 다음은 어떤 검사이며 왜 필요한지 그리고 얼마 더 남아 있는지 등을 자세히 설명하는 방법을 적용했던 것이다. 결과는 대만족으로 나타났다. 고객들의 반응이 뜨거웠던 것이다.

병원이라는 전문성이 매우 높은 기관에서 다른 분야에서 진행되는 일에 대하여 관심이 없고 오직 자기 분야의 일만 처리하고 환자들은 병원의 구조적인 틀 안에서 혼란을 느끼며 불만이 쌓여가도록 방치하는 것이야 말로 부문 최적화의 대표적 사례라 할 수 있다. 이를 해결하기 위하여 전 인력들에게 고객만족을 천편일률적으로 적용하려는 무모한 시도 보다는 전체를 아우를 수 있는 전담자들을 운영하면서 조직의 장벽을 뛰어넘어 환자들을 만족시킬 수 있었던 것은 전체 최적화의 좋은 사례라 할 수 있다. 직접적이든 간접적이든 옆에 부서나 조직 또는 동료들이 무슨 일을 하고 있는지 또한 내가 제대로 일을 처리하지 않을 경우 주위 사람들에 어떤 영향을 미치는지를 이해할 수 있어야 소통이 원활히 될 수 있는 것이다. 말로는 쉽지만 제일 하기 힘든 부분이 부문 간 협업이다.

정보화 시대에 태어난 젊은 세대가 왜 협업이 힘든지 구글 및 네이버를 통하여 비교해 보자. 구글 세대라 부를 수 있는 네트워크 제너레이션들에게 익숙한 구글 검색 포털이 있다. 어느 한 개그맨의 '궁금하면 오백 원'이라는 유행어처럼 무엇인가 궁금하고 정보를 알고 싶을 경우 구글에서 검색을 하면 된다는 '구글링'이라는 표현이 등장하기까지 했다. 우리나라에는 네이버라는 대표적인 검색 포털 사이트가 있다. 그러나 이 두 대표 포털의 가장 큰 차이점은 많이 회자되는 포털의 첫 화면이다. 구글은 한 가운데 검색어를 입력하는 단순한 화면인 반면 네이버는 온갖 정보들이 빼곡하게 배열되어 있는 화면을 제공한다.

구글은 사용자가 필요한 정보들에 대하여 원칙과 배경지식을 토대로 스스로 찾아가는 일종의 자기 주도학습과 유사하게 정보를 찾도록 한다. 네이버는 자기가 필요로 하는 정보를 직접 입력하면서 알려달라는 일종의 족집게 과외와 같은 방식으로 정보를 찾는다. 족집게 과외의 경우는 선생이 없을 경우에 정보를 찾으려는 사람은 엄청 답답함을 느낄 것이다. 무엇을 해야 하는지, 무엇부터 시작해야 하는지 모르기 때문이다. 인터넷과 컴퓨터라는 좋은 도구가 있지만 사용법만을 강조했지 원리를 무시한 결과라 할 수 있다. 디지털 치매와 유사한 현상이 발생하는 것이다.

반면 구글의 방법은 사용자가 단순히 제공되는 정보만을 일방적으로 받는 것이 아니라 사용자가 원하는 정보를 찾기 위해서 기본 지식과 검색 방법에 대해 고민하기 때문에 도구의 활용 수준이 한층 더 높은 것이다. 디지털 치매를 어느 정도 예방할 수 있다고 할 수 있다. 이러한 사용 방식에 익숙한 사람들이 오늘날 기업에 입사하고 있다. 사용법에만 익숙한 습관을 가진 것이다. 기업의 정보시스템을 사용하는 경우에도 평소 몸에 밴 습관이 발동 할 것이다. 마치 컴퓨터와 인터넷이 없던 시절을 경험하지 못했으므로 이해하지 못하는 것처럼 수작업이나 업무를 처리를 직접 해보지 않고 전산화된 결과만으로 접하기 때문에 근본적인 문제나 원인을 찾아내기 힘든 것이다.

기업이 경영환경 변화에 민첩하게 대응하기 위하여 새로운 프로세스를 도입하거나 설계해야 할 경우 막막해 지는 것이다. 내가 하는 일들에 대하여 원리를 모르고 직접 경험해 보지 않고 단순히 누군가가 만들어 놓은 방법대로 사용만 했기 때문이다. 특히 외주화로 인하여 내부 인력들은 직접적인 참여를 못했고 간접 경험만을 했기 때문에 문제가 되는 것이다. 디지털 치매의 전조 증상이 심해지는 것이다.

직원들이 하는 일을 프로세스로 그려라

업무를 프로세스로 표현하자는 것은 다른 말로 표현하면 가급적 현재 하고 있는 일들 모두를 프로세스로 그리자는 것이다. 수작업으로 처리하는 업무, 일부 전산화하여 진행하는 일, 정기·비정기적으로 보고하는 일들 모두를 빠짐없이 포함하는 것이다. 단지, 직원들의 머리나 행동 속에 포함시키지 말고 형식지화 하여 도상에 표현하자는 것이다. 누구나 눈으로 볼 수 있고 쉽게 확인할 수 있으며 항상 공유할 수 있도록 하면 되는 것이다.

많은 사람들이 경영학 교과서에서 배우기를 기업은 피라미드형 조직 구조로 구성되어 있고 조직의 꼭대기에 경영진들이 위치하고 있으며 이들은 일보다는 책임이 많은 사람들로서 전략적인 방향을 설정하고 의사결정을 하는 것이 주 임무이다. 반면 사원들은 하부에 위치하며 피라미드의 바탕으로서 책임 보다는 일의 비중이 더 큰 계층이다. 간부들에 해당되는 중간관리자들이 사원과 경영진과의 중간에서 허리 역할을 하면서 전략과 실무를 중재하고 조절해주는 역할을 한다.

그러면 이들 구성원들은 어떤 일들을 하고 있을까? 뭔가 바쁘게 움직이는 것 같지만 회사 전반적으로는 효율이 향상되지 않고 제자리를 맴도는 것처럼 느낄 것이다. 실제 직원들이 매일 바쁘게 일을 하고 있지만 일의 종류를 크게 나눠 보면 다음과 같이 세 가지로 분류할 수 있다.

- **해야 할 일**: 고객이 그 일에 대해 기꺼이 비용을 지불하며, 원하는 결과를 얻는 데 직접적으로 기여하는 일.
- **줄여야 할 일(Overhead)**: 가치는 없지만 필요한 일, 시스템 때문에 필요한 관리와 조율의 업무. 이는 고객의 입장에서는 전혀 중요하지 않

지만, 프로세스가 제대로 작동하기 위해 필요한 일들로서, 점검, 추적, 우선순위 부여, 일정 조정 등이 해당 된다. 새롭게 바꾸는 혁신의 관점에서 바라 볼 필요가 있다.

- **안 해도 될 일(낭비)**: 관성에 의해 행해지고 있는 불필요하고 쓸모 없는 일, 중복, 오류, 누구도 읽지 않는 보고서 작성, 책임전가용 또는 실행이 안 되는 이유를 설명하기 위한 회의 및 장황한 논쟁들 그러나 안타까운 것은 많은 회사들이 이것도 일이라고 본다. 더 잘하자는 개선의 관점에서 접근할 필요가 있다.

안타까운 것은 실제 대부분의 직원들이 낭비에 해당하는 일들을 처리하기에 바쁜 것이다. 업무가 정형화 되어 있지 않으면 이런 현상은 더욱 심해 진다. 왜냐하면 무슨 일을 하고 있는지 눈에 보이지 않고 파악도 안 되기 때문이다. 고객 관점에서 가치 있는 일을 고민하고 개선사항을 발굴하기 보다는 당장 부서의 목표달성이 더 중요하기 때문에 책임전가를 위한 보고서 작성에 휘둘리게 되고 마치 일을 많이 하는 것처럼 착각을 하게 만드는 것이다.

중간관리자들 역시 오버헤드에 해당하는 일들을 정확히 챙겨주고 관리해야 하는 것이 주된 일이지만 직원들과 마찬가지로 실질적으로 가치가 없는 낭비성 업무에 치중하게 되어 시간과 자원을 허비하고 있는 것이다. 진정으로 고객에게 가치가 있고 내부 문제를 해결하기 위한 일들은 언제 하는 것일까?

기업의 근본적인 변화를 주기 위하여 혁신을 추진하는 경우다. 기업의 근본적인 문제를 해결하고 경쟁사 대비 우위를 확보하기 위하여 일하는 방법을 혁신하는 전사적 프로젝트를 추진하는 경우다. 특별팀을 구성하고 외부 컨설팅 인력들도 참여하여 새롭게 변화를 추구할 수 있는 기회가 오게 된다.

그러나 결과는 종전 방식과 크게 다르지 않게 진행 된다. 컨설턴트들이 제시하는 새로운 방식이나 프로세스를 접하게 되면 똑같은 일들이 발생한다. 시장환경 변화나 경쟁자들의 방식보다는 자기 부서 중심으로 자신들이 원하는 모습과 알고 있는 것 중심으로 문제 해결 및 개선방향을 잡고자 하는 것이다. 그렇기 때문에 새로운 방식을 설계하면서 시작할 때는 해야만 하는 (Should-Be) 프로세스를 제시하지만 보고 과정에서 원하는 것 중심으로 전환이 되면서 할 수 있는 (Can-Be) 프로세스로 타협하게 되는 것이다. 물론 Should-Be 프로세스가 급진적이고 해보지 않았기 때문에 리스크를 가지고 있다고 할 수 있지만 시도해보지도 않고 포기하는 것이 문제인 것이다.

결국 직원들이 하는 일 대부분은 고객에게 가치 없는 일들을 매일 매일 급하게 처리하고 서로 책임 전가하는 보고서, 회의 등을 하고 있는 것이다. 개선이나 혁신은 항상 우선 순위에서 밀리게 된다. 근본적인 원인은 서로들 무슨 일을 하고 있는지 볼 수 없고, 관심도 없는 것이다. 그러므로 본질적인 변화를 위해서는 현상과 문제를 명확하게 보여줘야 하는 것이다.

프로세스 지도를 그려서 현재 하고 있는 일들이 가치를 창출하는 일인지, 이를 지원하는 오버헤드인지, 아니면 안 해도 되는 낭비 요소들인지를 분류할 수 있도록 프로세스를 그리는 것이다. 눈을 통해서 확인할 수 있게 되면 어떻게 개선해야 하는지 공감대 형성이 되면서 작업이 쉬워진다.

4
조직 및 전담인력이 없다

한동안 크게 유행했던 식스시그마 혁신 활동을 살펴 보면 혁신활동을 이끌어가기 위해 필요한 인력 및 조건을 참조할 수 있다. 사장의 강력한 리더십은 기본이고 이를 피라미드 구조상 차례대로 뒷받침하기 위하여 계층별로 역할을 전담할 인력들이 필요하다는 것이다.

대부분 임원급들로 구성되는 챔피언이 필요하며 이들은 한 사업을 책임지고 있는 사람들로서 사장의 리더십을 뒷받침하고 전략과 전체 최적을 해결하기 위한 리더십이 필요한 사람들이다. 다음은 마스터 블랙벨트로서 식스시그마에 전념하는 인력들이다. 전략수립 및 과제 발굴 등을 통하여 챔피언을 지원하고 통계적인 기술도 보유하고 블랙벨트들을 지도하는 사람이다. 이어서 블랙벨트들이 있다. 역시 식스시그마 활동을 전담하는 인력들이다. 주로 간부급 계층에 해당되면서 직접 과제를 수행하는 사람들이다. 이들에게 또한 요구되는 항목이 수준 높은 통계적 기법을 보유하는 것이다. 회사의 고질적인 문제에 전담으로 매달려 그린벨트들과 함께 해결하는 특명을 받은 계층이다. 마지막으로 그린벨트로서 마스터 블랙벨트, 블랙벨트들과 달리 전담으로 일하지 않고 조그만 개선과제를 진행하는 인력들이다. 블랙벨트의 하부 과제를 맡아 해결하는 역할을 한다.

다분히 서구적인 접근법이다. 톱 다운으로 과제를 발굴하고 이를 계층별로 전개한 다음 각각의 담당자들이 실행하는 체계적이고 조직적이며 짜임새 있는 구성이다. 조직의 학습을 통해 필요한 인재들을 양성하고 이들을 통하여 경영의 문제를 개선하는 것이다. 식스시그마Six Sigma 외에도 데이터마이닝Data Mining이 일부 유행한 적이 있다. 최근의 빅데이터도 유사한 경향이 있다. 두 가지 공통점은 통계 분석을 기반으로 하는 것이다. 그러므로 조직 내에 통계 전문가들을 운영하면서 분석 활동 및 개선 활동을 지원해야 한다는 것이다. 매번 새로운 기법이 도입될 때마다 인력의 중요성이 강조된다.

프로젝트 종료와 함께 해체된다

식스시그마 혁신활동과 거의 비슷한 시기에 시작하여 추진해온 프로세스 혁신 활동을 보면 가장 큰 차이점이 하나가 있다. 프로세스 혁신 활동은 식스시그마처럼 조직적이지 못한 것이다. 프로세스 혁신을 이끌어갈 전담 인력들에 대하여 구분이 명확하지 않고 역할도 정립되어 있지 않다. 많은 프로세스 혁신활동의 사례를 보면 회사가 위기에 처하게 되어 대대적인 혁신이 필요하고 이를 통해서 수익을 창출하겠다는 목적으로 시작한다.

전 부서에서 우수하다고 인정 받은 사람들을 선발하여 프로젝트팀에 파견을 하고 외부의 컨설턴트 및 시스템 개발자들을 투입하여 함께 프로젝트를 추진한다. 회사의 업무 분석 및 설계는 외부 컨설턴트들의 도움을 받아 파견된 인력들이 각자의 원原 소속 부서를 대표하여 업무를 설계해 나간다. 이어서 새롭게 설계된 프로세스 대로 실행할 정보시스템을 개발자들이 구축하게 되고 개발이 완료되면 테스트를 거쳐서 이상 유무 확인 후 사용자 교육을 거쳐 시스템을 오픈하고 운영하게 되는 것이다. 약 3개월 기간동안 시스템이 불안정한 것을 보완하는 안정화 과정을 거치고 나면 프로젝트는 성공적이었다는 자아도취식의 평가와 함께 완료보고 후 프로젝트 팀을 해체한다. 현업에서 파견되었던 인력들도 제자리로 복귀하거나 일부는 잔류하면서 혁신 이전의 과거로 되돌아 간다.

식스시그마에서와 같은 계층별 전담자들이 없고 필요시 모였다 해체되는 특이한 구조를 갖고 있다. 모처럼 프로젝트에 파견되어 새로운 경험을 했고 이 과정에서 혁신을 경험해 본 우수한 인력들을 아무런 미련 없이 돌려 보낸다.

대규모 혁신을 한번 하는 것으로서 회사의 문제들이 모두 해결되는 것이 아니고 새로운 환경 변화에 신속히 대응할 수 있도록 내부 역량을 확보해야 하는 것이 정답이지만 행동은 다르게 하고 있는 것이다. 식스시그마 운동이 크게 유행을 하고 혁신을 이끌어 갈 수 있었던 것도 되짚어 보면 직원들을 양성하면서 프로젝트를 통한 일종의 학습조직을 실천한 것이라 할 수 있다.

정보시스템과 사용자만 남는다

프로세스 혁신의 경우는 왜 식스시그마와 달리 전담 조직이 운영되지 않는 것일까? 아마도 프로세스 혁신에는 프로세스 설계로만 끝나는 것이 아니고 이를 정보시스템화 하는 IT가 수반되기 때문이다. 프로세스를 정보시스템으로 변환하는 과정이 사실은 전산이라는 특수한 영역인 것이다. 그리고 정보시스템을 통하여 제공되는 최종산출물인 컴퓨터 화면을 실제 사용자들은 접하게 되는 것이므로 이때부터 나타난 결과만을 가지고 얘기하게 되고 왜 이런 결과가 나오는지 확인하려 해도 이미 설계 과정에 참여했던 컨설턴트며 현업 인력들은 사라지고 난 다음이다.

이를 대응할 인력이 충분하지 않으므로 이제부터는 시스템 운영자와 사용자들 간의 커뮤니케이션이 시작된다. 사용자들의 단순한 불편사항을 만족시켜 준다는 미명하에 본래 설계했던 심오한 사상은 확인하지 않고 곧 바로 수정에 들어가는 것이다. 프로세스와 시스템이 어긋나기 시작하는 것이다. 이런 상황이 2~3년간 지속되면 본래의 모습은 사라지고 기괴한 성형미인이 탄생하는 것이다. 실제 하는 일과 시스템에서 처리하는 일이 다른 것이다. 완전히 과거로 회귀하는 것이다. 이때쯤이면 외부 개발자들이 유령처럼 나타나면서 정보시스템은 외부 환경이 변하고 업무가 변하기 때문에 5년 주기로 새롭게 변신을 해야 하고 이제 새롭게 시작해야 할 때가 왔다는 것이다.

안타까운 것은 새롭게 프로세스와 정보시스템을 바꾸려 해도 이전에 무엇을 하고 있었는지 남아 있는 것이 거의 없는 상태이다. 사람도 없고 문서도 없고 오로지 남은 것은 현재 운영되고 있는 정보시스템 뿐이다.

그러니 다시 한번 프로세스를 분석하고 설계하는 일을 되풀이 하는 것이다. 치매에 걸린 것과 유사한 행동이다. 프로세스 내용을 모르니 다시금 외부 컨설턴트며 개발자들을 투입해야 한다. 당연히 비용이 많이 드는 것이다. 과거에 투자했던 것은 어디 가고 또 이렇게 많은 돈이 필요한 것이냐고 되 묻는 것이다.

조직의 내공이 없이 외부에만 의존하는 전략에 한계가 온 것이다. 지금부터라도 직원들을 학습시키고 역량을 키워야 한다. 정보화시대에 살고 있는 우리로서 컴퓨터의 도움 없이 생활하거나 기업을 운영한다는 것은 꿈도 꿀 수 없는 악몽이다. 만약 이를 우긴다면 원시림 속에서 혼자 살아가는 것을 택하는 것이 훨씬 빠른 방법이다.

정보화는 필수적인 것이고 이를 통하여 생산성 향상, 속도 개선, 업무 효율 향상들의 효과가 있는 것은 사실이다. 그러므로 반드시 해야 하는 항목이다. 다만 우리가 하지 말아야 할 주의 사항이 있는 것이다. 내 업무를 내가 제일 잘 알고 있어야 한다. 그래야만 문제가 무엇인지 알고 이를 개선하려는 노력도 발생하게 되는 것이다. 직원들을 단순히 정보시스템의 사용자로 전락시키지 말고 자신들의 업무를 이해하고 전사全社 차원의 협업의 필요성을 인지하고 협력할 수 있도록 역량을 키우라는 것이다. 프로세스의 분석 및 설계를 내부 역량을 통하여 수행할 수 있을 경우 가장 큰 효과는 당연히 비용절감이다. 외부 인력들의 비중 감소는 곧 바로 외주 비용의 감소로 이어진다. 이어서 프로세스의 본질 및 원리 이해에 따른 개선 활동은 업무 효율 향상을 가져오고 이는 매출 증대나 이익 증가에 기여하게 되는 것이다.

Ⅳ 디지털 치매의 후유증, 돈이 많이 든다

산업화시대에 일하던 직원들과 정보화시대에 일하는 직원들과 생산성 및 업무 처리 범위와 속도를 비교해 보면 아마도 비교 자체가 무의미 해질 정도일 것이다. 1950년대에서 60년대의 관리자들에게 오늘날 관리자들의 업무를 맡기면 업무의 양과 강도를 감당하지 못할 것이다. 그때와 비교하면 전산화된 업무들은 정확성과 신속성을 제공하면서 자동으로 처리되고 있고 제품의 개발기간도 자동차의 경우 새로운 모델 개발에 5년여의 시간이 소요되었지만 지금은 불과 몇 개월마다 새로운 자동차 모델이 나오는 것을 지켜 보면 마치 외계 행성에 온 것 같은 착각을 불러 일으킬 정도이다.

이렇게 오늘날 직원들에게는 매우 훌륭하고 유용한 도구들이 주어졌는데 뭐가 문제라는 것인가? 문제는 정보화는 계속 진행중인 것이기 때문이다. 새로운 프로세스가 등장하면서 강력한 경쟁자가 출현하게 되면 이를 극복하기 위하여 동일한 프로세스를 도입하던가 아니면 더 우수한 프로세스를 도입해야 하는 것이다. 정보화는 환경이 변하고 전략이 바뀔 때마다 새로운 시스템을 요구하게 되므로 기업들마다 경영에 상당한 부담으로 작용하고 있다. 호황일 경우는 인프라 투자라 해서 별다른 저항 없이 정보화를 진행하지만 불황일 경우는 달라진다. 비용 절감의 한파가 몰아치면 일단 정보화 투자는 중단되는 것은 물론이고 운영비용에 대한 절감 압박까지 받게 되는 것이다. 왜 이런 현상들이 반복적으로 되풀이 되고 실수를 연발하는 것일까?

1
남이 만들어준 똑똑한 도구, 정보시스템

정보화는 환경이 변하고 전략이 바뀔 때마다 새로운 시스템을 요구하게 되는데 시스템 구현에 지속적으로 많은 돈이 투자되어야 한다. 기업들에게는 경영에 상당한 부담으로 작용하고 있으며 효과에 대하여 의구심을 가지게 된다. 또한 전산화와 정보화는 분명히 기업들에게 생산성 향상 및 경쟁력을 가져다 준 것으로 확신하고 있는데 오히려 프로세스를 모르고 비용이 많이 소요되는 현상인 디지털 치매에 걸렸다는 것은 무슨 얘기냐고 반문할 수 있을 것이다. 이를 설명하기 위하여 정보화의 진행과정을 설명할 필요가 있다.

전산화와 정보화의 차이점 (automation vs. speed)

기업에서 진행하고 있는 업무들을 컴퓨터를 이용하여 자동으로 업무를 처리하거나 데이터를 조회 및 분석할 수 있는 정보시스템을 만드는 과정을 범위 및 용도에 따라 다음 표와 같이 분류해 보고자 한다.

	전산화	정보화
방법	기존 업무 시스템화	프로세스 개선 후 시스템화
결과	단절된 프로세스의 자동화	프로세스 통합 및 효율향상
효과	통합 위한 추가작업 필요	프로세스의 신속성, 민첩성 강화
	한정된 업무 생산성 개선	매출, 원가, 이익에 기여
	저효율 고비용 IT 운영	고효율 저비용 IT 운영

전산화: 초기 컴퓨터는 진공관을 이용하여 이진연산을 수행하는 계산기로 시작하였다. 그래서 당시에는 계산기의 이름도 전자계산기(Electronic Calculator)로 불리었다. 주판이나 사람의 머릿속에서 연산되던 것을 컴퓨터라는 기계를 활용하여 연산을 대신했던 것이다. 이어서 컴퓨터의 성능이 향상되고 발달되면서 대량의 데이터 처리를 요구하게 되었다. 아날로그 데이터들을 전산화라는 과정을 통하여 디지털 데이터화 하고 정보로 만들어내는 것이 주목적이었다. 이를 단적으로 설명했던 용어가 EDPS(Electronic Data Processing System: 전자 자료 처리 시스템)였다. 사람이 직접 관리하고 계산하기에는 한계가 있는 대용량의 데이터 처리를 목적으로 발전하였다.

이를 활용하였던 분야들이 급여 계산, 자재소요량 산출, 제조현장의 운영정보 조회 등에 활용되었다. 이러한 전산화의 경향은 기업내 부서의 업무에도 유사하게 적용되었다. 다시 말해서 현재 하고 있는 업무들의 자동화에 초점을 맞추어 전산시스템을 개발하기 시작하였다. 영업부서의 경우 대량의 주문 데이터 처리 및 대금 청구, 구매 부서의 경우 자재 발주 및 입고와 대금 지급, 제조 부서의 경우 생산 실적의 자동 집계 및 관리, 물류의 경우 재고현황 조회 및 출하 정보관리 등 각기 서로 다른 목적으로 전산 시스템을 구현하여 서로 다른 여러 섬들이 모인 시스템의 다도해를 이루게 되었다.

전산화 과정의 공통점은 현재 하고 있는 일하는 방식에 대하여 근본적인 개선에 대한 고민이 없이 단순히 자동화만을 추구했던 것이다. 누구의 잘못이라고 얘기할 수 없다. 왜냐하면, 어떻게 개선해야 하는지는 아무도 모르고 있었던 것이 사실이다. 진화의 한 과정이었으므로 시행착오를 겪으면서 발전시켜나가고 있었던 것이다.

여기서 생각하지 못했던 병에 걸리기 시작한 것이다. 현재의 일하는 방법을 크게 바꾼 것이 없는데 새로운 장비가 도입되었고 이를 운영해야 하는 것이었다. 전문인력도 필요하게 되었다. 기존에 하던 방법이 더 이상 사람의 능력으로 처리하기에 한계에 도달하여 새로운 기술을 도입한 것이다 보니 생산성 향상은 단지 몇몇 사람들만이 편해진 것이었다. 반면 새로운 유지보수 비용이 생각보다 많이 필요하게 된 것이다. 그러므로 매번 전산화하고 나면 효과는 미미한데 투입되는 비용은 증가한다는 불만이 쏟아져 나온 것이다.

정보화: 전산화가 진행되면서 컴퓨터를 활용한 기업 업무의 디지털화가 확산되기 시작하였다. 그러나 전산화의 확장은 얘기치 않은 결과를 가져왔다. 각 부서들이 경쟁적으로 전산 시스템을 도입한 결과 시스템

에 사용하는 운영시스템과 개발 도구들이 서로 달라 호환성이 저하되는 관계로 한 시스템에서의 데이터를 다른 시스템에서 사용하기 위해서는 해당 시스템에 맞게 변환을 해줘야 하는 추가작업이 발생하게 되었고 이는 추가 운영비용으로 고스란히 남게 되었다. 데이터의 표준화와 통합화가 필요하게 된 것이다.

또한 부서 업무의 전산화 확산이 어느 정도 마무리 되면서 새로운 요구 사항이 생겨나기 시작하였다. 단순 데이터의 가공이 아닌 정보를 요구하는 것이다. 전산화에서 얻어진 정보를 재차 가공하여 새로운 정보를 만들어 내거나 분석을 통한 새로운 지식을 만들어 내는 정보화의 필요성을 요구하기 시작하였다. 전산화에서는 주목표가 대량의 데이터 처리 및 업무의 단순 자동화였지만 정보화에서는 분석이나 의사결정을 위한 정보와 지식을 필요로 하는 것이 다른 점이다.

조각난 정보들을 분석을 하기 위해서는 각각의 정보 보다는 통합된 정보들이 필요하게 되었다. 다시 말해 여러 부서에서 하는 일들을 파악하고 문제점들을 발굴하며 개선 방안을 찾아내는 업무 분석이 필요하게 된 것이다. 단순한 데이터 처리가 아닌 프로세스의 개선이 등장하기 시작한다. 시작은 데이터의 통합이었지만 데이터를 활용하는 프로세스의 개선 없이는 통합의 효과를 볼 수 없었기 때문에 프로세스의 통합이 이어서 필요하게 된 것이다.

이제부터 컴퓨터를 활용한 업무의 운영방식이 데이터의 조회 및 가공이 아닌 비즈니스 프로세스의 운영 및 계획으로 전환되기 시작하였다. 이때 본격적으로 등장한 상용 소프트웨어 패키지가 ERP(Enterprise Resource Planning) 시스템이다. ERP시스템의 등장 및 성장은 많은 변화를 불러왔다. 종전까지는 전산화를 해당기업의 일하는 방식 자체에 초점을 맞춰 시스템을 개발하였다. 기업들마다 각각의 특성을 반영하여 천차만별로 개발한 것이다.

개별 부서 업무 전산화 수준에서는 문제가 없었지만 부서 간의 업무를 통합해야 하는 관점에서는 엄청난 고통이 수반되었다. 부서 시스템 간의 데이터 표현방식의 상이, 용어의 통일 미흡, 업무처리 수준의 차이 등으로 인하여 통합을 엄두를 못 내고 있는 상황이었다. ERP시스템은 기업에서 공통적으로 처리하는 업무들을 모듈화 하여 기본적인 데이터 관리, 용어의 통일, 업무의 원 스톱 처리 등의 통합된 기능을 제공하게 되어 데이터의 통합 문제를 쉽게 해결할 수 있었다.

ERP를 기반으로 하여 데이터의 정확성과 투명성을 확보하게 되면서 기존의 각 기업들의 프로세스들 중 ERP에서 처리되지 않던 프로세스들도 개선을 통하여 ERP 내에 흡수시키거나 연계시키면서 프로세스의 처리 속도를 향상시키는 효과들을 가져왔다. 전산화에서는 자동화를 통한 개별 업무 생산성 향상을 도모했지만 정보화에서는 통합된 데이터와 프로세스를 통하여 비즈니스의 스피드를 향상시킬 수 있게 되었다. 재고일수의 단축, 신제품 개발기간 단축 등과 같은 리드타임의 단축이 바로 비즈니스 스피드 향상이고 이를 통하여 매출신장 및 원가절감 등과 같은 경영에 기여하기 시작한 것이다.

정보시스템 개발과정

정보시스템이 만들어지기 위해서는 '정보시스템의 빙산'이라는 그림처럼 수면 아래에서 진행되는 분석, 설계 및 개발 과정에서 프로세스에 대한 수많은 작업들이 선행되어야 한다. 단순히 빙산 위에 드러난 정보 시스템만을 보고 활용에 초점을 맞추어 사용하게 되면 수면 아래 부분을 방치하여 타이타닉호의 침몰과 같은 비용의 홍수에 침몰할 수 있다.

〈그림 10 정보시스템의 빙산〉

빙산의 규모에 각각 차지하는 비중이 소요 비용과 비례한다. 실제 정보시스템 개발에 있어서 프로그램 개발 자체에 소요되는 비용보다는 프로세스의 분석 및 설계에 소요되는 비용이 더 큰 비중을 차지한다. ERP와 같은 상용화된 패키지를 활용하여 시스템을 개발하는 경우도 ERP에 맞도록 프로세스를 분석하고 설계하는데 소요되는 Man Month와 기간이 사용자 환경에 맞게 프로그램을 코딩하고 개발하는 기간보다 길고 비용도 많이 든다.

정보시스템을 구축하는 경우 시스템의 크기와 관계없이 공통적으로 진행하는 시스템 개발 단계가 있다. 〈분석 → 설계 → 개발 → 운영〉의 단계이다.

분석 단계에서는 전산화 대상이 되는 업무나 일처리 방법들을 파악하면서 사용자들이 어떤 방식으로 업무를 전산화 할 것인지를 조사하는 단계이다. 설계 단계는 요구사항대로 개발하기 위하여 새로운 방식으로 처리하는 방법들을 정리하면서 컴퓨터 언어로 표현하기 좋은 방법으로 전환을 하게 된다. 개발 단계는 설계된 방법 및 사양대로 컴퓨터 프로그램화 하여 운영될 실행 프로그램을 만드는 단계이다. 이어서 개발된 프로그램이 요구사항대로 개발이 되었는지를 사용자들과 함께 확인하면서 프로그램의 기능을 점검하는 것이다. 점검 과정에서 요구사항이 충분히 반영되지 않았으면 재개발을 통하여 부족한 부분을 보완하고 이후 요구사항이 충분히 반영된 것을 확인하면 시스템을 가동하고 정상적으로 사용하게 되는 것이다. 운영단계는 사용하면서 변화하는 소소한 수정사항 및 변경사항들을 반영하여 사용자에게 제공하는 과정이다.

초기 전산화 단계에서는 시스템 개발 단계 전 과정에 있어서 시스템 개발 및 운영 인력들이 주도를 했다. 전산용어 및 업무는 일반 사용자들이 알기 어려운 영역이었으므로 사용자들은 주로 현재 자신이 하고 있는 업무들을 상세히 설명해 주고 원하는 방법을 제시하는 것이었다. 그러면 개발자들은 플로우차트 또는 화면 설계서 등을 이용하여 사용자들에게 요구사항을 확인하고 시스템 개발 후 구현된 화면을 보여주면서 확인하는 과정을 거쳐왔다. 그러므로 이 시기에는 사용자들은 현재 자신이 하고 있는 업무가 무엇인지 그리고 어떻게 바꾸어야 하는지를 명확히 알고 있었다. 개발자 및 운영자 역시 프로그램을 작성하기 위하여 업무의 절차나 방법을 충분히 이해해야 했다.

내 일을 남이 대신해준다

전산화가 지속적으로 진행되면서 시스템의 규모가 커지게 되니 효율이라는 관점에서 전산 개발 및 운영을 전문인력들로 외주화 하게 되었다. 많은 대기업들이 운영하고 있는 그룹내 IT전문 회사들의 모태가 된 것이다.

초기 전산시스템의 운영 및 IT외주화는 기업들의 전산화 과정에 큰 변화를 가져왔다. 업무 절차와 내용을 이해하고 있는 IT운영인력들이 외부로 빠져 나가게 된 것이다. 또한 기업 내의 시스템 사용자들은 이미 전산으로 업무가 처리된 후 입사한 사원들로 대체되기 시작한 것이다. 이 두 가지 현상의 공통 문제는 기업 내에 자신들의 업무를 정확히 이해하고 있는 사람들이 줄어들게 된 것이다. 마치 휴대폰을 사용하면서 기억력을 사용하지 않아 치매에 걸리는 것과 마찬가지로 기업들은 빙산의 윗 모습만 보면서 내부에서 무슨 일을 하는지를 고민하지 않고 운영되고 있는 전산시스템의 사용에만 치우치게 된 것이다. 내부의 역량이 외주화 되면서 사라진 것이다.

전산화가 급속하게 진행된 오늘날을 보면 내부에서 성장한 일부 고위 직급의 임원들을 제외하고는 초기 전산화 시대를 경험한 인력들이 모두 사라졌다. 업무를 이해하고 직접해 본 사람들이 없어졌다는 것이다. 남은 직원들은 전산시스템 사용에 익숙한 사람들이다. 어떻게 현재 시스템을 개발했는지 왜 현재와 같은 업무처리를 해야 하는지에 대하여 낯이 설은 사람들이다.

몇 년 전 우리나라의 증권업계가 활황이던 시절이 있었다. 신생 증권회사들이 필요한 인력들을 확보하기 위하여 경력사원을 채용하던 중

타 증권사에서 업무를 했던 경력사원을 모집하기보다는 타 증권사의 전산실에서 근무했던 IT운영인력을 채용했다는 것이다. 이유인 즉, 증권 업무를 했던 인력들은 단순히 전산시스템의 사용에 익숙하고 본래 업무의 원리나 절차, 처리에는 취약함을 보였다는 것이다. 처음부터 전산시스템에 익숙해진 탓이다. 반면에 IT운영인력들은 전산시스템을 개발하기 위하여 업무의 처리, 흐름 등을 파악하고 있었기 때문이었다는 것이다. 업무 변경사항이 발생하게 되면 오히려 IT운영인력이 회의에 참여하여 현재 업무는 어떻게 운영되고 있는지 어떤 과정을 거쳐서 현재 조회하는 화면과 데이터들이 제공되는지를 설명하는 것이다. 실 사용자들은 직무의 변경이나 부서 변경 등으로 인하여 오히려 자신의 업무나 변경 이력을 모르고 있는 것이다. 외부 인력들이 오히려 내부의 문제를 더 잘 이해하고 있는 주객이 전도된 현상이 발생된 것이다.

원리를 모르고 결과만 활용한다

요즘 생산되는 자동차들은 승용차 외에 버스나 웬만한 소형 트럭들도 자동기어 변속 기능을 채택하여 판매되고 있다. 예전에는 수동으로 기어를 변속하는 스틱 타입의 자동차가 주류를 이루고 있었다. 수동으로 기어를 변속하던 시절에는 클러치, 기어변속, 중립기어 등 비교적 자동차의 구성이나 작동원리에 대하여 지식이 필요했던 시절이었다. 그러나 자동으로 기어를 변속하는 지금은 아마도 위에서 설명한 용어 자체를 모르는 사람들이 대부분일 것이다. 작동원리를 몰라도 사용법만 알고 익히면 되는 것이다.

기업의 업무처리에서도 마찬가지 현상이 발생하고 있다. 전산화가 없던 시절에는 업무 담당자들이 일일이 계산을 수행하고 검증도 하였지만 이를 자동화 하여 업무를 처리한 이후는 왜 이런 일을 수행해야 하는지 어떻게 해서 이런 결과가 나오는지에 대해서는 궁금해 하지 않는다. 사용상 장애를 일으킬 경우에만 이상이 있다고 연락을 하는 것이다. 방법을 고민하지 않고 기억도 않는 것이다. 전산화가 계속 확장되면서 기업의 대부분의 업무가 전산화된 이 시점에서 보면 시스템이 이상이 생기면 아무 일도 못하게 되는 치매 현상이 발생하게 되는 것이다. 단순한 사용법에만 의존했기 때문이다.

실제 사례를 소개한다. 요즘의 금융권에 취직하는 신입사원들은 계산기를 사용하여 이자계산을 하라고 하면 못한다는 것이다. 책상 앞 모니터에 기본 데이터를 입력하면 자동계산되어 나오는데 왜 계산기를 사용하느냐는 것이다. 그들의 주장이 맞는 말이긴 하다. 그러나 이 결과가 어떻게 해서 나오는지 과정을 모르게 되면 개선을 어떻게 해야 하지 알 수가 없는 것이 문제인 것이다. 오늘날의 기업환경은 지속적으로 기존과 다른 새로운 방법을 찾아서 경쟁 우위를 확보하고 환경 변화에 대처해 나가야 생존을 보장 받을 수 있는데 어떻게 바꿔야 할지를 모른다는 것은 난감한 것이다. 눈감고 앞으로 가는 것과 다를 바가 없는 것이다.

2
악순환: 정보시스템 비용 통제가 힘들다

치매 증상으로 인해 나타나는 대표적인 후유증은 외주에 의존한 프로젝트 추진이 반복적으로 이루어 지는 것이다. 내부의 인력들은 필요시 다시금 임시조직 형태로 만들어진다. 외부 의존도가 높은 문제가 해결되지 않는 것이다. 다음은 프로세스와 정보시스템의 변경관리가 취약하므로 프로세스 변경 후 정보시스템 개발의 순서가 지켜지지 않고 우선 정보시스템부터 먼저 변경하고 사용하는 것이다. 사후에라도 프로세스 변경이 제대로 이루어지지 않는다. 결국 이 과정을 관리하고 개선할 주체가 없는 것이 악순환을 유지시키는 원인이며 그 결과 통제하기 힘든 정보화 비용이 계속 지출되는 것이다. 시급히 개선해야 하는 사항이다.

동일한 과정과 실수가 반복된다

혁신을 추진하면서 준비단계 및 시스템 오픈 전까지의 과정에서 발생하는 증상에 대하여 설명하고자 한다.

■일반적인 정보화 추진 방법:

- 기업의 문제를 진단하고 향후 방향을 설정하기 위한 비즈니스 컨설팅을 실시한다.
- 사내에 유능한 인재들을 선발하여 프로젝트팀을 구성한다.
- 각 분야별 전문 컨설턴트가 투입된다.
- 경영진 인터뷰, 중간보고, 완료 보고를 끝으로 전략 수준의 프로세스 개선안이 나오고 발표와 함께 끝난다.
- 시스템 개발 전문업체가 선정된다.
- 시스템 컨설턴트가 투입되면서 개발 프로젝트팀으로 이어진다.
- 개발된 시스템의 통합 테스트가 이루어진다.
- 설계대로 개발이 되었는지 확인한다.
- 사용자 교육을 실시하고 시스템을 오픈한다.
- 초기 시스템 불안정을 해결하기 위하여 3개월 정도 안정화 기간을 갖는다.
- 이후 시스템 안정화가 되면 프로젝트팀 해산과 함께 원점으로 되돌아 간다.

이 과정에서 역설적으로 노하우를 축적하는 대상은 컨설턴트 및 개발자들이다. 실제 사용자들은 현업 복귀와 함께 기억 저편으로 사라지게 된다. 남 좋은 일 시키고 끝나는 전형적인 용두사미다.

그러나 진짜 문제는 시스템 안정화 이후다. 시스템 안정화 시까지는 그래도 프로젝트 인력이 남아서 문제를 대응하지만 이후에 근본적인 문제가 발생하게 되는데 이를 해결할 사람들이 없게 되면 애써 공들여 만든 탑이 무너지고 원위치 되는 끔찍한 결과를 초래한다.

다름 아닌 프로세스 안정화가 절대적으로 필요하다. 왜냐하면 프로세스 혁신 컨설팅 시 설계되었던 프로세스는 비즈니스 프로세스이고 이를 어떻게 시스템으로 구현할 것인가에 초점을 맞춘다. 그러다 보니 일종의 구호성 전략에 맞는 구호성 프로세스가 설계된다.

예를 들면, 재고를 실시간으로 관리한다. 이 경우를 이를 구현하기 위하여 재고의 실시간 추적·수불·장부기입 등의 프로세스를 설계하고 구현하지만 실제 작업 현장의 프로세스까지는 고려를 못하는 것이다. 오픈 후 이런 문제가 발생하게 되는데 현장의 근본적인 개선과 맞물리게 되면서 추진력을 잃게 된다. 이 상태로 수개월 시스템과 실제 작업이 맞지 않게 되면 저항세력들이 그렇게도 그리던 재앙이 다가오게 된다. 프로젝트팀이 현업을 모르고 이상적인 프로세스를 도입해서 문제가 발생한다. 원래 프로세스가 더 효율적이고 빠르다는 궤변에 꼼짝없이 당하게 되는 것이다.

이는 사실 프로젝트 팀원들의 문제가 아니다. 왜냐하면 근본적인 프로세스 혁신이나 시스템 구축은 아쉽게도 사업 초기부터 모든 것을 갖추고 시작할 수 없는 상황이다. 기업의 규모가 커지고 성장을 하면서 하나씩 덧붙이기식의 확장이 이루어지고 더 이상 수작업으로 할 수 없는 한계에 이르렀을 때 대대적인 혁신을 하게 되므로 현장의 문제까지 모두 총망라하는 혁신과 시스템 개발은 불가항력이 된다.

이를 보완하는 것이 1차 대대적인 혁신 이후 현장의 혁신을 위한 지속적인 혁신이 필요한 이유이다. 1차에서 설계한 프로세스의 목적을 맞추기 위하여 다시 말해 빠르고, 좋고, 저렴한 프로세스를 만들기 위하여 비즈니스 프로세스뿐만 아니라 현장 프로세스까지 바꾸는 작업이 필요한 것이다. 일단 여기까지라도 진행하는 기업은 혁신의 진정한 성과를 보기 시작하게 된다.

문제는 혁신의 기법과 내용을 잘 모르다 보니 컨설팅 업체나 시스템 개발 업체들이 설정하는 범위와 규모에 대해서 사실상 검증이 어려운 상황이다. 그러니 비용의 대부분은 투입되는 인력과 투입기간으로 산출되는 인건비를 많은지 적은지 확인할 수 없기 때문에 '울며 겨자 먹기' 식의 상대적으로 비싼 대가를 지불하는 것이다.

프로세스와 정보시스템이 동기화가 안 된다

시스템을 오픈하고 난 후 운영 및 부분적인 개선을 진행하는 단계에서 발생하는 증상에 대하여 설명하고자 한다.

기존의 프로세스 혁신 및 정보시스템 구축의 범위는 비즈니스 프로세스에 대한 분석·설계 및 정보시스템 구축까지를 포함하기는 한다. 그러나 프로세스 설계의 깊이 측면에서 누락된 부분이 많고 이로 인하여 프로젝트 종료 후 사용자들로부터 많은 저항에 부딪히게 되고 시간이 경과하면서 과거로 회귀하는 좋지 않은 결과를 가져오게 되는 것이다.

프로세스 설계·분석 과정을 살펴 보면, 기존의 프로세스 설계·분석은 대부분 소축척지도 수준의 개략적인 프로세스 설계·분석으로 마무리된다. 대축척지도 수준의 상세한 프로세스 설계·분석을 완성하지 못하고 업무 기능을 위한 방향성 설계 수준까지 전개하고 마무리 하게 된다(비즈니스 컨설팅). 그러므로 개념적인 수준에서의 향후 신규 프로세스에 대한 공유만 하고 컨설팅이 마무리 된다. 산출물 또한 파워 포인트나 워드 프로세서로 작성한 문서 수준으로 관리된다.

그러나 정보시스템을 구축하기 위해서는 조직 하부의 실무자들이 수행하고 있는 업무를 설명할 수 있는 인풋·아웃풋으로 정의되는 일련의 액티비티들의 집합과 프로세스 실행 수준까지 정의되어야 ERP시스템의 구현이 용이해진다. 비즈니스컨설팅에서 방향성 설계로 끝난 뒤 시스템 구축단계에서 시스템 구현을 위한 상세 프로세스 설계·분석이 독자적으로 이루어지는 것이 종전의 방식이었다. 당연히 두 영역의 연결이 매끄럽지 못할 수 밖에 없는 것이다. 이 단계에서 보통 비즈니스컨설팅을 했던 업체와 시스템개발 업체가 다르게 선정되기 때문에 앞선 프로세스 컨설팅의 결과를 활용하지도 못하고 새로운 프로세스의 설계 사상이 퇴색되는 정보시스템구축 위주의 프로세스 혁신이 진행된다.

ERP구축의 과정에서 설계와 구축 단계의 이원화는 프로세스가 상위의 전략과 연계 미흡 및 하위의 정보시스템과의 연결 괴리로 인하여 프로세스들 간의 누락 프로세스나 정보의 불일치를 발생시키므로 이후 ERP구축 진행에 있어서 프로세스의 통합과 정보와 물류 흐름의 일치, 물류 흐름과 재무정보의 일치 및 경리와 관리의 일치 구현에 영향을 주게 된다. 특히 Non-ERP 시스템들과의 인터페이스Interface 시 정보의 누락, 불일치, 데이터의 신뢰성 저하 등 악영향이 위력을 발휘하게 된다.

운영 단계에서는 정보시스템의 개선이 먼저 이루어지고 프로세스에 변경사항이 반영이 안 되는 경우가 비일비재하다. 이때부터 프로세스와 시스템이 따로 놀게 되어 실제 하는 업무와 시스템에서 운영되는 일이 다르게 되는 것이다. 시스템에서 제공된 정보나 아웃풋을 다시금 수작업으로 재 작업하는 비효율이 발생하기 시작하는 것이다. 이러한 비효율을 개선하기 위하여 프로세스 변경을 먼저 확인하고 설계를 완료한 후 정보시스템을 개발해야 한다. 그래야만 어렵게 확보했던 프로세스와 시스템의 동기화를 유지할 수 있는 것이다. 안 지키면 어떠냐고 반문할지 모르지만 업무 따로 시스템 따로 운영으로 인하여 불필요한 중복 작업이 발생하여 궁극적으로 전산화의 효과를 파괴하는 일로 발전하게 된다. 물론 수천 개의 프로세스를 어떻게 일일이 확인할 수 있는지 질문이 나올 수 있다.

최근에는 프로세스를 자산화 하기 위한 다양한 전문화된 프로세스 관리 프로그램들이 활용되고 있으며 ERP구축 시 활용이 용이하게 각종 기능들을 제공한다. 이 프로그램들을 사용하게 되면 기업이 보유하고 있는 프로세스들을 데이터베이스화 하여 관리하며 프로세스들 간의 연결상태도 점검하고 변경관리의 진행사항도 확인하기 쉽게 해준다. 또한 프로세스를 전문적으로 관리하고 개선해주는 전담인력들이 필요하다. 별도의 인력이 없다면 프로세스 혁신을 추진하는 인력들이 진행하여도 무방하다. 핵심은 프로세스와 시스템의 동기화를 위하여 변경사항들에 대한 관리를 철저히 해야 하는 것이다.

비용을 검증할 내부 인력 부족

IT외주화의 후유증으로 내부에 프로세스를 확인하고 외부 인력들의 작업에 대하여 검증할 수 있는 방법이 없게 되었다. 내부에 인력이 없기 때문이다. 어렵게 혁신 프로젝트를 추진하면서 양성한 인력들도 프로젝트가 종료되면 해체되는 것이 다반사이다. 다시금 사용자와 정보시스템 화면만 남게 된다. 프로젝트 이후 문제는 외주화된 전산 유지보수 인력들의 역할로 전가하고 끝나는 것이다.

이런 주객전도의 운영방식도 문제다. 대부분의 혁신이나 정보시스템 조직은 비용만 발생시키는 부서로서 천덕꾸러기 취급을 받는다. 정보담당임원(CIO)가 관장을 하는 경우가 많지만 CIO라는 직책은 있으나 전문인력이 없을 경우 CFO나 기획담당 임원 등이 겸직을 하는 등 사내에서 중요도가 낮은 조직으로 운영된다. 그나마 CFO 산하에서 운영되면 필요한 예산을 확보하기는 수월한 장점이 있다.

전문인력도 부족하고 사내 중요도도 상대적으로 낮은 상태에서 현상유지 수준의 정보시스템 운영이 이루어지기 때문에 경영 현안의 변화에 따른 새로운 전략 실행을 위한 프로젝트를 추진할 경우 새롭게 소요될 예산에 대한 정확한 검증이 쉽지 않은 것이다. 결국 신규 프로젝트의 규모 산정이 어렵고, 유지보수 비용의 적절성도 산출이 어려운 것이다. 비용절감을 위해서도 전문인력의 운영이 시급한 상황이다.

3
방치하면 치매가 더 악화: 프로세스 경쟁력 상실

일부 사람들은 비록 치매에 걸렸지만 더 이상 악화되지 않고 유지만 해도 되는 것처럼 증상을 방치하는 경향이 있다. 아무리 권고하고 경고를 해도 프로세스 전문인력의 필요성이나 정보시스템의 실질적인 효과가 보이지 않는 한 가급적 현 상태를 유지해도 문제가 없다고 생각하는 것이다. 그러나 우리가 병의 근본 원인을 찾아내어 제거하지 않으면 언제고 재발할 확률이 높으며 방치할 경우에는 더 악화되는 것처럼 기업의 병도 동일한 패턴을 보여준다.

아무리 좋은 제품이나 프로세스를 보유하고 있다 하여도 시간이 흐르고 경쟁자들의 추적이 심해질수록 기존의 경쟁력을 상실하게 되고 새로운 방식이 등장하게 되는 것이다. 정보화시대의 새로운 경쟁력은 물리적인 방법보다는 무형의 일하는 방법의 변화를 통해서 나타나게 되는 것이다. 그러므로 새로운 경쟁자들이 새로운 프로세스로 무장하고 앞지르기 시작하면 경쟁자들이 이미 출발점을 출발한 지 한참 뒤에 뒤따라가게 되는 것이다. 중장기적으로 프로세스 경쟁력 상실의 가능성을 높여주게 되는 것이다.

효과가 안 보인다는 핑계만 댄다

악순환에서 설명한 치매의 증상을 설명하여도 쉽게 움직이지 않는다. 병을 고치려고 해도 돈이 많이 들고 구체적인 방법도 모르는 상황에서는 아무것도 하지 않고 현 상황을 유지하기만 하면 된다는 안일한 생각들이 지배를 하고 있는 것이다. 당장 쓰러지거나 응급실에 실려갈 중병에 걸린 것은 아니라는 것이다. 그렇다 보니 디지털 치매의 근본적인 치료 방안 다시 말해 프로세스 혁신의 필요성을 설명하여도 계속해서 효과가 무엇이냐? 뭐가 더 좋아지느냐고 반복된 질문만 하는 것이다.

한편으로는 프로세스 혁신(치매 치료법)에 대한 두려움이 아직도 남아있다는 반증이기도 하다. 혁신에 성공한 기업들의 사례를 접하게 되면 공통적인 반응은 우린 그 기업들과는 다르기 때문에 효과를 보장할 수 없다는 것이다. 심하게 표현하면 아직 아프지 않거나 배가 고프지 않다는 것이다. 현재의 상황이 긴박하지 않기 때문에 애써서 힘들게 노력을 할 필요가 없다는 것이다. 또는 나 있을 때 문제가 생기지 않으면 다행이다라는 소극적인 자기 중심적 사고로 인하여 혁신 추진에 마지막 장애 요인이 발생하는 것이다. 무사안일이 기업의 지속성장의 최대의 적인 이유가 바로 이것이다.

'알아야 면장을 한다'는 속담에서 보여주듯이 모르니까 속 편하게 걱

정 안 하면서 편하게 지내는 사람들이 의외로 많다는 것이다. 그러므로 혁신을 추진하는 데 있어서 첫 번째 넘어야 할 장애물은 어떻게 혁신에 대한 이해를 시키는 것이냐가 관건이다. 앞으로 전개할 내용들의 주된 주제이다.

우리가 병에 걸리고도 치료를 하지 않는다는 것은 마치 삶을 포기하고 현재의 운명대로 살겠다는 의미일 것이다. 기업 역시 병에 걸린 것을 알고도 아무런 조치를 취하지 않겠다는 것은 현재의 상황을 즐기면서 미래를 포기하겠다는 것이다. 무책임한 행동이다. 치료법이 두려워 피하거나 돈이 많이 들어 포기하기 전에 우선 생활방식을 바꾸면서 해결할 수 있는 것들부터 차근차근 진행하면 되는 것이다. 기업의 경우는 일하는 방식부터 하나씩 바꾸어 나가면 된다. 더 이상의 핑계는 필요 없고 우선 실천을 먼저 하는 것이 필요하다.

치료시기를 놓치고 후회한다

일반적으로 몸에 이상이 생겨 병원에 검사를 받으러 가게 되면, 특히 병이 걸린 상태에서 방문하게 되면 의사들이 얘기하는 단골 표현이 있다. '조금만 더 일찍 오셨더라면', 치료 시기를 놓쳤다는 것이다. 좀 더 일찍 알았으면 쉽게 고칠 수 있는데 병이 깊어졌다거나 손쓰기 어려운 상황이라는 것이다. 조기 발견하면 치료도 쉽게 신속히 할 수 있음에도 귀찮거나 두렵다는 이유로 병을 달고 살게 되면 더 이상 회복하기 힘든 상황으로 달려가는 것이다.

기업들도 마찬가지이다. 내부의 효율 및 커뮤니케이션에 문제가 있음에도 겉으로 드러나지 않는다고 문제를 방치하게 되면 호미로 막을 수 있는 것을 가래로 막게되는 심각한 상황이 벌어지는 것이다. 또한 이 정도 상황이 도래하게 되면 시간이 얼마 남지 않았다고 초조해 하면서 서두르게 되는 것이다. 선진기업들의 성공사례를 보고 당장 도입하거나 현재 유행 중인 경영기법을 우선 적용해보자는 잘못된 의사결정을 하게 되는 것이다. 본질을 파악하지 못한 채 겉 모습만 보고 치료를 하여 증상을 더 악화시키기만 한다.

'포스트 잇Post It'으로 유명한 미국의 3M 사례를 참조할 수 있다. 가장 혁신적이고 창조적인 회사로 평가 받던 3M이 경영위기를 타파하기 위하여 효율을 강조하는 식스시그마를 도입하게 되었다. 그러나 상황이 오히려 악화된 것이다. 신제품 개발을 통한 성장을 지속하던 3M이 신제품 개발 비중이 계속 줄어들면서 오히려 혁신성을 잃어간 것이다. 당시 3M은 식스시그마를 도입하기 위하여 제너럴 일렉트릭사로부터 핵심 인력을 스카우트하면서 적극적으로 추진을 하였다. 그러나 그가 재임하던 4년여의 기간이 지나고 그가 떠나고 난 후 뒤늦게 많은 문제들이 발생하여 고전하게 되었다. 이를 비즈니스 위크지에서는 전통적으로 창의적이고 혁신적인 조직에 지나치게 효율을 강조하였기에 정체성을 잃어버리고 경영이 악화되었다고 설명하였다.

식스시그마의 효율을 중시하는 본질과 3M의 창의성과는 근본적으로 성격이 다른 것이다. 그러나 당시 유행하던 식스시그마를 충분한 본질 파악 없이 도입한 후 참담한 결과를 가져온 것이다. 만약 경영여건이 나쁘지 않았고 충분히 검토할 시간이 있었다면 그리고 사전에 미리 준비를 할 수 있었다면 시행착오를 겪지 않을 수 있었던 것이다. 질병에 걸렸다면 제대로 된 치료방법과 치료시기를 결정해야 한다.

동의보감, 주역에서 찾은 경영이야기

V

처방: 돈 버는 프로세스 혁신하기 – 내재화

정보화의 부작용으로 인해 치매를 경험하게 되었지만 해결방안이 없는 것은 아니다. 특히 단순한 치료가 아닌 근본적인 원인부터 제거하여 완치하는 치유의 방법을 설명하고자 한다. 더욱 좋은 것은 치매 예방이나 치료에서 끝나는 것이 아니라 새로운 처방은 투자비 절감에 따른 돈버는 방법까지 제시하는 것이다. 본 책에서는 프로세스 내재화라는 개념으로 정리하고자 한다.

프로세스 내재화란 간단히 정의하면 전산화의 과정에 있어서 IT외주화에 맡겨졌던 프로세스를 기업 내부의 인력들이 관리하고 자기 것으로 만드는 것이다. 새로운 정보시스템을 개발하기 위해서는 현재 하고 있는 업무 처리 방식을 정확히 이해하고 있어야 하는데, 이 과정과 프로세스 분석을 외부 컨설턴트들에게 의뢰하고 있는 것이 현실이다. 아무리 유능한 컨설턴트들이라 해도 한 기업의 전체 프로세스를 이해하는 것은 불가능하다. 해당 기업의 프로세스를 잘 이해하고 있는 현업 사람들의 도움이 필요한 것이다. 현업 사람들 또한 자신들의 업무에 대해 명확히 이해하고 있어야 한다.

내재화를 통해 얻고자 하는 것은 프로세스의 분석 및 설계를 기업이 주도적으로 추진하고 컨설턴트의 도움만 받는 것이다. 이를 위해 먼저 인력을 갖추어야 하고 전사의 프로세스를 만들어 공유할 수 있도록 하는 것이다. 공유된 프로세스를 바탕으로 타 부서들과의 협업을 위한 프로세스들 간의 순환원리를 파악하여 부서이기주의는 타파하고 전체 최적화를 위한 공감대를 형성하는 것이다. 내재화 과정이 성공적으로 진행이 되면 프로세스 혁신을 추진하거나 정보시스템 구축을 진행하게 되어도 과거와 달리 기간을 단축시킬 수 있으며 외부 투입인력도 줄일 수 있게 되어 프로젝트 기간 단축 및 비용 절감 효과를 가져올 수 있다. 지금까지 돈 쓰는 혁신이라는 비난 속에서 벗어나 돈 버는 혁신의 기회를 잡을 수 있는 것이다.

1
인력 확보

내재화의 대상에 대하여 좀 더 자세히 살펴 보자. 기업의 일하는 방법이 포함된 비즈니스 프로세스는 사실상 기업의 업무 노하우가 포함되어 있는 매우 중요한 자산이다. 하지만 우리의 소중한 자산을 남이 관리하고 있다는 사실도 모르고 지내고 있으니 참으로 안타까운 현실이다. 소중한 자산을 이렇게 방치하게 된 근본 원인은 관리를 하지 않는 것이고 관리할 사람이 없기 때문이다.

앞서 혁신 및 전산화 개발과정에서 프로젝트를 완료하고 나면 팀이 해체되면서 모두 되돌아 가고 시스템을 운영하는 외주 인력들에게 모든 자산들이 이관된다. 사실상은 기업들은 프로젝트의 각종 산출물을 제공받고 있는 것은 사실이다. 그러나 실제 자산의 주인인 기업에는 이를 관리할 인력이 모호하여 자산관리가 제대로 안 되고 단순 시스템 사용에만 만족하기 때문에 문제가 되는 것이다. 이러한 악순환은 새로운 정보시스템을 구축하거나 혁신을 추진할 경우 되풀이 되면서 비용을 증가 시키고 기대효과에 못 미치는 결과를 만들어 낸다.

악순환을 방지하기 위하여 기업들이 먼저 조치해야 할 것은 프로세스 인력을 확보하고 운영하는 것이다. 대규모 조직이 아니어도 좋다. 이들은 시급히 기업의 소중한 자산을 확보하고 현재의 상태를 신속히 파악해야 한다. 다음 장에서 자산을 확인하고 운영하는 방법에 대하여 자세히 설명될 것이다. 새로이 구성된 인력들은 자신들이 파악한 현재의 프로세스 자산의 현황을 전사에 공유하고 우리의 현재 일하는 방법에 대하여 정확히 인식시켜야 한다. 만약 프로세스 자산이 없다면 프로세스 자산인 프로세스 지도를 작성하는 일을 먼저 실시해야 한다. 앞서 말한 현재의 프로세스 해부도를 만드는 것이다.

내 업무가 어떻게 구성되어 있고 내가 처리하는 일들이 어떤 단계와 과정을 거쳐서 타 부서에 연결이 되고 궁극적으로 어떻게 경영에 기여하는지를 전사에 공유하는 일을 해야 할 것이다. 일단 내 현재의 모습이 정확히 파악이 되면 정보화 프로젝트 추진 시 매우 요긴하게 사용된다.

정보화 구축과정은 분석 > 설계 > 개발 > 운영 4단계로 이루어진다고 앞서 설명하였다. 4단계의 비중을 살펴 보면 첫 번째 단추에 해당하는 분석 과정이다. 분석단계는 As-Is를 파악하는 과정이다. 그러나 대부분의 정보시스템 구축 프로젝트에서는 As-Is 분석에 큰 비중을 두지 않고 To-Be 설계에 비중을 둔다. 진정한 문제가 무엇인지 파악이 부족한 상태로 프로젝트를 추진한다. 물론 여기에는 기업들마다 제대로 된 As-Is 프로세스 자산이 없는 것도 중요한 원인일 것이다. 하지만 우리가 옷을 입을 때 첫 단추를 잘못 끼우게 되면 결국 다시 단추를 채워야 할 수 밖에 없는 것처럼, 아니면 활동에 불편하거나 우스운 모습으로 다닐 수 밖에 없는 것이다.

결국 분석이 제대로 이루어지지 않은 상태에서 개발을 완료하고 나면 바람직한 방향이라고 설계하여 만든 시스템과 현재 직원들이 하고 있는 업무들이 차이가 있으니 시스템을 변경해 달라는 주객이 전도된 일이 발생하게 되는 것이다. 시스템과 실제 업무처리 방식과의 차이를 해결하기 위하여 긴급하게 재작업이 이루어지고 범위 변경(Scope Change)가 난무하게 되면 이어서 비용 정산이 뒤따르며 초과한 범위에 대한 초과 비용 청구가 발생하게 되는 것이다. 내부 인력을 운영하지 않는 대가 치고는 매우 난감한 결과이다. 정보시스템 및 혁신의 신뢰도는 저하되고 직원들의 혁신에 대한 실망감이 팽배해 지는 것이며 다음을 기약하기 어렵게 되는 것이다. 결국 문제 예방법은 프로세스 관리 인력을 운영하는 것이다.

다음은 어떤 인력을 선발하고 양성해야 하는 것인지를 설명하고자 한다. 전산화 개발초기 시스템에 대한 이해도가 낮았던 시절 정보시스템 개발의 효율을 높이고 운영 수준도 향상시키기 위하여 운영했던 인력들이 있다. 프로세스 분석가, 파워 유저, 그리고 엔드유저가 있었다.

분석가는 업무의 현상과 문제를 조사하고 기업 전략에 맞도록 방향을 제시하고 새로운 프로세스 설계를 담당하는 인력이었다. 역시 이들은 컨설턴트나 개발자로 변신하여 외주화된 인력이다. 파워유저와 엔드유저는 기업 내에 남아 있지만 이들의 역할이 사라진 만큼 프로젝트 종료 후에는 사라지는 한시적인 인력들이었다.

이들이 다시금 필요하게 되었다. 부활이 필요한 시점이다. 분석가의 역할은 프로세스간 연계 문제를 조율하고 해결하는 역할이 강화된 코디네이터로 명명하고 파워유저와 엔드유저는 종전과 유사한 역할을 해야 한다. 각각의 역할에 대하여 살펴보자.

프로세스 코디네이터

프로세스 코디네이터를 선발할 때 자격조건으로는 역시 전담으로 일할 수 있도록 풀타임 업무를 부여해야 하는 것이다. 또한 내부에서 확보하는 것이 가장 좋다. 간혹 내부의 인력이 부족하다는 이유로 외부에서 수혈을 할 경우가 있는데 이는 기업의 운영에 대한 정확한 이해가 부족한 상태가 되므로 원인 파악 및 문제해결 시 소통에 장애를 유발하는 경우가 자주 일어난다. 가급적 프로세스 코디네이터는 내부에서 잔뼈가 굵어 자신의 업무 담당 영역 이외에도 기업 전반의 운영에 대한 이해도가 높아야 한다. 그래야 이름대로 부서 간의 충돌이나 이견을 조정할 수 있는 코디네이터 역할을 수행하면서 새로운 방법을 개진하고 결론을 유도할 수 있는 것이다.

프로세스 코디네이터의 업무적 기능 외에 기술적으로 필요한 IT 지식의 필요성에 대한 유사 사례를 소개하고자 한다. 우리가 일상생활에서 흔히 사용하고 있는 마이크로소프트 사의 오피스 프로그램의 예를 들어보자. 오피스 프로그램을 구입한 사람들은 프리젠테이션용 파워포인트, 문서 작업용 워드, 수치계산용 엑셀 프로그램을 사용하고 있을 것이다. 그런데 각 프로그램들이 제공하는 기능이 워낙 많다 보니 전체 기능을 다 활용하지 못하고 자주 사용하고 익숙한 기능들 위주로 업무에 활용하고 있다. 간혹 다른 사람이 사용하는 기능을 보고 배워서 사용하기도 한다. 오피스는 개인용 상용화된 프로그램이긴 하지만 기업의 운영을 위해 사용하는 상용화된 각종 프로그램들도 비슷한 환경에서 사용하고 있다. 필요하거나 익숙한 기능만 사용하는 것이다.

그러나 오피스프로그램들을 능숙하게 다룰 줄 아는 사람들은 자신들이 습득한 다양한 기술을 가지고 업무 능률을 향상시키는 방법을 찾아내어 사용지침서 내지는 활용법을 책으로 발간하기도 한다. 프로그램이 제공하는 기본 기능들을 거의 파악하였고 실제 어떻게 활용하면 되는지 통달한 것이다.

기업용 프로그램인 ERP프로그램에도 비슷한 사람들이 있다. ERP프로그램에서 기본적으로 제공하는 기능들을 토대로 업무에 적용하는 방법들을 터득한 사람들이 바로 ERP컨설턴트들이다. 이들의 주요한 일은 현업의 사용자들과 현재하고 있는 일들을 파악한 뒤 프로그램의 어떤 기능을 활용하면 현재의 업무를 대체할 수 있는지를 발굴해주고 프로그램을 사용하기 위하여 각 해당 기업의 조직 구조 및 업무 흐름을 초기화 하기 위한 세팅 작업을 해주는 사람들이다. 하지만 이들은 해당 기업의 업무에 대하여 처음 접하게 된다. 이해도가 낮다는 것이다. 과거의 경험 및 유사업종의 사례를 바탕으로 이해하고 비교하여 작업을 한다.

프로세스 코디네이터가 바로 앞서 설명한 마이크로소프트의 오피스 프로그램 사용법을 설명한 사람들처럼 기업용 ERP프로그램에 대한 이해도가 높은 사람들이어야 한다. 동시에 해당 기업의 업무를 전반적으로 이해하고 있는 사람이면 더욱 좋다. 왜냐하면 프로세스 코디네이터들이 ERP컨설턴트 수준까지는 될 필요가 없지만 최소한 자기들의 업무와 ERP사용 방법을 이해하고 있어야 내재화가 가능한 것이다. 이런 조건을 갖추게 되면 새로운 혁신 프로젝트나 정보화 프로젝트를 진행하게 될 경우 이전과 달리 컨설턴트들과의 소통도 원활해지고 요구사항도 명확히 전달할 수 있기 때문에 프로젝트의 결과도 향상시킬 수 있고 궁극적으로 기간 단축 및 투입 인력 감소에 따른 비용절감이 가능해진다.

그러므로 프로세스 코디네이터를 양성하기 위해서는 선발과 함께 각 코디네이터들의 현업에서 추진하던 업무와 연관이 있는 ERP의 해당 기능을 파악하는 교육을 먼저 실시하고 프로젝트에 투입할 것을 권장한다. 시간이 없다는 이유로 사전 교육 없이 곧 바로 프로젝트에 투입하게 되면 주도적으로 프로젝트에 참여하지 못하고 일단 어깨너머로 배우는 조력자 역할에 치우치게 된다. 자신들이 직접 실행해 보고 시행착오를 겪어야 하나 결과 확인과 같은 간접적 경험으로는 역량을 확보하는 데 한계가 있고 프로젝트 후에 보완하려면 시간과 가르쳐줄 선생이 없는 문제가 발생한다.

파워유저

원래 파워유저의 의미는 정보시스템에 대한 이해도가 매우 높아 자신들의 업무에 정보기술을 적극적으로 활용하고 자신들의 부서의 정보시스템 요구를 대변해주는 유능한 정보시스템 사용자들이다. 그러나 이들은 굳이 전산 프로그래밍이나 시스템 관리를 할 줄 몰라도 된다. 왜냐하면, 파워 유저들은 해당 부서의 업무에 정통하면서 상용 패키지를 능숙하게 다룰 수 있으면 된다. ERP프로그램의 경우 모듈화되어 있는 대표 업무들을 시스템으로 구현하기 위하여 기본적인 기능을 충분히 이해하고 담당 업무에 적용할 수 있으면 되는 것이다.

위에서 요구하는 역량을 갖춘 파워유저들은 프로세스의 분석 및 설계 과정에 집중적으로 참여하여 프로세스 설계를 지원하고 시스템 개발 후 테스트 단계에서도 설계된대로 시스템이 구현되어 정상적으로 운영하는지를 검증하는 역할들을 한다. 그야말로 파워풀한 사용자임을 말하는 것이다.

선발과정은 혁신 및 정보시스템 구축 프로젝트 추진 시 현업의 실무를 담당하는 중추적 역할을 하는 직원들로부터 엄선하여 선발하고 상용패키지의 전문화된 교육을 지원해야 한다. 파워 유저들은 시스템 오픈 후에도 정상적인 운영과정에서 발생하는 추가 요구 사항들을 현업과 IT 인력들과 중간 매개자 역할을 수행하게 된다. 프로세스를 전담으로 관리할 사람의 육성도 중요하지만 이들을 도와 실질적인 행동을 취할 파워유저들의 선발 및 운영도 매우 중요한 것이다. 유능하고 역량이 높은 파워유저들은 프로세스 리더로 활용하는 것도 경력관리의 한 축으로 활용 가능하다. 파워유저들의 역할이 강화되면 될수록 분석·설계의 질이 향상될 수 있으며 외부 인력들의 공수를 상당 부분 대체하면서 비용 절감에 기여할 수 있다.

엔드유저

프로세스나 전산시스템에 대한 높은 이해 수준을 원하는 것은 아니다. 현장에서 실제 자신의 업무를 매일매일 실행하는 사람들로서 새로운 시스템을 통해서 제일 먼저 접하게 되고 운영상의 문제를 찾아낼 사람들이다. 변화의 첨병에 서게 되는 사용자를 말한다. 이들은 전반적으로 새로운 일하는 방식이 어떻게 운영될 것인지 개괄적인 이해와 특히 내가 하는 일이 다른 사람에게 어떤 영향을 미치는지 그리고 나보다 먼저 업무처리한 사람은 내게 어떤 결과를 넘겨줘야 하는지를 정확히 이해하면 되는 것이다.

엔드유저들에게 사전에 필요한 것은 새로운 일하는 방식의 변화 모습을 먼저 보여줄 수 있으면 가장 좋은 방법이다. 문서상으로만 설계된 내용을 보여줄 경우 이해도는 당연히 낮아 진다. 또한 이전에 수행하였던 일들의 처리 방식을 바꿔야 하기 때문에 더욱 중요한 사람들이다. 새로운 방식에 적응할 수 있도록 변화관리와 교육이 필수적이다.

시스템 개발 후 테스트 과정이 진행된다. 이때 반드시 엔드유저들이 참여하여 가상의 업무 처리를 실제로 확인하여 설계 단계에서의 오류를 찾아내고 수정할 수 있도록 해야 한다. 대상자들이 많기 때문에 온라인 교육 프로그램을 통해서 교육을 진행하는 것도 좋은 방법이다.

프로세스 전문가를 육성하고 운영해야 돈이 덜 든다

프로세스 코디네이터, 파워유저, 엔드유저들을 프로세스 전문가라고 총칭하여 부르고자 한다. 앞서 설명했던 식스시그마 사례에서 설명한 마스터 블랙벨트, 블랙벨트, 그린벨트와 유사하다. 사실 기업에 우수한 인력들이 많은 것 같지만 기업 전체의 흐름을 파악하고 유사 시 의사결정을 할 수 있는 인력들은 거의 없다. 만약 몇 명이라도 확보하고 있는 기업이 있다면 정말로 행운아라고 할 수 있다. 경영 컨설턴트들도 전체를 이해하고 볼 수 있는 사람을 찾기가 쉽지 않다.

이러한 현상은 기업이 규모가 커지고 인력이 증가할수록 일이 세분화되면서 더욱 심화되어 나타난다. 업무 담당자들은 자기하는 일만 알게 되고 관련된 업무들이 어떤 것이 있는지를 알지 못한다. 특히 정보시스템이 과거의 수작업 업무들을 대행하면서 문제는 심각해지고 있다. 전산을 통하여 일처리하는데 익숙하다 보면 왜 이 업무가 이런 방식으로 처리되는지 고민하지 않고 일처리가 잘못될 경우 시스템에서 결과가 이렇게 나왔다. 나는 내용을 모른다는 황당한 답변을 듣게 되는 경우가 빈번하다.

자기 회사의 프로세스를 이해하지 못하는 상태에서 어떻게 혁신을 이끌어갈 좋은 아이디어가 나올 수 있으며 지속적으로 문제를 발굴하고 해결해 나갈 수 있을지 의문이다. 프로세스 혁신의 실체는 프로세스이고 프로세스를 실행하는 주체는 사람이므로 프로세스 혁신을 제대로 하기 위해서는 우선 전체 프로세스를 볼 수 있도록 가시성을 높여 주고 관리할 전문인력들을 확보하고 끊임없는 벤치마킹, 창조적 파괴를 추진하는 것이 성공의 가장 큰 기본 요건이다.

외주화의 바람에 밀려 기업의 고유한 역량인 프로세스를 외부 전문가들에게 내주었지만 이제는 다시금 되찾아 와야 한다. 내 몸을 모르면서 병을 치료할 수 없듯이 내부 업무가 어떻게 처리되고 있는지 정확한 증상을 모르면서 혁신을 할 수 없는 것이다. 늦게라도 프로세스 전문가를 확보하고 운영해야 한다. 이들을 단순한 비용으로만 생각한다면 치매는 치유하기 힘들고 계속 악화만 될 것이다.

프로세스 전문가들이 주로 할 수 있는 사례를 소개한다. 필자의 프로젝트를 통하여 체험한 사례이다.

일반적으로 새로운 공장을 짓거나 새로운 사업을 추가할 경우 이를 위한 정보시스템 구축 시 소요되는 비용은 주기적으로 정보시스템을 개선하는 것과 같은 과정을 밟고 투자도 소요되는 것이다. 외주화의 악령이 다시금 되살아 나는 것이다. 검증할 방법도 없어 울며 겨자먹기식으로 진행할 수 밖에 없는 것이다.

그러나 기업의 전체 프로세스를 확보하고 나면 동일 기업 내에서 진행되는 업무는 사실 큰 차이가 없음을 확인할 수 있다. 아니 차이가 있어서도 안 되는 것이다. 사업이 달라서 같이 사용을 못한다는 가정은 제조업의 경우 제조현장이 달라서 제품을 생산하는 방식과 공정이 다른 것은 인정할 수 있다. 그러나 이를 관리하는 비즈니스 프로세스는 사실상 큰 차이가 날 수 없다. 한 기업에서 전체 프로세스를 작성하고 난 후 다른 사업부와 프로세스 전체를 비교하였을 경우 90%까지 동일한 것을 확인할 수 있었다. 그러므로 프로세스 전문가들을 동원하여 해당 기업의 표준이 되는 하나의 표준 프로세스 세트(Template)를 완성하고 이를 바탕으로 다른 사업부나 공장과의 차이만을 파악하여 해당 사업부의 프로세스 세트를 만들면 되는 것이다.

그렇다면 왜 사업이 추가된다고 완전히 새로운 프로세스와 정보시스템을 구축해야 하는 것인가? 외주업체도 모르면서 막연한 관행으로 진행되는 과정이다. 90%까지 같다는 것은 산술적으로 90%의 프로세스와 정보시스템을 재사용할 수 있는 것인데 왜 신규 시스템개발처럼 제안을 하는 것인지 의심이 간다. 이제 프로세스를 내재화 하고 주권을 회복하고 나면 외주업체의 제안을 심도 있게 분석하여 낭비를 제거함으로써 그동안 낭비되었던 개발 비용을 절감할 수 있는 것이다. 내재화의 가장 큰 정량적인 효과가 바로 이것이다. 정보시스템 확산에 소요되는 비용을 절반이상 줄일 수 있는 것이다.

2
프로세스 확보

산업화시대의 생산성 및 각종 효율 향상은 고객인 수요자들이 필요로 하는 제품이나 서비스 보다 더 많이 제공할 수 있는 수준으로 시장을 바꾸어 놓았다. 다시 말해, 종전의 공급이 모자라던 시장에서 공급과잉이 되는 시장으로 변화하였다. 많이 만들어 팔기만 하면 매출과 이익이 보장되었지만 이제는 고객이 원하는 것을 만들어야 팔리는 것이다.

이러한 시장의 변화는 기업 내부의 효율을 향상시키는 방법에 변화를 요구하게 되었다. 고객의 요구를 만족시켜 매출을 올리기 위해서는 고객의 관점에서 고객의 요구를 명확히 파악하여 신속히 제공을 해야 하는 것이다. 이를 만족시키기 위해서는 고객의 요구를 해결하기 위하여 기업 내부의 필요한 모든 자원을 동원하여 전체 업무들의 효율이 개선되도록 해야 하는 것이다.

가치사슬(Value Chain)에서 핵심 프로세스만이 중요한 것이 아니라 지원 프로세스의 중요성도 강조되고 있는 것이다. 문제는 전체의 업무 프로세스를 어떻게 파악하고 관리해야 할 것인가다. MIT대학의 프로세스 핸드북(ThomasMalone, Kevin Crowston, George Herman)에서는 일반적으로 기업들의 공급망(Supply Chain) 프로세스에만도 3,400여 개의 세부 프로세스들을 보유하고 있는 것으로 설명하고 있다. 공급망 이외에도 생산, 품질, 재무 등 많은 프로세스들이 존재한다.

수많은 비즈니스 프로세스들을 몇 사람이 이해하고 있다고 믿는 것부터가 문제를 유발시킨다. 더 큰 문제는 기업들이 각자 자신들이 운영하고 있는 프로세스들이 무엇인지를 알지 못하고 볼 수도 없다는 것이다. 자연스럽게 왜 이 일을 해야 하는지 이 일을 통해서 무슨 효과를 만들어 낼 수 있는지 설명을 할 수 없다. 문제가 무엇인지 모르는데 어떻게 개선이고 혁신을 할 수 있는지 의문이 간다. 더 심각한 것은 내부의 프로세스를 관리하는 인력들도 없는 것이다. 바로 이러한 사실들이 현재 기업들이 혁신을 추진함에 있어 어디부터 시작해야 하는지, 무엇을 해야 하는지 이해하는데, 어려움을 겪는 것이다. 기업의 경영혁신의 방향이 무형자산에 의한 가치 창출로 전환이 되면서 대상이 비즈니스 프로세스로 변화하고 있는 이상 현재 내가 하고 있는 일들이 어떤 것인지 우선 정리하고 확보해야 하는 것이다.

프로세스 계층화: Process Architecture

기업을 하나의 프로세스로 표시하고 이를 가치사슬에 근거하여 핵심 프로세스들로 분류하였다. 하지만 핵심프로세스들은 하부에 여러 단계에 거쳐서 세분화되고 계층화된 상세프로세스들을 보유하고 있으며 실제 시스템과 연동되는 프로세스를 확인하기 위해서는 4~5단계의 분석이 필요하게 된다.

아래 표에 프로세스를 계층화한 사례들을 소개하였고 필자가 간략하게 표현한 계층 구조도 포함하였다. 일반적으로 계층 구조는 6단계 이상으로 전개할 수도 있다. 『MIT Process Handbook』에서는 10단계를 제시하기도 한다. 6단계 구성의 경우 5단계까지가 프로세스 영역이 되고 6단계는 실제 시스템 화면과 연결된 부분이다.

수준	분류	프로세스 관점	업무 관점	정의
1	대	Mega Process	가치 구분	가치 창출을 위한 업무 영역
2	중	Major Process	수행 기능	영역별 요구 기능
3	소	Process	업무 역량	기능 수행을 위해 필요한 역량
4	상세	Sub Process	업무 내용	Input-Process-Output으로 정의되는 일련의 활동
5	단위	Activities	실무 처리	1조직·1인에 의해 수행되는 단위 업무
6	I/F	User Interface	입출력 장표	시스템과 연동된 화면
정보시스템 [ERP / SCM / CRM / SRM / PLM 등]				
현장	I/F	Shop Floor Control	작업공정	실물·서비스를 다루는 현장 작업자의 활동, 처리 방법

Level 1은 가치사슬에서 분류된 개발, 구매, 제조, 물류 등 개념적인 차원에서의 프로세스를 나타낸다. 우리들은 흔히 메가 프로세스Mega Process라고 부르기도 한다. 메가 프로세스의 분류 갯수도 특별히 정해진 것은 없으며 기업마다 차별적으로 운용한다. 본서에서는 오장육부와 비교하여 10개의 메가 프로세스를 사용한다.

Level 2는 메이저 프로세스Major Process로서 메가 프로세스를 구성하는 프로세스들의 그룹이나 종류를 나타낸다. 인사 메가 프로세스의 경우 채용, 급여, 교육, 복리후생 등과 같은 메이저 프로세스들로 전개한다. 기업마다 상황에 따라 다른 이름과 갯수가 차이가 날 수 있다.

Level 3은 Level 2에서 분류된 메이저프로세스마다 이를 뒷받침하는 실제 프로세스지도들을 표현하는 단계이다. 채용의 경우 각 채용의 종류에 따른 진행 단계에 대한 지도를 나타낸다. 온라인 채용, 오프라인 채용, 채용 시험, 채용 면접 등 상위 수준에서의 개략적인 업무들이 정의된다.

Level 3까지의 프로세스는 논리적이거나 개념적인 성격이 강하다. 비록 Level 3에서 프로세스 지도 형태가 등장하지만 프로세스들 간의 순차적인 관계만 나타날 뿐 통제 관련 사항들은 아직 표기되지 않는다. 그 동안 많은 비즈니스 컨설팅 프로젝트를 통해서 To-Be프로세스를 정의하고 산출물을 작성할 경우 Level 3 수준에서 완성되는 경우가 대부분이었다. 그러므로 이를 토대로 실제 시스템구현을 하기에는 역부족이었고 추가로 시스템 구축 프로젝트가 이어질 경우 잔여 단계인 Level 4~ Level 6까지 전개하여 진행하였다.

여기서 문제가 발생한다. 상위 수준의 프로세스와 하위 수준의 프로세스는 성격이나 내용이 다르기도 하지만 설계를 하는 사람들도 비즈니스컨설턴트와 개발자로 다르다. 대부분 회사가 다르고 지식 수준도 다르다. 비즈니스컨설턴트들은 정보기술을 잘 모르고 개발자들은 비즈니스프로세스를 잘 모르기 때문에 두 집단이 서로의 작업을 이해하는 데 한계가 발생한다.

더욱 심각한 것은 이 두 집단이 함께 작업하지 않는다는 것이다. 비즈니스컨설팅이 끝나고 완료 보고와 함께 컨설턴트들이 떠난 후 상당

기간이 지난 다음 시스템구축 프로젝트가 진행된다. 예산확보를 위한 설득과정으로 인하여 지체가 발생하는 것이 대부분일 것이다.

어렵게 프로젝트가 시작되어 개발자들이 투입되면 상위 수준의 분석은 무시하고 하위수준의 프로세스를 분석하고 하위 수준의 To-Be프로세스를 설계한 후 코딩하고 시스템 개발을 한다. 상위와 하위의 정렬(Align)을 찾아 볼 수 없다. 상당수의 ERP구축 프로젝트에서 자주 발생하는 현실이다. 비즈니스컨설팅의 결과 산출물이 책상 서랍에 보관되는 원인이 바로 이것이다. 이를 방지하기 위한 방법에 대해서 설명하고자 한다.

Level 4는 하부 프로세스Sub Process들로서 프로세스들 간의 특정 프로세스의 아웃풋을 비교 판단, 반복적인 루핑Looping, 병행처리 등과 같은 흐름의 통제를 표현하게 된다. 실제 업무가 처리되는 과정을 나타낸다.

Level 5는 액티비티Activities 단계로서 정보시스템과 연동되기 바로 직전의 단계이며 비즈니스프로세스들을 프로그램에 구현될 수 있도록 표현하는 과정이다. 프로그래밍을 위해 필요로 하는 데이터, 데이터 베이스, Rule, 인터페이스 등이 반영된다.

Level 6는 실제로 프로세스의 실행을 위하여 사용자들이 사용하게 될 프로그램의 화면 단위와 연결되는 항목들을 표현한다. 마지막 단계까지 설계를 할 수 있다면 시스템 구축은 이전 보다 훨씬 수월해지고 시간도 단축시킬 수 있다. 왜냐하면 본격적인 프로그램코딩 이전에 사용자의 요구사항이 정확히 반영되었는지를 실제 사용할 화면을 가지고 확인할 수 있기 때문이다. 종전의 방법으로는 개발이 다 완료된 후 확인할 수 있었던 사항이다.

계층화 구조가 완성되고 나면 각 수준별로 프로세스지도를 그리고 상하좌우 간의 연결 상태를 확인하는 상세프로세스 지도까지 작성을 한다. 레벨 1~3 수준은 상위 프로세스, 레벨 4~6 은 하위 프로세스라 정의하였고 이 수준의 프로세스 지도도 내용이나 깊이가 달라진다. 상위수준에 해당하는 프로세스는 약도로 설명하였고 일반 지도로 보면은 소축척 지도와 유사하다. 하위수준에 해당하는 프로세스는 상세한 지도로서 일반지도의 대축척 지도와 비교할 수 있다.

프로세스 자산화: Repository

비즈니스 프로세스가 눈에 보이지 않는 무형의 자산이다 보니 우리는 그 동안 프로세스를 너무 소홀히 다루어 왔다. 우선 눈에 보이지 않으니까 사람들마다 자기 고유 방식대로 수작업으로 업무를 진행해왔다. 더욱 안타까운 것은 정형화되어 있지 않은 일하는 방법으로 인하여 업무를 신입사원에게 전수할 때도 도제식 훈련에 익숙해져 있다. 프로세스가 없으니 설명한 자료는 없고 눈으로 확인할 수 없으니 뭐가 문제인지 정확한 파악이 어렵고 문제에 대한 공유도 쉽지 않다. 아날로그식 프로세스 관리는 사실상 관리라고 할 수 없고 단순히 문서로만 보관하고 있다는 수준이다. 디지털 프로세스 관리로 전환해야 프로세스의 가시성을 확보할 수 있으며 이력관리 및 전체가 공유하기 쉬운 가용성을 높일 수 있고 기업 고유의 자산으로 활용할 수 있게 된다. 무형의 암묵지를 형식지화 하는 것과 같은 것이다.

■ 표준화·정형화가 프로세스를 읽게 해준다

여러 사람들이 모인 조직에서 각자 눈에 보이지 않은 일을 하다 보면 사람에 따라 일을 이해하는 방법, 일을 처리하는 방법들이 다른 것을 느낄 수 있다. 여기에는 각자의 행동 습관, 생활 패턴 등 다양한 이유가 있을 것이다. 이런 다양성은 공통된 일을 진행할 경우 사람과 사람을 거치면서 그리고 조직과 조직을 거치면서 왜곡을 낳게 하는 빌미를 제공한다. 다시 말해 사람에 따라 조직에 따라 다른 결과를 만들어 낼 수 있기 때문이다. 이런 편차를 없애고 공통된 일을 처리하기 위해서 표준이라는 것이 필요하게 되는 것이다.

표준이라고 하면 하나의 기준만으로 생각하고 하찮은 것으로 치부하는 경향이 있다. 표준은 어느 누가 일을 처리해도 같은 방식, 절차, 순서로 진행을 하고 동일한 조건하에서는 동일한 결과가 나오도록 하는 것이다. 그러므로 사람들 간의 편차를 없애기 위해서는 위에서 설명한 것처럼 같은 방식, 절차, 순서들을 포함하는 차별화되고 중복되지 않도록 일정한 형식으로 고정시키는 정형화 과정을 거쳐야 한다. 업무를 정형화시킨 결과물이 도식화된 프로세스이다. 프로세스에는 해당 업무들의 기준, 절차, 역할, 입력, 출력, 주기 및 운영방법 등이 상세히 기술되어 있어 누가 진행하거나 내용을 참조해도 변함이 없는 것이다.

손욱 서울대 융합과학기술대학원 교수의(삼성전자 재직 기간 중인 1994년 삼성전자가 프로세스 혁신을 준비하던 시절) 경험담을 소개한다. "프로세스란 바로 이런 것이다. 미국은 이미 95%의 일을 정보시스템이 하고 아주 복합적이고 전문적인 분야의 5%만 사람이 한다. 삼성은 95%가 사람이 하고 있더라. 이걸 고치면 얼마나 달라지겠나. 이것이 바로 BPR(Business Process Reengineering)이다." (장진원 기자, 2011)

직원들이 하던 많은 수작업들을 정형화한 뒤 정보시스템으로 자동화하여 반복적인 업무들은 컴퓨터가 처리할 수 있도록 하고 이를 통해 확보 되는 여유 시간에 고객에게 가치 있는 일 또는 가치를 만들기 위해 필요한 오버헤드에 직원들의 시간을 투자할 수 있도록 해야 하는 것을 의미한다.

■ 문서는 관리 및 공유에 한계

종전의 아날로그식 프로세스 관리 형태를 파악해 보자. To-Be프로세스를 설계하면서 워드 프로세서나 파워 포인트 형태로 프로세스를 작성하고 출력을 통하여 작성된 지도를 확인한다. 여기에는 여러 가지 문제가 존재한다. 우선 사람이 직접 자신의 컴퓨터에서 작성을 하기 때문에 같은 프로세스도 각자 다르게 기술하고 지도 역시 다르게 그릴 수 있다. 더욱 심각해지는 것은 수작업 형태로 작성되는 지도 그리기는 지도에 포함할 수 있는 내용이 한계가 있다는 것이다. 만약 한 문서 상에 100개 이상의 유관 프로세스들을 포함하여 그리는 것은 거의 불가능에 가까워질 것이다. 설사 그렸다 하더라도 조회하고 변경사항을 반영하는데 무척 오랜 시간이 소요될 수 밖에 없다. 이것도 정확도는 보장을 할 수 없다. 정보화를 하기 전에 수작업으로 관리하는 방법의 가장 큰 문제는 이력관리가 안 되는 것이다.

또 다른 문제는 사람마다 즐겨 사용하는 워드프로세서가 다른 것이다. 그러므로 한 사람이 그린 것을 공유하려면 다시 그리거나 변환과정을 거쳐야 한다. 불필요한 시간 낭비이며 중복 작업이다. 자산을 공유하고 재활용할 수 있도록 그리는 방법 및 도구를 통일해야 한다. 단순히 문서로만 관리하면 해결 안 된다.

▒프로세스 데이터베이스

워드 프로세서나 파워 포인트에 의해 작성된 아날로그식 프로세스도 저장된 형태를 보면 디지털화 되었다고 말할 수 있다. 왜냐하면 이미 컴퓨터를 활용하여 작성 보관하고 있기 때문이다. 그러나 문제는 공유하거나 전파하는 방식이 문제인 것이다. 공통된 형식이나 절차 없이 개개인이 저장하고 관리하게 되면은 배포된 순간부터 통합하여 관리하는 것은 불가능하게 된다.

디지털 형태로 저장된 파일을 디지털 형태로 보관하고 새로운 프로세스의 작성, 변경, 공유 및 폐기에 이르는 과정을 프로세스 저장소(Process Repository)라 불리는 데이터베이스를 만들어 관리해야 하는 것이다. 일반적으로 데이터나 정보를 데이터베이스화 하는 주된 목적은 개별로 관리하는 것보다 검색이 용이하고 이력관리 및 데이터의 정확성, 신뢰성, 투명성이 보장이 되기 때문이다. 기업의 중요 지식이자 자산인 프로세스가 통합되어 관리되지 않고 개인별로 분산되어 방치되는 것은 심각한 문제라 아니할 수 없다.

우리가 무심코 바라보는 프로세스에는 암묵지에서 형식지로 전환된 기업의 핵심 지식들이 보관되어 있는 것이다. 한동안 지식경영이 유행한 적이 있었다. 기업이 보유하고 있는 지식을 활용하여 부가가치를 창출하고 경쟁력을 갖추어야 한다는 것이 골자였다. 그러면서 새로운 지식을 찾기 위해서 지식을 분류하고 외부의 자원을 새로 확보하고 시장의 정보를 입수하여 마케팅전략에 활용한다는 등 많은 활동이 있었다. 이때

신선한 문구가 하나 있었다. HP사에서 어떻게 지식을 활용하였는지에 대한 내용으로서 "If we knew what we knows, we would be three times are profitable." 다시 말해, 내부에 있는 자원이 무엇인지 정확히 알고 있었다면 새롭게 시간을 낭비해 가며 방법을 찾지 않았어도 된다는 의미이다. 매우 공감이 가는 내용이다. 이와 유사한 것이 NIH(Not Invented Here) 증상이다. 다른 사람들의 우수사례가 있더라도 내가 한 것 아니면 인정을 안 하고 똑 같은 내용을 단지 자기 방식으로 다시 하는 누를 범하는 것이다. 또한 내가 가지고 있는 자원이 무엇인지 모르면서 남의 것만을 부러워하는 것은 시간 낭비, 자원의 낭비를 가져온다.

각 기업의 비즈니스 프로세스에는 나름대로의 철학과 경험과 구성원들의 지식이 이미 반영되어 있으니 이를 재사용할 수 있고 누구나가 공유하고 활용하며 영구 보전될 수 있도록 자산화 해서 관리해야 한다. 부가적으로 정보시스템개발 시 프로세스분석에 소요되는 시간과 비용을 줄이는 효과도 가져온다.

프로세스 변경관리

비즈니스 프로세스를 정형화하여 정보시스템으로 만들어서 반복적인 업무들을 자동화하게 되면 업무 효율을 향상시킬 수 있고 데이터들이 누적되면서 각종 분석기법을 동원하여 숨어있는 문제들도 추가로 발굴이 용이해지며 이를 통해서 새로운 해법도 찾아낼 수 있으며 의사결정에도 도움을 주는 것이다.

그러나 이는 어디까지나 프로세스와 정보시스템이 동기화되어 운영이 되어야 가능한 것이다. 정보시스템에서 제공하는 일하는 방법을 준수하지 않고 단순히 사용자들이 자신들의 편리성 위주로 별도의 작업을 수행하기 시작하면서 문제는 발생하기 시작한다. 대규모 프로젝트를 통하여 어렵게 프로세스와 정보시스템을 동기화 시켜 놓았지만 프로세스 전체에 대한 가시성과 지도를 관리하지 못하는 상황이 발생하면서 사용자들의 표준 위반이 가속화 되기 시작하면 통제 불능이 되고 드디어 프로세스와 정보시스템은 별개로 움직이게 되면서 단순히 대량의 정보를 검색하거나 필요한 정보를 얻기 위한 보조 수단으로 정보시스템이 전락하게 되고 엑셀 등 수작업을 통한 분석작업이 이루어지게 된다. 프로세스의 변경관리가 안 되는 것이다. 동기화도 무너지는 것이다.

프로세스 변경관리가 안될 경우에는 정보시스템 유지보수도 어려워지고 비용도 많이 들게 된다. 새로운 요구사항이 발생하여 부분적인 개선이 필요한 경우 기존에 작성된 프로세스 내용들이 정보시스템과 일치하지 않게 되므로 영향도 파악에 시간이 더 많이 소요되고 개발 기간이 길어지게 되며 요청하는 사람들마다 자신의 방법이 적용될 것을 강조하게 되면 표준도 유명무실해지게 된다. 내부 인력들이 프로세스에 대한 이해 저하로 인하여 원칙 준수의 필요성을 간과하기 때문에 발생하는 문제들이다.

프로세스에서 원칙이 중요한 이유는 조직 내에서 업무를 혼자 또는 해당 부서만 수행하는 것이 아니고 연관된 부서들과 같이 협업을 해야 하는 것이다. 그래야만 동일한 정보로 타 부서들과 원활히 정보를 교환하고 의사소통을 할 수 있으며 내 일의 결과를 다른 부서의 담당자들이 별도의 추가 작업 없이 자신들의 업무를 수행하는 것이다. 이런 원칙이 지켜져야 프로세스를 임의로 변경하는 것을 금지할 수 있는 것이다.

아래 그림을 통하여 변경관리의 절차를 이해해 보자.

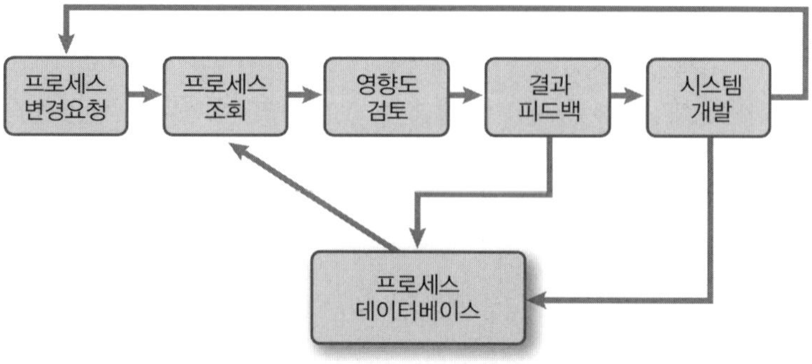

〈그림 11 프로세스 변경관리 흐름〉

변경관리를 위해서는 우선 전사 차원에서 전체 효율향상을 위해서 모든 부문이 지켜야 할 원칙과 룰을 정립해야 한다. 이 원칙과 룰들을 변경하고 싶으면 관련된 사람들이 모여 변경 시 발생할 프로세스 및 정보시스템의 영향도를 분석하고 그 결과에 따라 변경 여부를 결정하는 절차를 반드시 거쳐야 한다. 앞장에서 설명한 프로세스 코디네이터들이 이 역할 수행하는 적임자들이다.

디지털로 자산화된 프로세스 지도들이 있기 때문에 변경관리가 한층 수월해 졌고 가능해졌다. 프로세스의 모든 지도들을 조회할 수 있고 프로세스들 간의 연결 상태를 파악할 수 있기 때문에 어느 한 프로세스의 변경이 다른 부분에 어떤 영향을 미치는지 관리가 가능한 것이다. 영향도 파악이 완료된 후 프로세스 재 설계를 마치고 난 다음 정보시스템 개발로 이어지는 변경관리를 강화해야 정보시스템 유지보수 비용도 절감시킬 수 있으며 프로세스와 정보시스템의 동기화도 유지할 수 있는 것이다.

3
프로세스 순환원리 학습

죄수의 딜레마라는 게임이론이 있다. 범죄자 둘이 잡혀왔을 때 서로 자백을 하지 않기로 약속하고 형사를 대면하게 된다. 이때 형사는 두 범죄자를 서로 연락할 수 없도록 분리한 후 각 범죄자들에게 혼자서 자백을 하게 되면 풀어주고 다른 범죄자는 중형을 받게 된다는 것이다. 반면에 두 범죄자 모두 자백을 하게 되면 각각 적은 형기의 복역을 한다는 것이다. 이 경우를 세 가지로 살펴 볼 수 있다. 범죄자들 서로 윈-윈win-win 하는 경우: 사전에 협의한 대로 자백을 안 하는 것이다. 다음은 루스-루스lose-lose 하는 경우: 둘 다 자백을 하는 경우이다. 마지막으로 윈-루스win-lose 하는 경우: 한 사람이 자백을 하고 다른 범죄자에게 모두 씌우는 것이다.

부서 간의 협업이 절대적으로 필요한 상황이지만 잘 이루어지지 않고 있다. 이를 위의 죄수의 딜레마에 대입해 볼 수 있다. 부서 간에 상호협조 하에 협업을 하는 경우를 흔히 윈-윈win-win하는 경우라 하고 모두에게 이익이 되는 것이다. 반면에 상호불신이 만연하여 부서들 간에 시기와 질투가 발생하고 협력이 깨지는 경우는 루스-루스lose-lose하는 경우로 설명할 수 있다. 두 부서 모두 손해를 보고 기업 전체적으로도 손실을 입게 되는 것이다. 마지막으로 흔치 않은 경우이지만 실제로 부서 간 힘의 논리에 의해 원치 않는 결과가 나오는 경우가 있다. 특정 부서의 영향력이 매우 클 경우 상대 부서는 맥 없이 무너질 수 밖에 없는 것이다. 죄수의 딜레마 경우 중 윈-루스win-lose 하는 경우라 할 수 있다. 한쪽만이 자유로워지고 다른 한쪽은 모든 것을 뒤집어 쓰는 상황이다.

이를 프로세스들 간의 순환원리에 대입해 보면 새로운 현상을 발견할 수 있다. 첫째, 우리가 전체 최적화라고 하는 선순환 원리가 바로 win-win 경우이다. 우리 몸의 오장육부의 수승화강 원리이며 오행의 상생원리와도 같다. 둘째, 부서이기주의라고 하는 악순환의 원리가 lose-lose 경우이다. 우리 몸의 음과 양의 냉각 기능이 고장이 난 상황이며 오행의 상극원리와 같은 현상이다. 셋째, 일종의 하향 평준화라고 할 수 있다. 한쪽의 기운이 너무 강하여 상대방을 제압하는 경우이다. Win-lose의 결과가 발생한다. 오행의 과유불급과 유사한 경우이다. 세 가지 대표적인 원리가 운영 프로세스들 간의 관계에도 동일하게 적용된다. 다섯 개의 프로세스 음양 쌍에 상기 원리들을 대입해본다.

연계 프로세스 파악: 프로세스 오행 관계

오행의 순환원리를 기업의 경영에 접목시켜 보면 기업 현장에서 발생하고 있는 부서 간의 의견 충돌, 경영상의 난제들에 대하여 왜 이런 문제들이 발생하는지 이해도를 높이는데 용이하게 사용할 수 있다. 특히 프로세스를 새롭게 바꾸거나 변화시키고자 할 경우 왜 그래야 하는지를 납득시키고 공유하기가 매우 힘들다. 그렇지만 프로세스 순환 모델이라고 부를 새로운 모델에서는 많은 것을 함축시켜서 설명할 수 있는 좋은 모델이다. 프로세스의 오행이라 부르는 기업을 움직이는 다섯 가지 기운들은 상생·상극 순환원리에 의하면 나를 돕고·내가 돕고, 나를 극하고·내가 극하는 네 가지 기운을 주고 받는 관계가 형성된다.

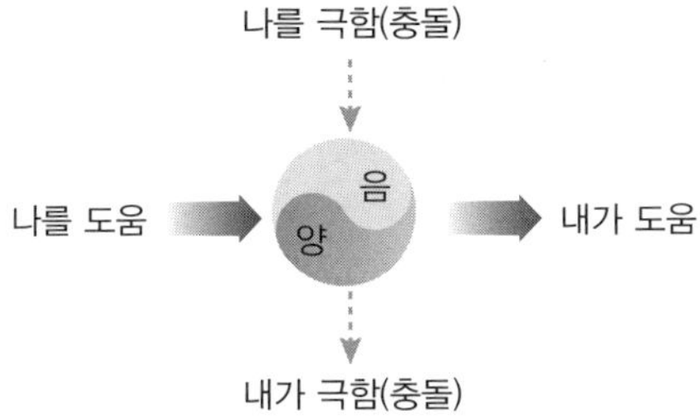

〈그림 12 프로세스 오행 관계〉

기업으로 비유하면 나를 도와주고·내가 도와줘야 하는 부서, 나를 방해하고·내가 훼방을 놓은 부서로 표현 할 수 있다. 사방을 둘러보고 윈-윈 관계를 형성해야 하는 이유라 할 수 있다. 다섯 가지 기운을 설명하고자 한다.

■개발기능과 관련 프로세스

- 개발기능 정의

우리 몸의 오장육부 중 새로운 생기를 만드는 곳이 간이다. 기업에서의 새로운 생기는 신제품을 개발하여 시장에 내놓는 것이다. 이를 위해서 마케팅은 우선 고객의 욕구를 정확히 파악하고 시장의 흐름을 신속하게 감지할 수 있어야 한다. 중장기 플랜에 반영할 수 있는 정보를 제공하는 것도 매우 중요하다. 영업은 기존의 제품을 얼마나 더 팔 것인가에 비중을 둔다면 마케팅은 다분히 새로운 제품을 얼마나 더 개발해야 할 것인지에 초점을 두고 수요를 정확히 파악하여 개발에 신제품개발을 주문해야 한다. 개발은 시장이 요구하는 제품을 경쟁자보다 신속하게 출시하여 이를 토대로 지속적인 매출을 올릴 수 있도록 노력해야 하며 새로운 제품개발 수준은 어떤 상황인지 항상 확인해야 한다.

개발프로세스는 제조업에만 존재하는 프로세스가 아니다. 제조업은 유형의 제품을 개발하는 경우이고 금융이나 서비스 산업은 무형의 제품을 개발하는 것이다. 시장과 고객의 요구를 파악하여 필요로 하는 제품이나 서비스를 제공하는 본질은 같은 것이다. 제조산업의 경우 제품을 설계하고 시장에 내놓는 것을 의미하며 금융산업에서는 새로운 금융상품을 고객에게 제공하는 것, 식품산업에서는 새로운 라면 출시 등과 같이 시장과 고객이 원하는 제품 또는 서비스를 만드는 프로세스이다.

고객의 기호가 다양해지고 신상품에 대한 요구 주기가 단축되고 있는 최근의 경영환경에서는 신제품의 적기 출시에 기업의 사활死活이 걸렸다고 할 수 있다. 예로서 애플이 아이폰이라는 전혀 새로운 개념의 스마트폰을 출시하며 후발 주자로서 시장을 선도해 나가고 있을 때 기존 휴대폰 시장의 부동의 1위를 달리던 노키아는 이러한 변화에 즉각 대응을 하지 못했던 반면 삼성전자는 갤럭시 시리즈를 즉시 출시하면서 적기에 대응을 하였고 다양하게 빠른 신제품을 적기에 공급하기 시작하면서 현재는 애플을 제치고 스마트 폰 판매 세계 1위를 달리고 있다.

도요타 자동차의 경우 미국의 지엠, 포드, 크라이슬러 빅3를 제치고 전 세계 시장을 장악할 수 있었던 것도 타사들이 새로운 자동차 모델을 출시하는데 평균 3년의 기간이 소요되던 시절 -자동차의 차체를 교체하는 데 걸리는 시간이 제약 조건으로서 며칠씩 소요되던 시절이었다 - 도요타는 SMED(Single Minute Exchange of Die) 방법을 발굴하여 차체를 교체하는데 10분 이내의 시간 내에 가능하도록 개선하여 제약 조건을 해결하여 경쟁우위를 갖게 되었다. 신제품 개발 기간, 신제품 적기 출시율을 향상시킨 결과였다.

라면산업의 예를 들어보자, 농심은 신라면이라는 대표 브랜드를 통하여 수십 년째 시장에서 부동의 1위를 지키고 있는 효자상품이 있다. 이런 농심이 고민에 빠졌다는 이야기다. 신라면의 인기가 너무 좋다 보니 농심에서 미래를 대비해서 새롭게 출시하는 라면들이 오히려 자사 제품인 신라면에 밀려 성공하지 못한다는 것이다. 경쟁사들의 제품을 압도해야 하는 것이 정설定說이나 오히려 자사 제품을 죽이는 킬러제품으로 계속 존재한다는 것은 농심 입장에서는 미래에 대한 준비를 역으로 못하게 된다는 것이다. 약 2년 전 한 개그맨의 아이디어로 탄생했던 '꼬꼬면'의 예를 보더라도 어느 날 갑자기 경쟁자들로부터 새로운 제품이 시장을 지배하기 시작할 때 오히려 이를 대응할 능력이 준비되어 있지 않을 경우 갑작스런 몰락을 가져올 수 있는 것이다.

위의 사례에서 볼 수 있듯이 개발과정의 건강 진단 지표로 사용할 수 있는 KPI가 신제품 개발 기간, 신제품 적기 출시율, 신제품 매출 비중 등을 통하여 시장에서 어느 위치에 있는지, 고객의 요구를 신속히 반영하고 있는지를 살펴 볼 수 있다.

금융산업에 있어서도 시티은행의 경우 ATM(Automatic Teller Machine)이라는 새로운 신제품을 출시하여 지점을 운영하는 데 소요되는 비용을 대폭 절감하고 고객과 밀접하게 접근할 수 있는 방법을 제공하여 원가절감에 기여한 사례가 있다. 또한 인터넷의 본격적인 확산과 때를 맞추어 미국의 투자은행인 찰스슈왑은 온라인상에서 증권거래가 가능하도록 하는 신상품을 출시하여 신규고객 창출에 성공한 사례가 있다.

이렇듯 개발 프로세스는 기업의 현재와 미래를 매끄럽게 성장시켜나가는 것을 가능하게 해 주는 매우 중요한 프로세스이다. 이 프로세스가 제대로 작동하지 않을 경우 노키아 사례에서처럼 시장에 사라질 수도 있다. 그러므로 긴장의 끈을 놓지 않고 수시로 체력을 키워야 하는 프로세스이다.

- 개발기능의 상생·상극 관계

자연의 섭리인 오행의 특성을 비즈니스 프로세스에 적용해 보면 각각의 프로세스들 간에 서로 도와주고 충돌하는 (상생·상극: 돕고·충돌하기) 순환 관계를 설명할 수 있다. 이 프로세스 오행 특성은 왜 우리가 프로세스혁신을 해야 하는지를 쉽게 설명해 준다. 프로세스들은 자연적으로 서로 도와주고 파괴하는 특성이 있으므로 관심을 가지고 주시하고 문제를 해결하지 않으면 서로 싸우고 충돌하는 드라마를 연출하게 되는 것이다. 부서 간에 발생하는 불협화음과 부서이기주의가 발생하는 것도 자연스런 현상인 것이다. 본래 성질이 그렇다는 것이다. 흔히 우리가 일상생활에서 여러 사람들을 만나는 경우에도 그냥 호감이 가는 사람이 있는 반면 주는 것 없이 미운 사람을 경험하게 된다. 나와 상호 협력이 잘되는 사람과 나와 사사건건 충돌을 일으키는 사람으로 구분할 수 있다.

같은 맥락으로 비즈니스 프로세스에도 적용해보면 재미있는 현상이 발견된다.

개발과 마케팅 프로세스의 상생상극의 관계를 보면 그림과 같다.

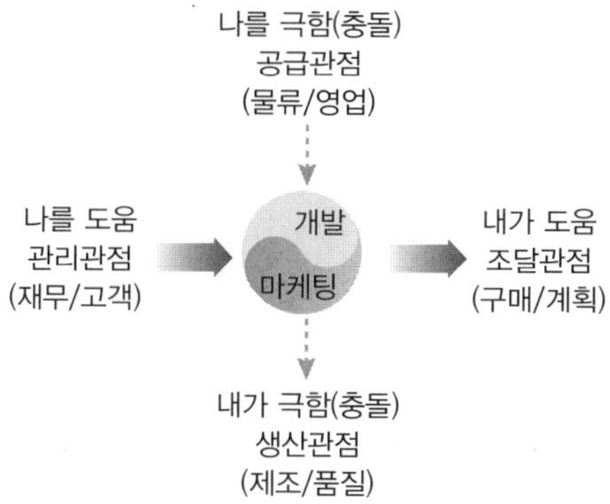

〈그림 13 개발기능 관계분석 다이아그램〉

- **개발이 재무·고객서비스의 도움을 받는다**: 개발의 경우 재무로부터 개발 및 마케팅 활동에 필요한 자금을 충분히 지원 받을 수 있어야 한다. 마케팅은 또한 고객서비스 프로세스로부터 시장과 고객에 대한 정확한 정보를 적기에 전달 받게 되면 수요예측의 정확도를 향상시킬 수 있다.
- **개발이 구매와 계획에 도움을 준다**: 반면 개발과 마케팅은 정확한 시장의 수요와 개발 제품의 정확한 BOM(Bill of Materias) 정보와 사양을

구매 및 생산계획 프로세스에 전달해 주어 수요계획 및 구매계획이 정확히 이루어 질 수 있도록 도와 주어야 한다. 서로 윈-윈 하게 되는 것이다.

- **개발이 제조·품질과 충돌한다**: 제품 개발 단계에서 현장을 무시한 엔지니어들 중심의 개발이 이루어질 경우 양산 단계에서 설계의 오류나 기능 누락에 따른 제조 공정의 혼란 및 수율 저하를 일으키게 된다. 국내 굴지의 S기업이 신경영을 시작할 당시 배경이 되었던 일화 중의 하나가 개발단계에서 제품의 설계가 실제와 다르게 설계된 결과 제조 현장에서 제품을 만들어 놓고 이음 부분이 맞지 않아 조립이 안 되는 상황이 발생하자 작업자들이 이를 맞추기 위해 칼로서 세탁기의 외관을 깎아 내는 일이 발생하여 그룹의 회장이 대로大怒했다는 사례에서 볼 수 있듯이 개발단계에서 잘못된 프로세스는 향후 제조, 출하, 고객 서비스로 이어지면서 지렛대 효과에 따른 악영향의 크기를 키우게 된다. 개발에서 완벽하게 처리했다면 호미로 막을 수 있는 것을 후속 관련 업무에서 처리할 경우 가래로 막는 낭비가 생긴다.
- **개발이 물류·영업과 충돌한다**: 물류와 영업 프로세스는 고객으로부터 주문을 받고 적기에 제품을 공급해 주는 역할을 한다. 이 과정에서 고객에게 전달된 제품들의 제조 공정상 결함이나 품질 문제 등 중대 결함이 적기에 개발에 통보 되지 않을 경우 개발 부서에서는 제품 개선 기회를 놓치게 된다. 자동차의 리콜 같은 항목들이 이에 해당된다. 영업이 자부문의 목표 달성을 위하여 밀어내기 매출을 실시하거나 가수요를 발생시키는 경우 마케팅에서는 수요의 왜곡을 일으킬 수 있다.

조달기능과 관련 프로세스

▪ 조달기능 정의

우리 몸의 심장이 혈액을 온몸 구석 구석까지 공급하여 영양분과 산소를 공급하는 것과 같이 조달은 기업에서 필요로 하는 모든 것을 구매해서 적기에 사용할 수 있도록 공급해 주는 것이다. 제품 개발에 필요한 원부자재뿐만 아니라 공장을 가동하는데 필요한 각종 설비, 소모품, 공구류, 기계류 등 외부로부터 구입하는 모든 것을 적기에 공급해야 한다. 필요한 부품을 적기에 공급하기 위해서는 이를 필요로 하는 생산계획이 정확해야 한다. 부품의 재고 수준을 파악하여 필요한 자재 소요량이 계산되면 자동으로 발주를 나타내는 기능이 있다. 계획의 변동이 커지게 되면 자동으로 발주를 내기가 어려워진다. 생산계획과 조달계획을 긴밀하게 연결하여 운영해야 한다.

구매는 기업의 인풋을 담당하는 프로세스로서 좋은 원재료와 부재료를 적기에 최적의 비용으로 공급해야 한다. 자재의 공급이 원활하지 않을 경우 제조에 차질을 일으켜 신제품 출시에 막대한 영향을 끼칠 수 있다.

반면 자재를 고가로 구입할 경우 원가 상승 압력으로 인하여 가격경쟁력을 상실하게 하는 요인으로도 작용하므로 원가 중 재료비 비중의 관리가 필요하다. 자재 발주의 효율성을 관리하기 위하여 자재소요계획(MRP: Material Requirement Planning)에 의한 자동 발주율도 중요하다. 왜냐하면 정해진 부품구성표에 따라 예정된 생산량을 제조하는데 필요한 부품들을 정해진 생산계획에 따라 추가의 수작업 없이 업무를 처리하는 수준을 보여준다. 만일 필요한 부품들의 소요량 산출이 부정확하거나 수작업 처리에 의한 오류 발생 시에는 필요한 수량 과다로 인하여 원부자재 재고일수의 증가로 인한 금융 비용 부담 등 낭비가 발생하고 원가 상승의 요인으로 작용한다.

계획은 고객의 주문 요구량과 납기에 대하여 고객의 만족도 제고와 기업내 효율을 최적화시키는 생산 계획을 수립하여야 한다. 물론 고객의 요구를 100% 만족시키는 것이 중요하긴 하지만 그 요구를 충족시키기 위하여 무한정 생산능력을 증대시킬 수 있는 것도 아니다. 왜냐하면, 수요가 줄어들거나 없어졌을 경우 유지 부담도 고민해야 하는 것이다. 그러므로 고객과의 긴밀한 협조하에 적정 서비스 수준을 설정하고 이를 내부자원을 최적화 하여 공급하는 전략을 수립해야 한다.

생산계획을 수립할 경우 제약 조건 등이 명확히 공유되지 않으면 계획의 실행 가능성이 낮아지며 잦은 계획 변경을 유발하게 된다. 이 경우 후속으로 파급되는 제조현장의 긴급 작업변경 이에 따른 재공의 이동, 품질관리 변경, 주문 변경 등이 발생한다.

제조현장은 수립된 계획을 철저히 이해해야 하지만 계획수립 부서는 계획 자체의 정확도를 향상시키기 위해 끊임없이 노력해야 하며 특히 시장의 수요의 변동을 흡수할 수 있도록 유연성을 확보해야 한다.

■조달기능의 상생·상극 관계

구매와 계획 프로세스의 상생상극의 관계를 보면 그림과 같다.

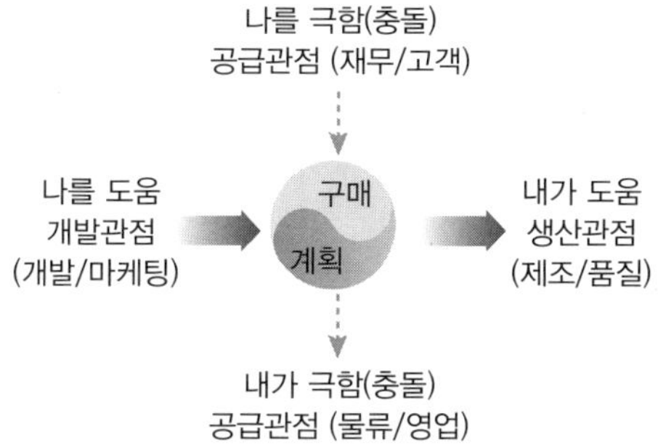

〈그림 14 조달기능 관계분석 다이아그램〉

- **조달이 개발·마케팅의 도움을 받는다**: 신제품 개발 시 원부자재 수급에 필요한 부품 구성표 및 리드타임의 정보를 구매에 정확히 전달해 주면 구매는 자재소요계획을 정확히 수립할 수 있다. 마케팅으로부터 수요에 대한 합의된 정보를 계획 수립에 전달해 주면 수요계획, 공급계획의 오차를 줄일 수 있다. 만약 합의되지 않은 정보를 전달할 경우에는 각 부서마다 오차를 미리 감안하여 자기들만의 계획을 수립하는 중복 작업이 발생하며 완충지대인 버퍼buffer로서 재고를 유발시키는 행동을 하게 된다.
- **조달이 제조·품질을 도움을 준다**: 제품 생산을 위한 원부재료가 적시에 공급되지 않거나 재고 부족으로 인하여 부품의 결품이 발생하면 제조는 가동을 중단하는 일이 발생한다. 입고되는 부품의 품질이 불량일 경우 제조에서는 불량을 유발시키기도 한다. 생산계획 및 공급계획의 중요성은 아무리 강조해도 지나치지 않는다. 생산계획이 자주 변경이 되고 공급계획 또한 확정을 못할 경우 제조는 변동에 대응하

기 위하여 재고를 확보하거나 계획과 무관하게 자부문의 목표달성을 위한 생산을 독자적으로 수행하는 경우도 발생한다. 그러므로 계획에서는 수요와 공급 및 판매가 반영된 단일화된 생산계획을 제조에 제공하고 계획대로 제조는 실행할 것을 요구하며 차질 발생 시 수시로 보완하여 수정된 계획을 제공해야 한다.

- **조달이 재무·고객과 충돌한다:** 손익관점에서 수익 개선을 위한 구매단가의 무분별한 인하 요구는 구매의 본업인 양질의 원부자재 공급을 포기하고 단순히 저렴한 원부재료로 대체하여 제조 공정에서의 원부자재성 불량 발생을 야기시킨다. 무리한 재고일수 감축 요구는 안전재고 부족으로 인한 부품결품을 야기시킬 수 있다. 고객의 과잉주문이 걸러지지 않으면 가수요가 발생하여 계획 수립에 변동을 크게 한다.
- **조달이 물류·영업과 충돌한다:** 공급계획이 잦은 변동을 일으키면 물류의 출하 및 배송계획이 자주 흔들리게 되고 궁극적으로 물류비를 증가시킨다. 공급계획이 자주 변하게 되면 영업 또한 변동을 만회하기 위하여 판매계획에 가수요를 반영하여 수요에 왜곡을 일으키게 된다.

생산기능과 관련 프로세스

생산기능 정의

우리 몸의 비장은 기와 혈을 만드는 공장이라고 하였다. 우리 몸을 순환시킬 재료들을 만든 곳이다. 제조 프로세스 또한 유사한 기능을 수행한다. 제조는 고객에게 판매하기 위해 원부재료를 사용하여 필요한 제품을 만드는 공장이다. 제품을 싸고, 좋게, 빠르게 만드는 것이 기본 임무이다. 품질은 제조에서 만든 제품이 고객에게 전달해도 문제가 없는지 품질을 보증하는 역할을 수행한다. 생산관점에서 중점을 두어야 할 것은 수립된 계획대로 제품이 만들어지고 있고 품질 수준은 이상없이 관리되고 있는지를 수시로 확인해야 한다.

제조단계에서는 무엇보다도 수립된 생산계획을 제대로 실행하고 있는지를 관리해야 한다. 계획 대비 실적의 차이가 결국은 제조의 능력을 가늠하는 지표가 된다. 차이가 크면 클수록 계획의 정확도가 낮거나 제조의 생산능력이 계획대로 달성을 못하는 경우가 발생하기 때문이다.

그러나 많은 경우 계획대비 실적의 차이가 발생 시 이전 계획을 무시하고 제조 자체적인 판단에 따라 계획과 동떨어진 제품을 단지 제조의 부문 최적화를 목적으로 생산하는 경우가 있다. 이런 현상이 계속될 경우 앞 공정인 계획 기능의 개선을 기대하기 어렵고 복합적인 원인들로 인하여 정확한 규명이 어려워지게 된다.

도요타 자동차의 JIT생산 방식이 좋은 예라 할 수 있다. 작업현장에 필요한 부품들을 필요한 시기에 필요한 양만큼 보충해 주는 방식이다. 이는 작업장 주변의 불필요한 재고 확보 또는 부족에 따른 생산 차질을 미연에 방지하고 계획된 대로 생산을 하고 마무리하여 공정의 재공再工을 없앤 좋은 사례이다. 사용하고 남은 잉여는 과거에는 좋았을지 몰라도 스피드를 강조하는 오늘날에는 잉여는 불용不用재고로 변하게 되고, 우리 몸에서는 불필요한 지방으로 남아 모든 병의 근원이 되게 된다.

불용재고의 피해는 단순히 재고보관으로만 끝나는 것이 아니다. 불용재고를 운반하는 비용, 운반 후 유지하는 비용, 시간이 지남에 따라 자연 감모에 의한 폐기 비용, 선별하는 재 작업을 위한 계획의 변경 등 폐해는 눈덩이처럼 불어난다. 특히 완성품을 조립하는 산업에 있어서는 부실의 큰 원인 중 하나이다.

품질은 우선 잘못 만들어진 제품이 고객에게 전달되는 것을 막아야 한다. 품질의 품자를 한자로 써 보면 品으로 입(口)이 3개가 모여있다. 여러 사람의 입에 오르내린다. 입에서 입으로 제품에 대한 평가가 전해진다는 것이다.

그러므로 불량제품이 고객에 유출되었을 경우 피해는 단순히 새로운 제품으로 보상을 해주는 것으로 끝나는 것이 아니고 고객의 불편에 따른 시간 낭비, 주변 사람들에 대한 사용 후기 등으로 인하여 계산하기 힘든 손실을 수반한다.

기업내부로 들여다 보면 반품된 제품을 접수하여 수리 또는 재작업의 과정을 거치게 되면 이미 설계, 개발, 제조 과정을 거치면서 투입되었던 원가에 추가로 비용이 발생하여 원가 상승의 압박 요인이 된다. 특히 잘못 설계되었던 제품의 경우 설계 단계 아니면 최소한 개발 단계에서 확인이 되었더라면 제조나 출하과정을 거치기 않게 되므로 추가 비용 발생을 제거할 수 있다. (제품 개발의 지렛대 효과 검토) 이렇기 때문에 순환카드에서 볼 수 있듯이 개발 프로세스는 제조·품질 프로세스를 극할 수 있음을 보여 주고 있다.

불량품을 유출하게 되는 원인에는 검사원들의 1, 2종 과오로 인한 원인도 무시할 수 없다. 양품을 불량으로 판정하여 내보내는 과오, 불량을 양품으로 내보내는 과오 둘 다 작업자의 실수에 의한 것이다. 작업자들에 대한 재교육 및 검사 시스템 보완이 필요하다.

■ 생산기능의 상생·상극 관계

제조와 품질 프로세스의 상생상극의 관계를 보면 그림과 같다.

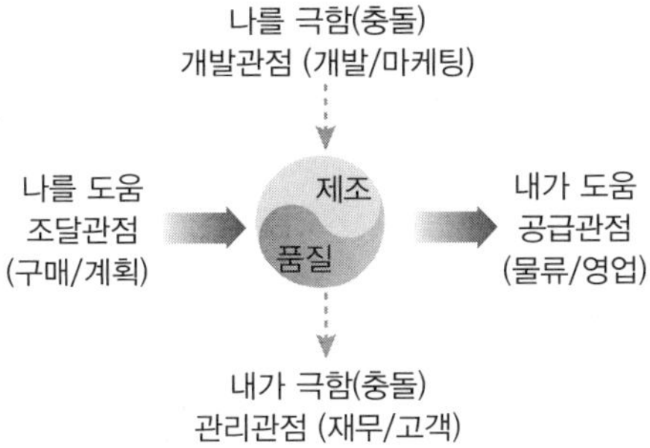

〈그림 15 생산기능 관계분석 다이아그램〉

- **생산이 구매·계획의 도움을 받는다**: 양질의 원부자재를 적기에 공급해 주면 제조는 계획대로 제품을 만들면 되는 것이다. 계획 또한 일정 구간 변동 없이 확정된 생산계획을 제조에 제공해 주면 제조는 갑작스런 기종 변경 없이 안정적으로 생산을 유지할 수 있다.
- **생산이 물류·영업에 도움을 준다**: 제조는 주어진 계획대로 제품을 생산하여 물류와 영업에 제공해 주면 되는 것이다. 품질 또한 불량제품들을 정확히 선별하여 고객에게 불량품이 전달되지 않도록 검사를 철저히 해야 한다. 또한 제조가 생산의 유연성을 개선하여 최소 주문 단위의 크기를 계속 줄여줄 수 있다면 영업은 고객으로부터 주문 접수 시보다 더 미세한 주문을 확보할 수 있으며 재고 수준도 절감할 수 있다.

- **생산이 개발·마케팅과 충돌한다:** 시장 중심의 제품개발이 필요하다. 단종된 제품의 관리가 미흡할 경우 제조는 불필요한 제품을 생산하게 된다. 또한 개발완료 기준과 양산 이관 기준이 명확하게 정의되고 개발은 양산이 가능한 수준까지 제품개발의 완성도를 높인 후 제조에 이관하여야 한다. 수요예측의 부정확은 생산계획을 경유하여 제조의 변동성을 키워 생산의 안정을 저해한다.
- **생산이 재무·고객과 충돌한다:** 제조 현장의 생산성 향상이나 효율 개선을 지나치게 자부문 중심으로 진행할 경우 작은 생산성 향상을 위한 과잉 인풋으로 인하여 타 부문으로 전가된 원가가 역으로 증가하여 손익을 악화시키는 현상 발생. 제조의 생산성 저하나 가동율 저하는 제조원가의 상승을 초래함. 수요예측의 변동을 감안하여 시장이나 고객의 수요에 대한 신뢰부족으로 인하여 수요보다는 제조의 생산성 목표 달성을 위한 제품생산에 몰입한다.

공급기능과 관련 프로세스

■공급기능 정의

공급관점은 우리 몸의 오장 중 허파와 비유되는 기능이다. 허파는 호흡을 주관하는 곳으로서 몸과 외부와의 소통을 주관하는 곳이다. 외부로부터 산소를 공급받아 생기를 살리고 소화되고 남은 이산화탄소를 외부로 배출하는 것이다. 공급관점은 우리 외부인 고객과 직접 만나는 곳이다. 고객이 주문한 제품을 적기에 공급하여 고객의 소비나 생산에 차질이 없도록 해야 한다. 이 과정을 통해 영업은 가급적 실제 고객의 수요를 정확히 파악해 주문을 받고 더 많은 제품을 판매하기 위한 노력을 기울여야 한다.

제조에서 생산된 제품들의 정확한 재고관리를 통하여 고객에게 납기를 약속한 일자에 정확히 공급하는 적기공급률(On Time Delivery)지표가 중요하다. 도요타의 JIT(Just In Time)방식이 가장 대표적인 사례라 할 수 있다. 여기에서도 단순히 총량개념의 적기공급율만을 고려할 경우 실제 고객이 원하는 상세 제품별 변동폭을 관리를 못함으로 인한 고객의 불만이 발생한다.

물류는 크게 외부로부터 가져온 부품들의 입출고를 관리하는 조달물류, 공장내 제조현장의 제품 이동을 관리하는 공장내 물류, 외부로 제품을 보내는 출하물류로 3단계로 볼 수 있다.

출하의 경우 적기공급율(OTD)이 중요한 관리지표이다. 고객과의 약속이 제대로 지켜지고 있는지를 파악할 수 있는 좋은 지표이다. 고객이 요구한 양을 고객이 요구한 일자에 정확히 공급했는지를 측정하는 지표이다. OTD가 저조할 경우 뭔가 기업내부에 문제가 발생하고 있음을 직감할 수 있다. 우선 고객단계부터 점검해 들어가 보면 차량 수배가 지연되어 공급 차질이 생기고 있는 것인지, 재고관리의 부정확으로 인하여 출하할 제품이 없는 것인지, 제조 현장의 문제로 인하여 출하할 물량을 정시에 생산을 못하고 있는 것인지, 주문 수량의 변동 및 오류로 인하여 생산계획의 오류를 유발한 것인지 역으로 추적이 가능해진다.

■공급기능의 상생·상극 관계

물류와 영업 프로세스의 상생상극의 관계를 보면 그림과 같다.

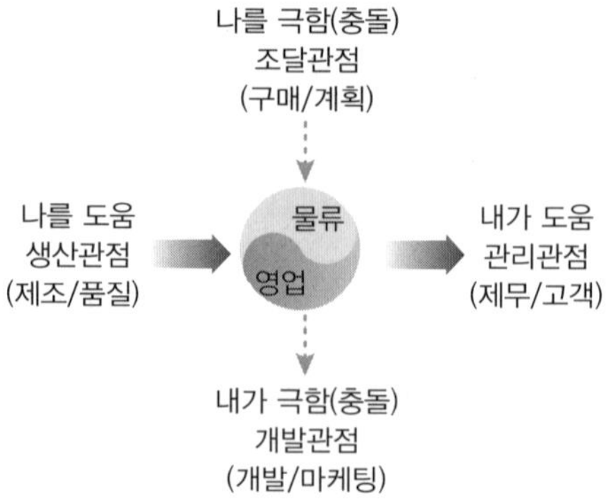

〈그림 16 공급기능 관계분석 다이아그램〉

- **공급이 제조·품질의 도움을 받는다:** 제조로부터 계획대로 실행하여 약속한 시간에 품질 좋은 제품을 공급해주게 되면 물류는 적기에 고객에게 제품을 공급할 수 있으며 영업 또한 고객 만족을 충족시킬 수 있다.
- **공급이 재무·고객에 도움을 준다:** 영업이 수요변동폭을 줄이기 위하여 예측보다는 실수요를 관리하게 되면 실수요에 입각한 계획 및 실적관리가 이루어지면서 계획의 정확도가 향상되면 부실재고를 줄임으로써 재무의 손익관리에 기여하게 된다. 또한 적기에 정확한 제품을 고객에 납품하여 공급의 신뢰도를 높이면 고객의 만족도 향상 및 수요관리의 정확도 향상에도 기여한다.
- **공급이 구매·계획과 충돌한다:** 생산계획의 잦은 변경은 영업으로 하여금 필요한 제품 확보에 비상이 걸리므로 안전 장치를 위하여 필요 이상의 가수요를 유발하게 한다. 가수요를 만약 충족시킨다면 이는 불필요한 재고가 존재하고 있었던 것을 의미하고 가수요를 충족 못 시

키는 경우는 계획의 변경으로 인하여 타 부문에서 계속 계획 수정이 발생하는 악순환이 되풀이 된다.

- **공급이 개발·마케팅과 충돌한다:** 영업의 가수요는 부정확한 시장 정보를 제공하게 되므로 마케팅의 수요예측에도 영향을 주게 된다. 수요관리의 정확도가 떨어지게 되면 수요를 충족시키기 위한 공급계획이 부실해지고 결국 영업의 판매계획 마저 부메랑효과로 인해 신뢰도가 떨어지게 된다.

관리기능과 관련프로세스

관리기능 정의

우리 몸의 신장과 방광에 해당하는 곳이다. 신장은 정력과 생식을 담당하는 곳으로서 다음 세대를 이어갈 에너지를 저장하는 곳이다. 신장은 또한 물의 기운을 관리하는 곳으로 오행에서 수는 지혜와 재물을 뜻한다. 재무는 기업의 생명줄이라 할 수 있는 자금을 관리해야 한다. 자금이 고갈되면 기업은 새로운 투자 여력이 사라져 기존의 제품과 생산능력으로 근근이 연명하다 마지막엔 생을 마감하게 된다. 다음 세대가 없어지게 된다. 따라서 재무는 새로운 개발을 위한 자금을 확보하고 관리해야 한다. 고객 서비스는 자금을 만들어 주는 제품에 대한 가치에 돈을 부여해주는 고객관리를 철저히 해야 하는 곳이다. 고객의 불만처리, 고객이탈 방지 등의 역할을 수행해야 한다. 한번 실망한 고객이 악성 고객이 될 경우 입소문에 의한 파급력은 300배 이상으로 늘어난다는 법칙을 상기해야 한다. 앞서 이어지는 개발-구매-제조-출하의 선순환이 이루어지면 고객으로 매출이 발생하여 이익을 실현하게 된다. 기업의 정이라고 할 수 있는 돈이 들어오게 되는 것이다.

많은 기업들이 ERP시스템을 구축하는 초기의 목적이 회계장부와 실물의 일치이다. 물류의 흐름과 돈의 흐름 그리고 경리와 관리의 일치가 이루어져야 정보의 투명성과 정확성이 확보되어 올바른 의사결정을 할 수 있는 것이다.

■관리기능의 상생·상극 관계

재무와 고객서비스 프로세스의 상생상극의 관계를 보면 그림과 같다.

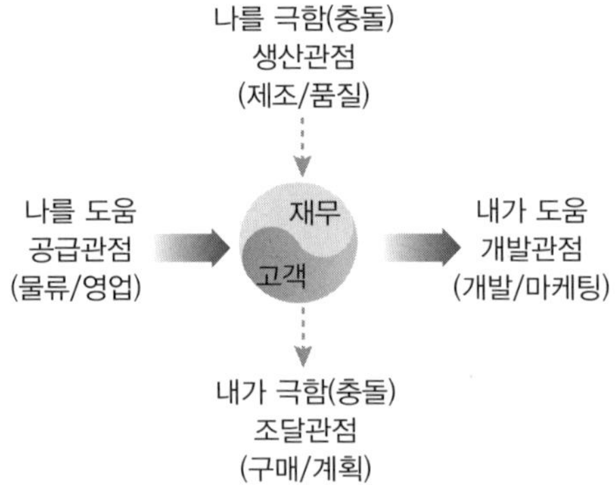

〈그림 17 관리기능 관계분석 다이아그램〉

• **관리가 물류·영업의 도움을 받는다:** 고객별, 제품별, 모델별 판매 정보는 재무의 수익성 분석에 매우 중요한 정보이며 실행계획의 차질 원인 분석에 활용한다. 유통 채널상에 존재하는 고객의 재고들을 실수요 관리를 통하여 최소화시키게 되면 반품이나 부실재고에 대한 부담을 절감할 수 있다. 적기에 제품을 공급함으로써 고객의 만족도 향상도 기여한다.

- **관리가 개발·마케팅에 도움을 준다**: 재무는 여유 자금을 확보하여 신제품 개발에 투자하고 지속적인 신제품 매출 비중을 개선할 수 있도록 지원해주면 되는 것이다. 고객서비스는 고객의 충성도 확보 및 이탈고객 방지를 통하여 신뢰도를 강화하고 고객의 수요를 정확하게 관리할 수 있도록 영업과 마케팅을 지원해 주면 되는 것이다.
- **관리가 제조·품질과 충돌한다**: 관리가 통제 위주로 강하게 원가 및 예산, 투자를 관리하게 될 경우 품질 개선 및 생산성 향상을 위한 근본적인 개선이 뒤쳐지게 되고 현상 유지 수준으로 제조가 운영된다. 추가 개선의 기회를 놓치게 된다. 관리는 통제도 좋지만 개선을 통한 원가절감, 생산성 향상도 요구해야 추가적인 손익개선을 얻을 수 있는 것이다.
- **관리가 구매·계획과 충돌한다**: 손익관점에서 수익 개선을 위한 구매단가의 무분별한 인하요구는 구매의 본업인 양질의 원부자재 공급을 포기하고 단순히 저렴한 원부재료로 대체하여 제조공정에서의 원부자재성 불량 발생을 야기시킨다. 무리한 재고일수 감축 요구는 안전재고 부족으로 인한 부품 결품을 야기시킬 수 있다. 고객의 과잉 주문이 걸러지지 않으면 가수요가 발생하여 계획 수립에 변동을 크게 한다.

프로세스 순환 원리 파악

프로세스지도를 통하여 전사의 프로세스 흐름을 이해하고 각 부서의 역할과 책임(Role & Responsibility)을 확정할 수 있지만 이는 글자 그대로 길을 찾기 위한 지도를 확보한 것이다. 지도에도 독도법이 있어서 각종 기호 및 표시를 보고 길을 찾아가는 법을 배운다. 프로세스지도에도 독도법이라 부를 수 있는 프로세스 순환 원리와 프로세스들 간의 순환 관계를 익히면 프로세스지도를 보다 쉽게 이해할 수 있을 것이다.

사실 이 부분이 제일 힘든 부분이다. 프로세스지도를 상세히 그리더라도 흐름을 따라 가다 보면 전체를 놓치게 되고 집중력이 떨어지게 되는 것이다. 순환 원리에서 이해시키고자 하는 것은 프로세스 하나 하나의 흐름과 절차를 알리려는 것이 아니다. 직원들이 자기가 하고 있는 일에 대한 정확한 이해와 자신의 일을 둘러싸고 있는 전후 관계에서 진행되는 업무를 이해하여 협업을 강화하라는 것이다. 전사 프로세스의 가시성을 확보한 후 운영상태를 모니터링하고 분석을 통하여 문제 발굴 및 개선 방안을 찾는 것이다.

프로세스 순환 원리에 대하여 새로운 쉬운 설명 방법을 『동의보감』을 통해서 발견하였다. 우리 인체의 순환원리와 기업의 프로세스 순환원리가 같은 방식으로 운영되고 있고 인체의 오장육부가 기업의 프로세스와 매치되는 재미있는 현상을 지금부터 설명하고자 한다.

▪상생: 나 너 좋아해 너도 나 좋아해

공간적 개념인 '목 화 토 금 수' 오행들 간에는 순환의 사이클이 존재하며 특히 순환 사이클이 상호 간에 도움을 주는 서로 상생하는 사이클인 목生화, 화生목, 토生금, 금生수, 수生목 (木→火→土→金→水→木)이 있다. 위의 상생의 순서를 보면 나무부터 시작하여 시계 방향으로 순환이 된다. 나무는 불이 타도록 도와주는 관계이고 불은 나무를 태워 재를 만듦으로써 흙을 보태 주고 흙은 쇠를 품고 보관하며 쇠는 녹으면 물이 되고 물은 나무가 성장하는 밑거름이 된다. 5가지의 기능이 선순환善循環을 일으키는 좋은 구조이다. 오행과 우리 인체의 장기 간에도 같은 성질이 있다.

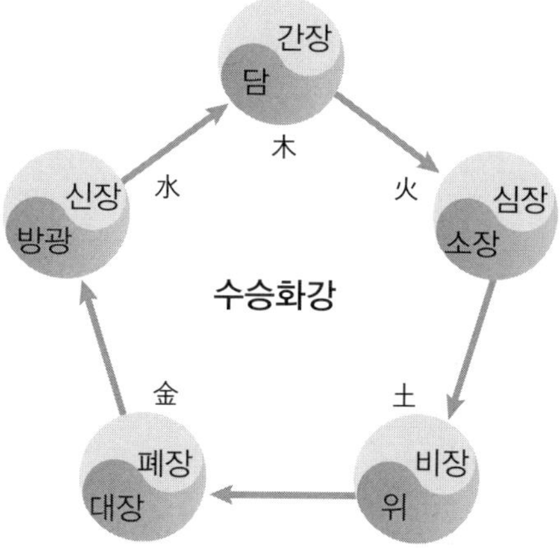

오장부터 살펴보면, 새로운 기운을 만들어내는 간은 곧게 뻗어나가는 목木의 기운을 갖고 있고, 우리 몸의 군주로서 혈액을 몸의 구석구석까지 공급하는 심장은 발산하는 불인 화火의 기운을 갖고 있고, 피를 만들어내는 공장인 비장은 변화의 기운을 내포하는 흙인 토土의 기운을 갖고 있으며, 호흡을 통하여 몸의 안과 밖으로 산소와 이산화탄소를 교환하는 허파(폐장)는 수렴하는 금金의 기운을 보유하고 있고, 마지막으로 정액을 관장하는 신장은 응축하는 수水의 기운을 간직하고 있다. 육부는 오장과 음양 한 몸으로 이루어져 있으므로 오행의 관계도 동일하게 적용된다. 담은 목木기운, 소장은 화火기운, 위는 토土기운, 대장은 금金기운, 방광은 수水기운을 각각 갖고 있다. 따라서 오장육부에 있어서도 상생의 관계는 '목 화 토 금 수'인 '간 심 비 폐 신' 순으로 순환이 이루어지는 것이 상생의 순환이다.

■ 수승화강水丞火降

상생의 순환 중 우리 몸이 정상적으로 작동하기 위한 순환의 순서로서 차거운 기운이 올라가 더운 기운을 식혀 주고 다시 같은 사이클이 반복되는 것이다. 시계 방향 순으로 돌아가면서 상생관계를 설명한다.

심장은 우리 몸의 군주이며 혈액 순환을 책임지고 있다. 혈액의 순환이 정상적으로 이루어지면 비장을 생하게 하여 새로운 혈액의 생성이 원활해지도록 한다. 비장에서 생성된 혈액이 허파에 도달하게 되면 외부 공기와 호흡작용을 통하여 신선한 공기를 혈액 속에 공급하여 기를 온몸에 퍼뜨리게 된다. 이 작용을 통하여 신장에서 만들어진 정(진액)이 간에 연결되고 간을 해독 작용 등을 통하여 우리 몸의 독소들을 제거한다. 이렇게 돌아가는 상생 사이클 중에서도 우리 몸의 순환에 핵심이 되는 순서가 있다. 바로 수승화강이다.

수승화강은 오장 중 물의 기운을 관리하는 신장으로부터 차거운 물의 기운이 간으로 올라가서 열을 식히고 추가로 불의 기운을 관리하는 더운 심장을 식혀주고 다시금 차가운 공기를 흡입하는 허파를 거쳐 신장으로 되돌아 오는 일종의 냉각시스템이라는 것이다. 이 순환과정이 잘 이루어져야 우리 몸의 상체와 하체의 열이 균형을 이루면서 몸을 건강하게 유지할 수 있다는 것이다.

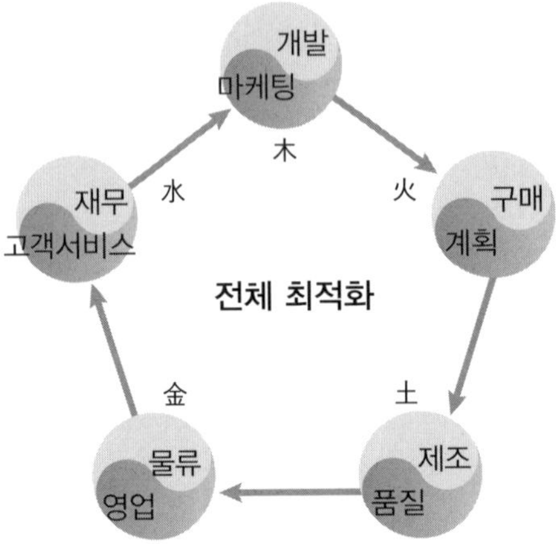

〈그림 18 프로세스 관계분석 다이아그램〉

■ 전체 최적화

기업에 있어서도 유사한 사이클이 존재한다. 시장으로부터 고객의 수요를 정확히 파악하여 주문과 납기를 받아오게 되면 이를 토대로 현재 보유하고 있는 재고를 감안하여 추가로 필요한 생산량을 계산하고 필요한 재료들을 적기에 공급한 뒤 계획에 따라 제품을 생산하고 고객에게 공급하고 최종적으로 대금을 회수하는 사이클이다. 전체 프로세스가 서로 협업을 하면서 물 흐르듯 진행을 하는 것이 전체 최적화의 개념이다.

■상극: 나 너 싫어해 너도 나 싫어해

목 화 토 금 수 오행들 간에는 선순환과 방향이 반대인 반시계방향으로 진행되는 악순환의 사이클도 존재하며 특히 이 악순환 사이클은 상대방을 극하는(충돌하는) 상극의 관계인 목克토, 토克수, 수克화, 화克금, 금克목, (木 ↘ 土 ↘ 水 ↘ 火 ↘ 金 ↘ 木)이 있다. 나무는 흙을 뚫고 새로운 싹을 키우기 때문에 흙을 극한다. 흙은 흐르는 물을 가로막고 가둘 수 있으므로 물을 극한다. 물은 불을 끌 수 있으므로 불을 극한다. 불은 쇠를 녹이므로 이를 극한다. 쇠는 도끼로 비유하면 나무를 꺾으므로 쇠는 나무를 극한다는 원리가 성립된다. 그림에서 점선으로 표시된 관계이다.

■음허화동陰虛火動

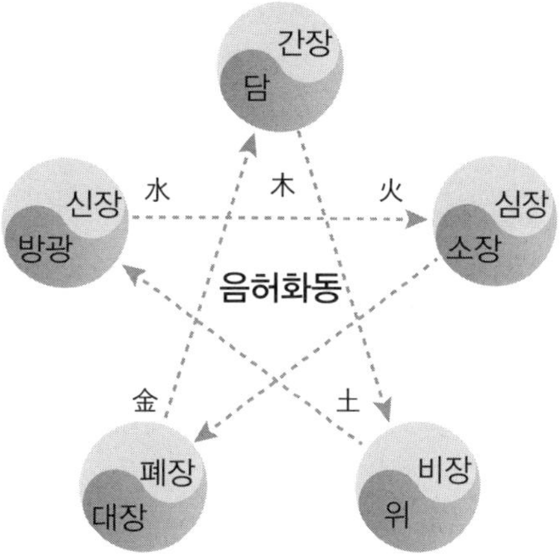

그림을 보면 상생관계는 없고 상극관계만 있는 것이다. 시계방향 순으로 돌아가면서 상극관계를 설명한다. 간은 비장을 극한다. 피를 저장하는 간이 너무 많이 저장만 하고 순환이 제대로 이루어지지 않을 경우 피를 만들어내는 비장의 기능이 약화될 수 있다. 심장이 폐를 극한다. 심장은 양의 기운이고 폐장은 음의 기운이다. 양의 기운이 강하여 음의 기운을 해치게 되면 역시 수승화강의 싸이클이 무너지게 된다. 수렴의 기운인 폐가 화 기운에 눌려 제기능을 못하고 이는 신장에 영향을 미쳐 결국 심장의 열을 제대로 식히지 못하는 경우가 발생한다.

비장은 신장을 극한다. 비장은 소화를 담당하고 있는데 비장이 허하게 되면 배가 불러 오르고 오줌이 잘 나가지 않고, 비장이 강하면 몸이 무겁고 배가 쉽게 고프며 발을 잘 쓰지 못하며, 비장의 기운이 지나치면 대소변이 제대로 나오지 않는다. 소변을 관장하는 신장과 방광의 기능이 저하되는 상극 관계이다. 폐는 간을 극한다. 폐는 음으로서 수렴의 기운을 갖고 있다. 음의 기운이 너무 강하면 새롭게 돋아날 양기를 누르게 되어 간이 제기능을 못하게 된다. 이어서 간의 부족한 기능을 심장에게 전가하여 심장까지 부실하게 만든다. 신장은 심장을 극한다. 신장은 음의 기운인 수를 나타낸다.

신장이 약하여 물이 심장에 제대로 공급되지 않으면 음허화동이 발생하여 심장의 열이 식지 않고 몸에 떠다니게 되어 얼굴이 뜨거워지는 현상 등이 발생한다. 이것이 바로 음허화동이다. 음허화동은 신장의 기능이 약해진 경우 냉각시스템에 고장이 발생하는 것이다. 차가운 기운이 충분히 간과 심장에 공급이 되지 않으니 열이 식지 않아 간과 심장이 뜨거워지는 것이다. 이어서 뜨거운 열이 허파와 신장을 헤치게 되어 순환구조가 깨지면서 상체는 뜨거워지고 하체는 차가워지는 불균형이 발생하는 것을 말한다. 음이 허해지니 화가 떠돌아 다니는 것이다.

■ 부서이기주의

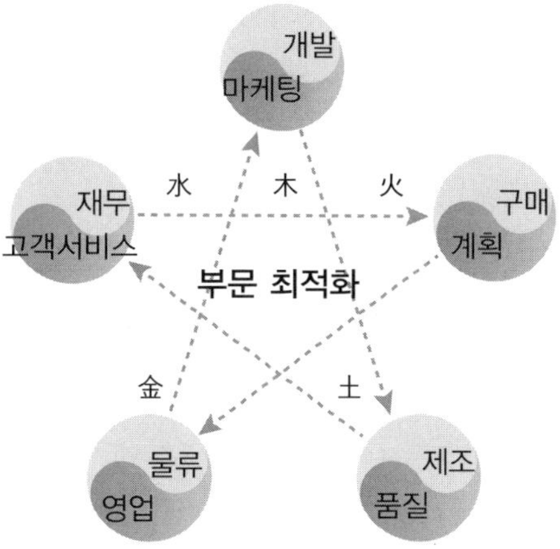

기업의 경우 유사한 사례가 발생하는 데 일종의 채찍효과라 불리는 현상으로 설명할 수 있다. 앞서 설명한 전체 최적화 사이클에 있어서 고객의 불확실한 수요에 대응이 미흡하여 주문단계에서 주문량의 변동이 발생하는 경우이다. 냉각기가 고장난 경우이다.

주문량의 변동은 계획단계의 변동성을 유발하게 되고 이는 구매단계에서의 재료의 재고수준의 변동성을 촉발시키게 된다. 앞에서의 변동을 감안하기 위하여 중간에 완충장치인 버퍼를 두게 되는데 이것이 대부분의 경우 각 단계마다 안전재고를 확보하는 것이다. 그러므로 계획에서 고객의 변동을 감안한 버퍼는 구매단계에 더 큰 버퍼를 유발하고 제조단계 역시 자신만의 버퍼를 확보하면 물류단계에서도 완제품 확보를 위한 재고를 과잉으로 가져가게 되는 것이다. 냉각기 앞 단계의 고장이 전체 사이클에 미치는 악영향이다. 결국 전체 프로세스가 협업을 하기보다는 각자 자기 만의 효율을 높이기 위안 부서 이기주의를 만들게 되는 것이다. 당연히 전체 효율은 저하되고 최악의 경우 악성재고를 폐기하는 일까지 발전하게 된다.

■과유불급·하향 평준화

기업을 운영하다 보면 어느 특정 프로세스나 부서에 많은 자원들이 할당되는 경우를 종종 볼 수 있다. 이는 기업의 태생상 발생하는 경우도 있고 최고 경영자의 경험이나 관심으로 인하여 발생할 수 있다. 만약 어떤 기업이 제품을 개발하는 기술에 중점을 두고 탄생하고 성장하였을 경우 많은 구성원들은 기술개발이 핵심 역량이라 믿으며 우수한 인력과 자원들을 기술개발에 투입하게 된다. 또한 최고 경영자가 영업의 배경을 갖고 성공사례를 경험했을 경우에 자연스럽게 조직의 자원이 영업 중심으로 쏠리게 된다. 편중현상이 생기는 것이다.

오행에서 선순환 관계인 상생 관계를 설명했다. 그러나 상생관계에 있어서도 다섯 기운들이 서로 균형을 이루면서 도와주는 관계가 필요하다는 것이다. 과유불급過猶不及이 있다. 무엇이든 지나친 것은 미치지 못한 것과 같다라는 뜻이다. 오장의 상생관계에서도 간이 너무 비대해지면 간이 살려줘야 할 심장을 오히려 극하는 상황이 전개된다는 것이고 심할 경우 심장이 약해지면서 비장에까지 악영향을 줄 수 있다는 것이다.

운영 프로세스에서도 개발의 기운이 너무 강할 경우 다시 말해 조직의 많은 역량이 개발에 집중되고 개발이 난무할 경우 신제품 개발이 너무 과다하여 내부의 역량을 벗어날 경우 무문별하게 증가하는 다양한 제품들을 위하여 구매에서는 원부재료 조달에 문제가 발생하게 된다. 잦은 설계 변경이나 긴급 자재 수급 요청들이 빈번하게 이루어지다 보면 자재 부족에 의한 생산 중단 가능성이 높아지게 되고 이를 방지하기 위하여 원부자재 재고를 비축하게 되는데 이에 대한 재고관리가 정확히 이루어지지 않을 경우 제품 단종에 따른 불용 재고들이 증가하게 되고 개발에서의 변동을 흡수하기 위하여 적정 수준이상의 원부자재 재고를 보유하는 문제가 발생한다.

다음은 구매의 기운이 강할 경우이다. 구매 자부문만을 위한 목표에 충실하게 행동을 하는 경우이다. 부품 조달 시 부품의 품질보다는 구입 가격에 비중을 두고 원부자재를 공급할 경우 제조에서는 생산과정에 있어서 불량자재에 의한 불량 제품을 만들게 되어 생산성이 저하되는 경우이다.

제조의 기능이 타부문을 제압할 경우, 생산계획이 수립되어 제조에 배포되지만 제조는 계획대로 진행하는 것보다 자체 수율 향상을 위해서 제조의 생산성이 높은 제품 중심으로 계획을 무시하고 제품을 생산하는 경우들이 발생한다. 이런 제조의 행동은 다음 단계인 물류에 잦은 출하변경을 유발시키게 되므로 물류 역시 이러한 변동 요인을 커버하기 위해 재고를 필요 이상으로 확보하게 되고 운송지연, 변경으로 인한 물류비의 증가를 초래한다.

물류는 출하와 영업 기능이 고객에게 제품을 전달하는 측면에 있어서는 공통점이 많으므로 영업을 대표로 하여 현상을 설명할 수 있다. 영업의 목표 달성을 위하여 밀어내기식의 판매가 발생할 경우 영업에서는 매출을 기록하지만 실제 재무 측면의 장부상에는 판매대금이 입금되지 않아 판매는 되었으나 장부에 기록되지 않은 일종의 유령의 재고가 발생하여 장부와 실물의 불일치가 발생하게 된다. 심지어는 월말 선매출 후 월초에 다시 반납하는 부조리도 발생한다.

재무의 관리 및 통제 기능이 강화될 경우, 신제품 개발에 있어서 투자 의사결정의 기준을 투자회수율과 같은 전통적인 재무지표 중심으로 결정하게 되면 신제품 개발 계획에 차질이 발생할 수 있다. 재무적 관점에서의 제품개발 결정은 때로는 시장에서의 유행이나 고객의 요구사항 반영이 제대로 검토되지 못하고 신제품 개발이 중단되어 기회손실을 유발하는 경우가 발생한다.

제품의 시장에서의 포지션이 너무 독보적이어서 독과점 수준의 시장 점유율을 확보하고 있는 경우 해당 기업은 성공에 도취되어 일부 조직에서는 새로운 것을 만들려는 혁신에 대하여 저항 세력이 생기는 경우가 많다. 우리는 잘하고 있고 문제가 없다. 이런 상황은 향후에도 지속될 것이니 변화는 필요 없고 우리가 최고다 식의 안이한 사고가 판을 치게 된다. 이럴 경우 외부 변화에 대한 적응력이 떨어지게 되고 심할 경우에는 고객의 진정한 욕구를 무시한 채 제품을 멋대로 만들어 내는 자만심에 빠지게 된다. 결국 오판을 불러오게 되고 이것이 현실화 될 경우 고객과 시장에서 멀어지는 최악의 결과를 만들어 내게 된다. 지나친 것은 모자라는 것만 못한 상황이 전개된다. 마케팅의 본래 목적인 소비자의 요구 중 현재의 제품이나 서비스로 충족되지 않은 요구는 무엇인가를 항상 생각하는 것에 충실해야 한다.

과유불급을 해소하기 위해 강조하고 싶은 사항은 일종의 상향 평준화이다. 기업마다 이익 부서, 비용 부서를 구분하고 있고 비용 부서들은 상대적으로 중요도에서 뒤처지는 평가를 받는 경향이 우세하다. 하지만 전체 최적을 고려하고 전체 수준을 향상 시키기 위해서는 버리거나 포기해서는 안 되는 것들이다. 함께 이끌어 가야 하는 필요한 기능들이다. 그러므로 편중되거나 쏠림 현상을 제거하고 프로세스 간의 균형 발전을 만들어 내야 한다.

일반적으로 가장 최고 수준의 지식 경영을 하는 조직이 교향악단으로 비유된다. 최고 경영자에 해당되는 지휘자는 수많은 다양한 악기들을 필요한 시기에 필요한 시간만큼 역할을 수행할 수 있도록 악보를 통한 조율로 훌륭한 연주를 한다. 이때 만약 비중이 낮은 악기라 하여 아마추어 연주자를 활용하게 되면 필요한 시기에 불협화음을 만들어 내어 전체 연주의 효율을 저하시키게 될 것이다. 어느 악기 하나 중요하지 않은 것이 없다. 기업도 마찬가지이다. 기업내에서 역할의 비중이 낮은 부서가 있다 하여 천덕꾸러기 취급을 하고 우수한 인력을 지원하지 않을 경우 기업의 성장과 더불어 상대적 수준의 질적 저하로 인하여 사고를 유발하게 되는 것이다.

최근의 우리나라 기업들에 잦은 환경관련 재해들이 다발하는 것과 비교할 수 있다. 생산성 향상 측면에서 보면은 환경안전 등은 우선 순위에서 밀리게 되고 그러다 보니 비용절감 관점으로만 관리하게 된 결과 위험하고 특별한 관심이 필요한 작업을 외주화시킨 결과 관리가 소홀해질 수밖에 없었으며 우수인력 또한 확보되지 않은 상황에서 평균수준을 깎아 내리는 결과를 가져왔다. 다행히 소 잃고 외양간이라도 고치는 조치들이 진행되고 있다. 모 기업에서는 환경분야의 경력 사원을 모집하여 보안하는 계획을 세우고 있다.

기업의 규모가 커질수록 필요악 차원에서도 가져가고 관리해야 하는 프로세스들이 존재한다. 이를 단순히 비용과 효율 측면에서만 볼 것이 아니고 리스크 관리 차원에서 점검하고 관리해야 하는 것이다. 리스크도 이제는 관리해야 할 주요 대상이다. 회계부정, 환경오염, 지적재산권

보호, 내부 부정 등 발생 빈도는 낮지만 일단 사건이 발생하면 기업에 미치는 영향이 너무 크기 때문이다. 상향 평준화를 해야 하는 주요 원인 중의 하나라 할 수 있다.

프로세스 순환 평가표

위에서 설명한 프로세스 순환모델을 통해 다섯 가지 관점에서 기업의 프로세스 운영 관점이 정상적으로 작동하고 있는지 문제나 취약한 곳은 없는지를 살펴보기 위하여 프로세스 순환성과표를 제시하고자 한다. 각 프로세스 기능들과 운영 상태를 모니터링할 수 있는 대표 핵심성과지표(KPI, Key Performance Indicator)들을 보여 준다. 물론 제시하는 대표 핵심성과지표들 외에도 많은 지표들이 존재한다.

운영지표들과 수준은 기업마다 다르기 때문에 우선 오행 관점의 프로세스 순환 모델을 작성하고 각각의 사례에서 해당되는 운영지표들을 매치 시켜보면 인과관계 및 순환구조의 문제를 발견할 수 있다. 또한 지표들의 계층별 구조화도 필요하다. 우리가 부서 간의 협업을 강조하면서 교차기능(Cross Functional)하게 전개되는 수평적 관점의 협력을 강조하지만 실제 업무는 수직적인 하부 프로세스에서 문제가 발생되어 상부의 협업을 깨뜨리는 경우가 발생한다.

그러므로 프로세스 순환성과표의 핵심성과지표 배열 시 계층적 구조로 지표들을 분류하여 정리할 수 있으면 의사 소통과 문제 발굴에 매우 큰 도움이 될 것이다. 신제품개발 지연이 발생하는 경우 자체개발 일정 미준수가 원인이 되는 경우가 있다. 이 경우 타 부서의 협조 이전에 자부문의 비효율 프로세스를 먼저 개선해야 하는 것이다. 상세한 활용 방법은 다음 장에서 설명될 것이다.

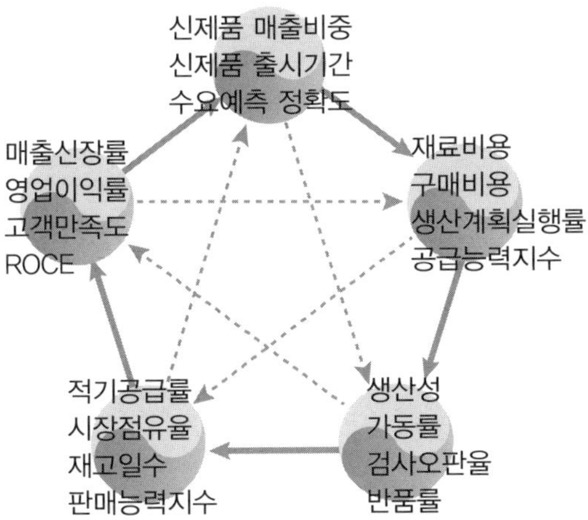

〈그림 19 프로세스 순환 평가표〉

4

先 PI, 後 정보화 추진

전산화와 달리 정보화를 제대로 추진하기 위해서는 먼저 프로세스를 정립하고 설계된 프로세스를 토대로 정보시스템을 개발해야 하는 것이다.(선 전략PI, 후 시스템System) 많은 경우 혁신을 추진하게 되면 경영자들은 급해지기 시작한다. 모처럼의 대규모 투자가 진행이 되고 있으므로 그에 따른 결과를 신속히 얻고자 하는 경향이 강해진다. 실제로 중요한 것은 정녕 현재의 문제가 무엇이고 문제를 해결하기 위한 실현가능하면서도 경쟁력 있는 프로세스를 만드는 것이 더 중요한 것이다. 때로는 해결과정이 생각보다 오래 걸리게되고 사원들의 공감대를 얻기 위해서 변화관리에 별도의 시간을 투입해야 하는 경우가 발생한다.

하지만 프로젝트의 지연은 참기 힘든 것이고 빨리 마무리하고 완료할 것을 자주 주문하게 된다. 자연스럽게 중간 과정의 일부가 생략이 되는 일이 벌어진다. 좀 더 구체적인 대안을 찾고 이를 해결할 상세한 프로세스를 그리지 못하고 개략적인 프로세스로 만족하고 충분한 공감대 형성 없이 정보시스템개발로 들어가게 되는 것이다. 이 경우 문제는 시스템을 개발하고 난 후에 발생하게 된다. 처음에 설계했던 사상과 구현된 시스템과의 차이가 발생하게 되는 것이다. 다시 원위치해서 설계단계를 진행해야 한다. 그러나 시간이 허락하지 않는다. 일단 오픈하고 나서 안정화 기간에 보완하면 된다고 주장하면서 건너뛰게 되는 것이다.

정작 안정화 시기에 도달하면 예상했던 것보다 더 많은 문제들이 쏟아져 나오면서 먼저 발생했던 미해결 문제들은 같이 파묻히게 되면서 사라진다. 이력관리가 제대로 된다면 사후에라도 찾아내어 해결할 수 있지만 대부분 안정화 과제 속으로 매몰되어 버린다. 이러한 미해결 과제들이 많이 등장할수록 안정화의 기간은 예상보다 길어지게 되고 심할 경우 1년여의 시간이 걸리는 경우도 있다. 한바탕 홍역을 치르고 난 후 정상적인 운영단계에 돌입하여도 후유증은 오랫동안 지속되어 유지보수 업무를 힘들게 한다. 이런 정보시스템 개발의 악순환을 타파하기 위하여 새로운 정보시스템 구축 모델을 제시하고자 한다.

To-Be 프로세스 지도 설계

정보시스템 구축 모델

업무들이 정형화되고 나면 정해진 방법과 절차대로 일을 처리할 경우 누가 하더라도 같은 결과를 만들어 내게 된다. 이 업무들은 결국 단순 반복적인 업무가 되고 양이 늘어날 경우 사람이 수작업으로 일일이 계산하고 처리함에 있어 작업 오류와 같은 문제로 인하여 데이터의 정확도 유지가 한계에 부딪히게 된다. 컴퓨터 언어를 사용하여 전산프로

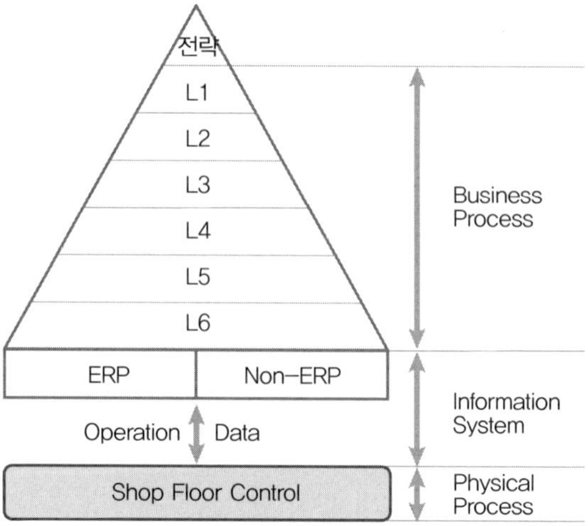

〈그림 20 프로세스 혁신 모델〉

그래화 하여 시스템으로 만들고 나면 자동화된 업무로서 해당 기능을 수행하는 정보시스템이 된다.

그러나 지금까지 많은 정보시스템 구축 프로젝트들이 정해진 방법론대로 쉽게 구축이 된 것은 아니다. 그 동안 많은 기업들이 프로세스혁신과 정보시스템 구축 과정에 있어서 실수했던 사례들을 설명하고 이를 개선하기 위한 새로운 방법을 설명하고자 한다.

일반적으로 프로세스 관점에서 기업의 구성 요소를 살펴 보면 그림 20에서와 같이 전략·프로세스·시스템으로 구분한다. 전략은 일종의 기업의 사업방향이라 할 수 있고 이 방향에 따라 실제 직원들이 수행하는 업무를 비즈니스프로세스로 설명할 수 있다. 비즈니스프로세스들을 자동화 하여 반복적인 수작업을 전산으로 대체한 것이 정보시스템이다. 여기에 비즈니스프로세스와 연계되어야 할 현장의 물리적인 프로세스를 추가하여야 한다. 왜냐하면 스피드와 유연성이 강조되는 최근의 기업환경에서는 현장의 변화가 실시간으로 경영층에 피드백되고 신속한 조치가 이루어져야 하기 때문이다.

▒소축척 지도와 대축척 지도 동시 작성

지금까지의 To-Be프로세스설계 방법은 기법 및 절차상 자체 결함을 갖고 있었다. 경영 현안이나 새로운 환경에 대응하기 위하여 혁신을 추진하게 되면서 외부 인력의 도움을 받게 된다. 비즈니스 컨설턴트 및 시스템 컨설턴트들이 바로 그들이다. 혁신을 추진하기 위하여 각 부서에서 차출되어온 인력들과 함께 컨설팅 기법에 맞추어 원인 분석 및 개선 방안을 설계하는 순서가 진행된다.

새로운 프로세스를 설계하면서 경영전략에 적합한 프로세스를 설계하려고 노력한다. 그러나 실상은 프로세스 아키텍처상의 상위 부분에 해당하는 Level 3 수준에서의 방향성에 가까운 설계 수준에서 마무리되는 것이다. 시스템을 개발하기 위해서는 프로세스의 실행 수준까지 상세하게 설계를 하고 정보기술을 어떻게 접목할 것인지를 고려하는 수준으로 진행해야 하지만 이 단계는 시스템 컨설턴트들과 개발자들이 관여하고 진행한다.

그 결과 비즈니스 컨설턴트들의 산출물은 단순 참조용으로 전락하고 시스템 구현을 위한 상세 설계를 다른 사람들이 맡아서 진행하게 된다. 같은 기업이 작업을 해도 상위수준과 하위수준의 정렬(Align)이 어려운 것인데 성격이 전혀 다른 기업들이 작업한 사항들이 일관성을 갖는다는 것은 거의 불가능한 사항이다. 이렇게 해서 프로젝트가 끝나고 나면 원대한 꿈을 갖고 작성한 프로세스와 시스템이 어긋나기 시작하고 변경사항이 발생하여 수정하고 난 후 제때에 업데이트 되지 않고 변경사항이 누적되다 보면 어느 순간 이전의 프로세스와 다른 프로세스가 운영되고 시스템 역시 프로세스와 동기화 되지 못하고 제각각 움직이게 되는 것이다. 전형적인 악순환이 전개되는 것이다.

결국 한번에 진행할 수 있는 일들을 두 단계로 나누어 진행하고 중복부분이 발생하므로 프로젝트의 핵심 가격 드라이버인 인력투입 양과 프로젝트 기간의 장기화로 인하여 시간도 오래 걸리고 투자비도 증가하게 되는 것이다. 사전 준비를 철저히 하면 반드시 절감할 수 있는 항목들이다. 더욱 중요한 것은 상위 프로세스와 하위 프로세스 간의 정렬을 확보하지 못하는 것이다.

레벨 1부터 레벨 6까지 프로세스를 전개하고 각 프로세스들 간에 데이터와 정보를 주고 받는 관계를 일일이 확인하여 누락된 연결, 혼자만 운영되는 외로운 늑대 프로세스는 없는지, 또는 모든 입력만을 받아들이고 주변 프로세스와 교환하지 않는 블랙홀 프로세스는 없는지를 확인해야 한다. 실상 연결을 하다 보면 의외로 비정상적인 연결관계를 갖는 프로세스들을 많이 발굴하게 된다. 이것이 실상이다. 지금까지는 최상의 방법이라 할 수 있었을지 몰라도 프로세스 지도 작성이 디지털화되어 가고 있는 시점에서 적절한 방법은 될 수 없다.

프로세스와 정보시스템 화면(UI) 동기화

과거와 달리 프로세스 설계 단계에서 소축척 지도와 대축척 지도를 디지털화하여 동시에 작성하게 되면 여러 가지 이점이 생긴다. 실무자들이 말단에서 처리하는 각종 업무들이 유저 인터페이스User Interface인 사용자 화면과 1:1로 매치 시킬 수 있게 된다. 종전에는 요구사항을 제출하고 나면 주요 특징 및 입력과 출력 중심으로 개발된 화면을 확인하는 방법이었다. 그러나 프로세스 최하단의 액티비티와 시스템 화면을 동기화하여 매치시킬 수 있으므로 설계 단계에서 미리 시스템 구현 가능성을 확인할 수 있다. 화면을 개발하고 난 다음에 확인하는 것이 아니라 개발 이전에 설계 단계에서 점검할 수 있으므로 개발기간을 대폭 단축시킬 수 있다.

전사 프로세스 지도를 상세하게 작성하고 사용자 화면 단위까지 연결을 시키면 또 하나의 이점을 확보하게 된다. To-Be프로세스설계를 확정하고 시스템 구현에 앞서 개발을 진행한다. 개발이 완료되고 시스템 오픈을 앞두게 되면 설계한 내용이 정상적으로 시스템에 구현이 되었는지를 확인하기 위한 테스트를 대규모로 실시한다.

이때 여러 프로세스에 걸쳐서 전개되는 업무 처리를 확인하기 위하여 비즈니스 시나리오를 작성하고 절차대로 진행하면서 단계별 데이터 및 정보들의 교환 및 인터페이스의 정확성을 확인하고 사용자들에게 사전에 새롭게 맞이할 시스템의 내용과 사용법을 익히게 한다. 종전의 프로젝트 추진 방법에 있어서는 상세 프로세스 지도를 확보하지 못한 상태에서 테스트를 진행하게 되므로 컨설턴트나 개발자의 경험에 의존하여 테스트 시나리오가 구성이 되므로 수준이 일정하지 못하고 해당 기업의 프로세스에 대한 이해도가 높지 않을 경우 정상적으로 테스트를 마무리하고 시스템을 오픈 하여도 사용자들의 이해도 부족으로 사용에 어려움을 겪게되는 것이다.

새롭게 작성한 대축척 프로세스 지도를 활용하면 각 사용자별로 맞춤식 시나리오 구성이 가능해진다. 실제로 하고 있던 업무가 어떻게 변화되고 시스템의 화면구성이나 사용법의 변경사항까지 상세히 확인할 수 있기 때문이다. 앞에서 설명했던 약도와 상세지도의 차이를 다시금 되새겨 보기 바란다. 종전의 테스트 및 사용법 교육은 약도를 참조한 것이었으므로 개략적일 수밖에 없었고 사용자의 이해도를 높일 수 없었다. 그러나 상세 지도를 참조하여 테스트를 진행하게 되면 한층 더 오차를 줄이면서 정확한 테스트와 교육을 진행할 수 있다. 이 기능을 활용하게 되면 시스템 개발 후 사용자 테스트의 품질도 향상시킬 수 있다.

실제 업무와 실제 사용하는 화면을 일치시켰다는 것은 프로세스와 시스템의 동기화를 이루었다는 것이다. 정보시스템 개발자들의 고질적인 문제였던 프로세스와 시스템의 불일치 문제를 해결한 것이다. 시스템을 사용하면서 발생하게 되는 사용자들의 프로그램 수정사항이나 신규 프로세스 추가 요청 경우도 연관 프로세스의 변경 및 시스템의 개선 정도를 사전에 파악하기 쉬워지므로 개발 공수 산정이 정확해진다. 시스템유지 보수의 비용산출이 정확해 지고 프로세스와 시스템의 중복여부 파악 불가로 인해 발생하였던 불필요한 중복 개발도 제거할 수 있다. 유지 보수 비용의 절감이 가능해진다.

프로세스 안정화: 비즈니스 프로세스와 물리적 프로세스의 연계

시스템을 매개로 하여 새롭게 적용되는 비즈니스 프로세스의 연착륙을 위하여 물리적인 프로세스의 변경이나 작업 방식의 변화를 병행해야 한다. 아닐 경우 새로운 프로세스의 스피드를 현장에서 적응하지 못하고 효율을 저하시키는 원치 않은 결과를 가져올 수 있게 된다.

필자의 경험을 통해 이 과정을 프로세스 안정화라고 부르고자 한다. 시스템 안정화는 새로운 시스템의 하드웨어적인 안정화 성격이 강하다. 시스템이 정상적으로 작동하는지 여부, 시스템에서 제공되는 데이터의 정확성과 신속성 여부, 그리고 사용의 편리성 등 주로 시스템의 신뢰도와 관련된 항목들이다. 반면에 프로세스 안정화에서는 새로운 방식대로 원칙과 역할이 준수되고 있는지를 확인하면서 정착시키는 과정이다.

만약 원칙이 지켜지지 않을 경우 이와 관련된 상세한 작업들을 모니터링하고 분석해야 한다. 작업 표준이 잘못된 것인지, 신규 프로세스의 결함은 없는 것인지, 때로는 신규 프로세스를 적용하기 위해서 현장의 레이아웃을 개선해야 하는 경우도 발생한다. 물론 시간을 가지고 해결해야 하는 경우이다.

이 과정을 지표화하여 가급적 진행 현황을 모니터링하고 준수할 것을 재촉해야 한다. 오픈 후 1년 정도 이 과정을 되풀이 하게 되면 과거와 달리 새롭게 설계했던 To-Be프로세스가 비교적 안정적으로 연착륙하여 사용자들이 익숙해지고 프로세스가 본래의 모습을 유지하게 된다. 시스템 오픈 후 지속적으로 혁신을 추진해야 하는 근본적인 이유이다. 여기서 다시 한번 강조하는 것이 바로 프로세스 인력들이 본 작업을 주도해야 하는 것이다. 프로젝트에서 경험한 지식과 사상을 바탕으로 제대로 된 프로세스 혁신을 지속적으로 추진해야 비로소 프로세스 개선의 효과를 보여줄 수 있는 단계에 도달하게 되는 것이다.

동의보감, 주역에서 찾은 경영이야기

VI

사후관리: 프로세스 혁신 변화관리

일반적으로 혁신의 필요성이나 변화의 필요성을 설명하는 자료들은 많이 존재한다. 경영 환경이 빛의 속도로 변화하고 있기 때문에 변화하지 않으면 도태된다. 북해 유전의 불타는 석유탐사선 플랫폼에 처해 있다. 앉아서 죽든지, 얼음 바닷물에 뛰어내리든지 양자택일해야 한다. 이런 식의 위기감을 조성해야 변화의 출발을 시작할 수 있으며 그런 다음 팀을 구성하고 변화를 추진하면서 시기적절하게 변화관리를 실시해야 한다는 것이 일반적인 변화관리의 방법론이다. 그러나 여기에는 실제 변화를 보여주고 참여하고 이끌어갈 사람들의 입장이 반영이 안된 경영자 수준의 고차원적인 변화관리이다.

실제로 변화실천의 주체인 직원들을 대상으로 현재 자신들이 하고 있는 업무가 다른 사람이나 다른 부서에 어떤 영향을 주는지를 질문해 보면 의외로 자기 자신의 업무만 이해하고 있지 다른 부분과의 연결은 모르는 경우가 태반이다. 물론 조직이 클 경우 업무 자체가 세분화 되어 있어 담당 업무만 처리하는 관계로 모를 수 있지만 최소한 자신의 업무의 앞단은 누구이고 후속 업무를 누가 처리하는지는 이해를 해야 하는 것이 기본이다. 자신의 업무의 전후 공정을 이해 못하는 상황에서는 타 부서와의 업무 협조는 상당히 어렵게 된다.

『동의보감』에서는 이 부분을 음양오행이란 『주역』과 결합하여 오장육부의 순환관계로 쉽게 설명하고 있다. 오장육부의 순환에는 크게 수승화강, 음허화동과 과유불급으로 요약할 수 있다. 이를 프로세스 혁신에서 사용하는 개념인 전체 최적화, 부서 이기주의와 비교하여 실행 주체들이 프로세스변경의 필요성을 인식하고 실천할 수 있도록 유도하는 프로세스혁신 변화관리를 설명하고자 한다.

1
사후·사전 관리가 필요하다

혁신을 추진했던 많은 기업들의 공통적인 특징이 돈도 투자하였고 프로젝트도 끝났으니 투자한 금액 대비 재무적인 효과가 얼마인지 보채는 것이다. 그러나 프로세스 혁신은 과거 모르고 지냈고 보이지 않던 일들을 눈으로 확인한 것이 추진의 첫걸음이므로 이를 토대로 새로운 문제들을 발굴하고 현상을 이해하며 남들과 다른 새로운 프로세스를 만드는 과정이 후속으로 추진되어야 한다. 만족할 만한 성과가 나오기 위해서는 반드시 후속 과정이 체계적으로 진행되어야 하지만 조급함이 앞지르고 나 떠난 다음은 모른다는 단기 업적 중심의 사고로 인하여 단절되는 경우가 다반사이다. 그러다 보니 일각에서는 혁신은 기업이 호황일 때 운 좋게 효과를 낼 수 있지 불황일 때는 혁신의 효과가 나올 수 없으니 시기를 잘 택해야 한다는 답답한 얘기들을 한다.

그렇다면 왜 많은 성공한 기업들이 불황에도 미래를 대비하여 혁신을 해온 것일까? 그들은 단기간을 바라보는 것이 아니고 길게 내다보며 내공을 쌓고 핵심 역량을 강화하여 남이 모방할 수 없는 고유의 혁신 시스템을 구축하여 경쟁력을 확보하는 것이 목표였던 것을 입증하고 있다. 분명한 것은 혁신은 한번하고 끝나면 안 되는 과정이다.

사후 관리를 해야 성과를 유지할 수 있다

어렵게 팀을 구성하여 혁신을 추진하게 되면 그 다음 발생하는 장애요인은 대부분의 경영진이 혁신은 프로젝트 팀원들이 다 해주는 것으로 착각을 하고 강 건너 불구경 하듯이 정례 회의에 참석하여 진행사항 요약 보고만 받으려 한다. 자신이 관리하고 있는 프로세스가 어떻게 변하게 되는지 그를 통해서 어떤 효과를 창출하게 되는지를 놓고 관련 부서의 도움은 제대로 받을 수 있는지 내가 해줘야 할 일들은 무엇인지, 안 해도 되는 일은 과감하게 버리는 등 직접 관장하고 챙겨야 한다. 이 과정을 소홀히 하면 개발이 다 끝나고 시스템 오픈 후에 뒤늦게 프로세스가 잘못 설계되었다, 우리의 실정을 무시하고 개발했다는 식의 뒷북을 치게 되는 것이다.

자기 자신의 영역에서의 변화도 한눈을 파는 경우가 다반사다 보면 더 큰 문제가 기다리고 있다. 기업의 활동 특히 고객을 만족시키기 위한 일들을 처리하려다 보면 특정 부서만의 역할로는 한계에 부딪히게 된다. 관련된 여러 부서들 간의 협업이 제대로 이루어 지지 않으면 VOC 발생 시 이를 처리하는 리드타임이 길어지고 고객은 제때 피드백 받지 못하므로 불만이 쌓이게 되는 것이다. 내부의 효율을 높이기 위한 프로세스도 마찬가지이다. 부서 간의 업무 협조가 원활치 않으면 신제품을 정상적으로 개발해 놓고도 부품의 부족으로 인한 생산지연, 고객 품질 승인 지연에 따른 판매 지연 등의 문제가 발생하게 된다. 더 큰 문제는 여러 부서에 걸쳐서 발생하는 일들이므로 회색지대가 발생하여 아무도 챙기지 않고 문제가 터 진 후 뒤늦게 처리하는 일이 벌어진다. 전체를 총괄하는 프로세스 오너를 명확히 정하고 해당 역할과 목표를 부여해야 한다.

혁신을 대규모로 한번 시작하고 나면 끝나는 것으로 착각을 한다. 일회성 혁신으로 끝나는 경우가 태반이다. 프로젝트 진행과정에서 직접 참여했던 인력들을 모처럼 어렵게 양성시켰지만 프로젝트팀 해체와 더불어 원대복귀하게 되면 남는 것은 정보시스템유지 보수를 위한 시스템 운영 인력 뿐이다. 앞서 정보화 개발 단계에서 설명하였듯이 최근의 시스템 개발 여건은 사용자가 자신들의 프로세스에 대한 변경 요청 또는 개선 요구사항을 분석하고 기본 설계를 제출해야 하는데 이러한 프로세스 혁신 인력들의 부재는 혁신의 성과를 유지하는데 가장 큰 걸림돌이 된다. 지속적인 혁신을 통하여 혁신의 성과를 유지하고 새로운 환경 변화에 대응하기 위한 내부의 프로세스 혁신 인력을 반드시 운영해야 한다. 인원의 많고 적음의 문제를 떠나 관련 조직의 운영이 시사하는 바가 매우 크다. 누군가는 꾸준히 기업의 운영업무 전반을 항시 살펴보고 있어야 한다.

사전관리도 중요하다

대대적으로 프로세스 혁신 프로젝트를 진행해본 사람들마다 한결같이 후회하는 것이 '처음 시작할 때 좀 더 준비를 철저히 했더라면'이다.

물론 여기에는 처음 해보는 일들이라 미처 모르고 시작했던 것에 대한 아쉬움이 많이 묻어 있을 것이다. 지금까지의 과정들을 살펴보면 이런 후회는 당연히 생길 수 밖에 없는 구조이다.

프로젝트의 시작은 우선 팀원들을 구성하는 것에서부터 시작된다. 그러나 팀원들을 선발할 때 우수한 인력들을 보내주지 않는 것이 하나의 원인이고 모인 멤버들 역시 프로세스 혁신에 대한 이해도가 낮은 상태에서 시작하게 되며 카운터 파트너인 컨설턴트들과 함께 그들이 가져온 기법대로 일정에 맞추어 진행하게 된다.

문제는 이렇게 선발되어온 각 부서의 대표 선수들이 과연 그 부서의 업무를 얼마나 잘 이해하고 있을지 의문이 간다. 한 사람이 전체 부서의 업무를 이해한다는 것은 불가항력이다. 그렇다고 해당 부서에 남아 있는 인력들은 자신들의 부서 업무에 얼마나 능통할지도 의문이 간다. 사실 기업에서, 특히 기업의 규모가 커질수록 자신이 하는 업무 외에는 부서 내외의 동료들의 업무를 제대로 알지 못한다. 조직의 생리상 타부서의 업무를 파악하기가 쉽지 않다.

더 큰 문제는 이제부터 시작이 된다. 팀원도 현업의 업무를 모르고 부서원들도 자신들의 업무를 모르는 상태에서 현 업무 수준 파악 및 분석을 하고 혁신 프로세스의 설계가 진행된다. 과연 현재 나의 문제가 무엇인지 제대로 알고 혁신을 하겠다는 것인지 근본적인 의문이 제기된다. 그렇지만 프로젝트는 일정대로 진행된다. 자신들이 아는 수준에서 문제를 파악하고 정리하고 개선 방향을 컨설턴트들의 도움아래 작성하는 것이다.

프로세스를 전사 차원에서 관리해줄 전담 인력들이 필요하다. 전사의 프로세스가 어떻게 운영되고 있고 어디가 문제인지를 알고 있어야 환경변화에 신속히 대응할 수 있다. 아울러 외주화된 정보시스템 개발 및 유지 보수 비용을 줄이기 위한 대안이기도 하다.

2
프로세스 건강관리 Process Management Flow

프로세스 혁신이 일회성이 아니고 정기적인 점검과 관리 절차를 준수하며 실질적으로 경영에 도움을 주는 활동으로 발전시켜야 한다. 특히 이 과정이 내부 인력들의 역량을 강화하여 자체 발광 다이오우드처럼 내부혁신 인력들을 중심으로 전개해 나가야 한다.

요즘 LED(Light Emitting Diode)에 대한 관심과 수요가 증가하고 에너지 소비를 줄이기 위하여 형광등보다 LED램프를 사용해야 한다고 강조하고 있다. 형광등은 자체 발광을 못하므로 광원으로부터 빛을 받아 발광을 한다. 그러다 보니 어떤 현상에 즉각 대응이 안 되는 사람을 보고 '형광등 같다'라는 표현을 사용한다. 반면 LED처럼 전원을 공급 받아 스스로 빛을 내게 된다면 즉각적이고 신속한 사람으로 표현할 수 있을 것이다.

조직도 이처럼 자체적으로 신속하게 대응할 수 있어야 경쟁력이 유지

될 수 있을 것이고 그래야만 새로운 변화나 환경변화에 신속하게 대응하는 적응력(Agility)를 갖게 되어 웬만한 병원균의 침투나 외부환경 변화에도 튼튼하게 건강을 유지할 수 있게 된다. 체질이 개선되었다고 얘기할 수 있다.

프로세스 건강관리를 위한 흐름도를 아래 그림과 같이 정리하였다. 전략을 실행하기 위한 것이 프로세스이므로 시작은 전략을 확인하는 것에서부터 시작된다. 우리가 몸에 이상이 생기거나 사전 점검을 위하여 병원에 방문하였을 때 전개되는 과정과 유사하다.

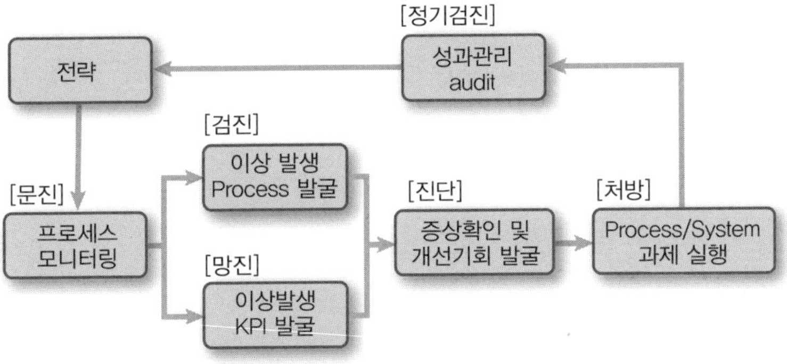

〈그림 21 프로세스 관리 흐름도〉

핵심은 이 과정을 비정기적으로 외부인력에게 의뢰하여 일회성 활동으로 진행하면 안 되는 것이다. 내부의 프로세스를 이해하고 관리할 수 있는 프로세스 혁신 인력들을 확보하여 이들 주도로 일상 관리를 해야 하는 것이다. 추가 전문적인 방법이 필요한 경우에만 외부 인력의 도움을 받아 내부 인력들이 보완하는 전략이 필요한 것이다. 내부 역량강화가 반드시 필요하다. 이런 이유로 프로세스 혁신 인력들을 '기업건강관리사'라고 부르고자 한다. 각 단계별 진행 사항을 살펴본다.

❙ 진찰: 현상파악

■ 문진問診: 현안, 이슈들에 대한 공유 및 소통

프로세스 순환모델을 활용하여 현재 발생하고 있는 경영현안이나 각 프로세스별 이슈들을 정리하고 문제점과 현상에 대하여 공유한다. 이외에도 마스터플랜이나 고질적으로 해결되지 않고 있는 과제들에 대한 내용들도 같이 포함하는 것이 좋다. 왜냐하면 이들 문제들 중에는 협업이 안 되고 한 부서의 고민으로 계속 남아 있는 경우들이 있다. 타부문의 지원을 받으면 쉽게 해결할 수 있는 문제들로 놓치지 말아야 한다.

순환모델을 참조하여 가상의 문진을 한 결과를 아래 그림에 정리하였다.

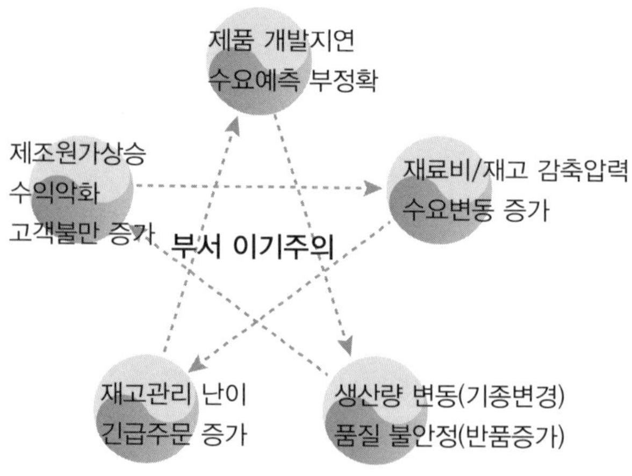

정리된 현안 및 이슈들과 관련된 프로세스 및 주요성과지표(KPI)를 상세히 파악해야 한다.

■ 검진·망진: 연관 프로세스 및 KPI 이상 파악

앞에서 설명한 내용들은 자체적인 건강검진을 실시하기 위한 준비 사항들을 설명하였다. 프로세스의 가시성을 확보하여 문제파악을 용이하게 하는 방법, 개선된 프로세스들을 자동화하여 효율을 향상시키는 정보시스템을 구축하는 방법이다. 두 가지 요소들을 바탕으로 기업의 프로세스운영 상태를 모니터링하면서 프로세스의 건강상태를 파악하기 시작한다. 사전준비 단계에서 확보한 프로세스 및 프로세스 운영 지표들과 정보시스템 또는 현재 보유하고 있는 프로세스 리스트와 KPI, 운영 지표들을 토대로 프로세스 순환 모델에 맵핑Mapping을 실시하여 프로세스들 간의 협력관계가 어느 정도 수준인지를 파악한다.

또한 KPI의 분석을 통하여 관련 프로세스 및 하부의 원인 프로세스들과의 인과관계 파악이 필요하다. 문제 프로세스를 발굴하는데 있어서 KPI를 활용하는 것은 『동의보감』에서 망진이라는 눈으로 보고 진단하는 것과 유사하다. 『동의보감』의 「외형」 편에서는 우리 얼굴에 몸의 오장육부의 상태가 나타난다는 것이다. 간-눈, 심장-혀, 비장-입술, 폐장-허파, 신장-귀로 연결되어 있기 때문에 눈의 색깔, 혀의 부드러운 정도나 백태의 정도, 입술 및 코의 상태와 귀의 부드러움 정도 등을 보고 병의 증상이나 상태를 확인한다.

비즈니스프로세스도 상호 간 연결이 되어 있으며 아웃풋이 지표화되어 표시되므로 프로세스지도를 직접 보지 않더라도 아웃풋 상태를 보고 관련 프로세스의 수준을 파악할 수 있고 해당 지표의 하부 지표를 보고 하부 프로세스의 원인 유무를 확인할 수 있다. KPI 모니터링에 의한 관찰과정을 망진이라 할 수 있다. 프로세스 건강검진표에서 KPI와 상세지표들의 상황을 보고 판단하는 것이다.

다음 표는 기업 건강검진 지표와 질병 관계에서 일반적으로 기업들이 보유하고 있는 지표와 프로세스들을 정리하여 요약하였다. 문진에서 정리된 현안 및 이슈들에 대하여 관련 프로세스와 KPI를 파악하는데 활용한다. 이러한 체크리스트가 잘 정리되고 분류되어 있다면 개략적인 진단은 쉽게 진행할 수 있으며 대시보드Dashboard에 활용이 가능하다. 프로세스별로 현재 관리하고 있는 주요성과지표(KPI)와 하부 지표들이 충분히 있는지를 먼저 확인한다. 일부 기업들은 아마도 해당 지표들을 관리할 필요가 없거나 아니면 누락되어 있어 지표들을 발견하지 못하는 경우들도 있을 것이다. 만약 관리할 지표가 없다면 시급히 지표를 설정하고 관리해야 한다. 지표가 없다는 것은 측정할 수 없다는 것이고, 측정할 수 없다면 관리할 수 없다는 진리가 다시 등장하기 때문이다.

다음은 관련 지표들의 현재 운영 상태를 확인하는 것이다. 만약 지표들이 관리되고 있다면 지표에 대한 목표 값과 실적 등이 있을 것이다. 목표 대비 실적이 차이가 크던가 아니면 경쟁사와 비교하였을 때 목표 값이 낮을 경우는 당연히 문제가 있는 것이고 예시한 증상들이 나타나고 있을 것이다. 예를 들면, 신제품 출시기간이 목표를 초과하여 지연이 되는 현상이 있을 경우 하부 원인을 찾아본 결과 신제품 개발 일정이 제대로 준수되지 않고 있음을 확인할 수 있다. 이를 그대로 방치하면 시장에 출시가 늦어짐에 따른 판매 기회손실이 발생하는 것을 확인할 수 있다. 이와 유사한 방법으로 프로세스별로 준비된 점검표를 기준으로 프로세스들의 운영상태를 점검하고 예상되는 증상을 정리하는 것이 검진과 망진에서 실시하는 과정이다.

프로 세스	KPI	상세지표	증상
개발 마케팅	신제품 매출비중 신제품 출시기간 수요예측 정확도	신제품 개발건수 신제품 개발일정준수 신제품 BEP 도달 시간 고객별 예측 정확도 제품별 예측 정확도	건수 낮을 경우 미래 불안. 일정 지연 시 판매 기회 손실 발생. 시간 길수록 원가상승. 시장의 정확한 수요 파악 안됨. 생산계획 변동 심화.
구매 계획	원부자재- 재고일수 자동 발주율 자재 조달 L/T 생산계획 정확도	불용자재 비율 장기재고 비율 BOM 정확도 재고 보정율 자재 입고 지연 자재 품질 문제 자재 결품 계획 변경율 예외 생산비율 확정계획 실행율	자재 공용화·표준화 미흡. 과다 발주. 자재 소요계획 부정확. 자재 재고관리 부정확. 부정확한 계획. 긴급 수요변경으로 자재 조달 못함 벤더 생산성 저조. 벤더 안정성 미흡. 부정확한 계획, 제약조건 미 반영. 부정확한 계획, 긴급 주문 다발. 계획대로 생산 차질.
제조 품질	생산계획 실행율 설비가동율 반품율 결함	재작업 기종 변경율 긴 대기시간 (C/T) 기계 D/T PM 계획 준수율 오판율 정시 판정율 검출력 Reject Rework, Repair Scrap	프로세스 효율 저하(원가부담). 작업표준 미비, 숙련도 부족. 생산능력 부족, 수요변동, 계획변경. 부품 부족, 작업 불균형·표준미비. 감가상각비 증가 원가 상승. 우발 고장 증가. 반품 증가, 불량증가. 재공증가. 숙련도 부족, 작업 표준 미비. 재작업 비용 증가. 가동율 잠식. 폐기 비용증가.

물류영업	납기 준수율	출하 이행율	납기 약속 못 지킴, 불만 팽배.
		운송지연	납품 지연, 고객 공정 생산 차질.
		재고 정확도	재고는 많은데 팔 물건은 없음.
			장기재고의 악성재고화.
		재고이동 비율	이동 방법 문제 (작업 공간 배치).
			이동 작업 불균형.
	주문 충족율	주문 변경율	단기 성과 중심 영업, 밀어내기.
			수요관리 오차 발생,공급계획 차질.
		긴급주문 충족율	물류계획 불안정, 긴급배송 증가.
재무고객	세전이익	영업이익	부가가치 창출 유무.
		고객·제품별 수익	우수고객, 비수익 고객·제품 선별.
	총원가	판관비	간접 부문 비효율 발생.
		제조원가	생산성 차질(경비,재료비,노무비).
	고객만족도	고객 충성도	고객 만족도 저하.
		VOC 건수·리드타임	고객 불만(Claim) 처리 미흡

진단: 원인분석

문진에서 망진望診에 이르는 진찰 과정이 끝나게 되면은 원인이 무엇인지 진단을 해야 한다. 프로세스 건강진단표의 증상 칸을 채우는 일을 해야 한다. 비즈니스 프로세스의 이상을 발견하고 핵심성과지표(KPI)를 통하여 수준을 파악한 후 상세 원인을 찾기 위하여 상세지표의 수준을 한번 더 분석을 한다. 관련 프로세스를 개선을 안 하고 방치를 할 경우 나타나게 될 증상을 설명한 것이다. 증상을 정확하게 파악하는 것이 치료의 지름길이다.

건강검진표를 통하여 어떤 증상이 있는지를 확인하였다. 다음은 증상의 원인들을 찾아내는 것이다. 프로세스의 문제들은 단순히 증상과 원인이 1:1 인과관계와 같이 명확하게 분리되어 나타나지 않고 여러 부문이 복합적으로 연결되어 나타나는 특징이 있다. 왜냐하면 기업운영프로세스 특성상 각 프로세스들은 상호 간에 도와주는 관계, 갈등하는 관계 속에서 운영되고 있기 때문이다. 그러므로 증상 하나를 진단했을 때 치료법은 개별 프로세스들이 서로 도와주는 관계에 문제는 없는지 파악하는 전체 최적화 차원, 부서 간의 갈등관계로 인한 문제는 없는지 파악하는 부서이기주의 차원과 마지막으로 특정 프로세스에 자원이 집중되어 편중된 결과 발생하는 문제인지를 파악하는 균형 차원에서 프로세스를 진단하는 법을 설명하고자 한다.

문진에서 공유된 이슈들에 대하여 검진·망진을 통하여 파악한 문제 프로세스와 핵심성과지표(KPI)를 토대로 원인에 해당되는 증상들을 정리하면 다음과 같이 진단할 수 있다. 제품개발 지연의 원인 중 완성도가 떨어지는 제품을 타부문에 이관하여 생기는 증상일 경우 부서 간에 어떤 갈등이 전개되는지 파악해본다.

제품개발 부서가 완성도가 떨어지는 -양산 준비가 안된 상태- 제품을 자기 부문의 목표 달성을 위하여 생산에 이관할 경우 제조는 잦은 기종변경으로 목표한 생산성을 달성하지 못하게 되고 개발의 문제라고 불만이 생기게 된다. 생산성 저하는 품질의 문제도 유발하게 되므로 품질의 불안으로 인하여 고객의 불만이 발생하게 되고 목표한 생산성 미달로 인한 제조원가 상승이 발생한다. 제조원가 상승 및 고객 불만 증가는 재료비 인하 압력을 유발하고 고객불만으로 인한 제품의 신뢰도 문제로 인한 수요 변동폭도 증가 시키게 된다.

현상은 더욱 악화되어 주문수량의 변동폭 증가에 따른 부정확한 수요로 인하여 예상에 없던 긴급주문의 증가를 유발하고 이를 충족시키기 위하여 물류의 재고운영이 힘들어 진다. 시장에서의 불만은 결국 해당제품에 대한 정확한 정보 전달 부족을 초래하여 제품의 고객 요구 부정확으로 인한 제품의 완성도를 지연시키게 되며 수요 예측을 정확하게 관리하기 힘든 상황으로 전개되어 제자리로 돌아오게 된다. 부서 상호 간의 갈등과 악순환이 발생되는 것이다. 다분히 내부 문제들에 의한 악순환이다. 부분 최적화를 점검하는 이유가 부서 간의 충돌을 정확히 인지하여 최소화시키자는 것이다.

현재 해당 기업에서 발생하고 있는 프로세스의 운영 수준을 진단한 내용이다. 프로세스 순환모델의 유용성을 확인할 수 있다. 전반적인 현상 및 문제를 도식화하여 보여줄 수 있으므로 공감대 형성에 용이하기 때문에 소통을 강화할 수 있는 장점이 있다.

처방: 개선방안

문제에 대한 정확한 파악은 해결의 실마리를 제공해 준다. 진단과정에서 파악한 증상을 해결하기 위한 대안을 제시하는 처방과정이다. 문제를 발견하였을 경우 문제 자체의 원인에만 초점을 맞추다 보면 상세 원인을 찾기 위하여 이미 정의된 인과관계를 토대로 드릴 다운Drill Down 하는 경향이 크다. 그러나 이런 방식의 접근은 전체를 보지 못하고 부분에만 매달리는 오류를 발생시킨다. 수직적인 인과관계에만 매달리면 안 되고 수평적인 협력관계를 동시에 고민해야 발전된 해결 방안을 제시할 수 있다.

다음 그림에 개선 방향에 대한 순환모델을 정리하였다.

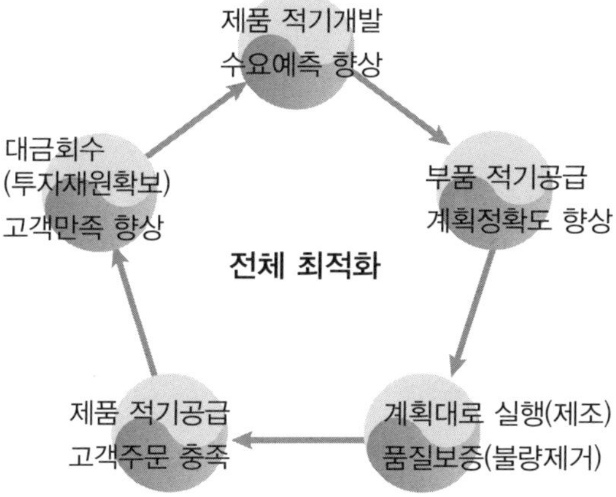

건강검진에서 개발 일정이 지연되는 증상을 제시하였다. 이런 증상을 단순히 개발프로세스 자체만으로 국한하고 문제의 원인을 찾으려 하기 전에 전반적인 프로세스 운영을 살펴보는 것이다.

개발일정이 지연되고 있다면 수요예측은 정확한 것인지 확인이 필요하다. 만약 수요예측이 부정확하여 개발 단계에서 설계가 자주 변경되어 지연되는 것은 아닌지 분석해 볼 필요가 있다. 또한 재무에서의 개발에 필요한 투자는 적기에 결정되고 지원이 되는지를 확인해야 한다. 필요한 장비의 도입이 늦어져서 개발일정을 준수 못하는 것은 아닌지 확인이 필요하고 좀 더 넓은 관점에서 문제를 조망해 보면 영업에서의 실제 고객의 수요를 정확히 파악 못하여 개발 일정 자체를 무모하게 설정했는지 여부를 점검할 필요도 있다.

만약 제조가 계획대로 생산을 하지 못하였을 경우 제조 자체의 수율 문제가 원인일 수 있지만 부품이 적기에 공급이 안 되어 생산계획을 변경할 수 있고, 생산계획 자체의 오류로 인하여 계획 실행이 불가한 경우도 있다. 또한 멀게는 수요예측 부정확으로 수요 변동폭이 커져서 구매와 생산계획 모두 차질이 생기는 것이다. 이 문제는 제조까지만 영향을 미치는 것이 아니라 생산계획 차질에 따른 제품공급에도 영향을 끼친다. 결국 이런 변동의 위험을 줄이기 위해 재고를 활용하게 되는 것이다. 그러나 많은 기업들이 재고를 단순히 재고의 많고 적음에 초점을 맞추며 재고 수준을 줄이는 방법에 몰두하게 된다. 근본 원인들은 기업 전체의 운영프로세스 전반을 관리해야 해결할 수 있는 것이다. 전체 최적화를 점검하는 이유가 필요한 지원이 정상적으로 확보되고 있는지를 파악하기 위함이다.

개선 기회의 유형별 과제화

건강진단을 통하여 증상들에 대한 원인 분석이 마무리되면 해당 프로세스들에 대한 개선 기회를 찾게 된다. 다시 말해 새로운 프로세스를 설계하고 시스템화하여 적용해야 하는 것이다. 아래 표에 핵심 프로세스별 증상에 따른 프로세스 차원의 해결 방법과 정보시스템 차원의 해결 방법을 정리하였다.

4) PLM(Product Lifecycle Management), MRP(Material Requirement Planning), SRM(Supplier Relationship Management), APS(Advanced Planning System), MES(Manufacturing Execution System), QMS(Quality Management System), MMS(Machine Maintenance System), PMS(Process/Procedure Management System), WMS(Warehouse Management System), CRM(Customer Relationship Management).

프로세스	증상	프로세스 개선기회	시스템 해법[4]
개발 마케팅	일정지연 시 판매 기회 손실 발생 시장의 정확한 수요 파악 안됨 생산계획 변동 심화	신제품 개발일정 관리 제품별·고객별 수요관리	PLM DP (Demand Planning)
구매 계획	자재 공용화·표준화 미흡 자재 소요계획 부정확 벤더 생산성 저조·안정성 미흡 부정확한 계획, 긴급 주문 다발, 제약조건 미반영 긴급 수요변경으로 자재 조달 못함	부품코드 표준화 BOM 정확도 개선 협력업체 평가 관리 생산계획 변경율 관리 생산제약 조건 계획반영 예외 생산관리	기준정보 관리시스템 MRP SRM APS
제조 품질	프로세스 효율 저하(원가부담) 생산능력 부족, 계획 변경 반품·불량 증가, 폐기비용 증가 재공 증가, 재 작업 비용 증가 우발 고장 증가, 가동율 잠식 감가상각 비 증가 원가 상승 작업표준 미비, 숙련도 부족 부품부족, 작업불균형,표준미비	계획대비 실적 차이분석 품질·불량 분석 품질비용 관리 설비 가동율 분석 MTTR, MTBF 관리 작업표준·운영정의서 관리	MES QMS MMS PMS
물류 영업	납기 약속 못 지킴, 불만 팽배 긴급배송 증가 및 물류비 손실 재고는 많은데 팔 물건은 없음 이동중 재고 파악 어려움 수요 예측 부정확 긴급 주문 다발	출하 이행율 분석 출하 변경율 관리 고객·제품별 재고 정확도 재고이동 비율 주문 변경 분석 긴급 주문 충족율 관리	출하이력관리 WM Order Tracking System
재무 고객	간접 부문 비효율 발생 생산성 차질(경비, 재료비, 노무비) 우수고객, 비수익 고객·제품 선별 고객 이탈, 고객 만족도 저하 고객 불만Claim 처리 미흡	제조 원가 미세 관리 제품·고객별 회전율 관리 고객 충성도 분석 VOC 처리 리드타임 관리	손익·원가 관리 고객·제품별 수익성 분석 CRM

예를 들어, 자재의 공용화 및 표준화가 미흡할 경우에는 우선 대안으로서 자재코드부터 우선 표준화를 실시하여야 한다. 이를 뒷받침해줄 정보시스템이 기준정보를 관리하는 시스템이 있다. 전사 차원에서 공통으로 관리되고 정확도를 유지해야 할 코드성의 데이터들을 통합하여 관리해 주는 도구이다.

이상에서 프로세스 혁신의 전개과정을 종전보다 보기 쉽고, 누구나 이해하기 쉽게, 그리고 종합적으로 문제를 분석하는 새로운 방법에 대하여 진행하였다. 문제를 해결하는 데 있어서 제일 먼저 해야 할 것은 문제의 현상을 정확히 이해하고 참 원인을 찾는 다는 것이다. '시작이 반'이라는 속담과 같이 정확한 문제를 파악하였다면 절반 이상 해결하였다고 말할 수 있다. 프로세스상의 문제 해결에 있어서 반드시 필요한 문구들이다. 왜냐하면 눈에 보이지 않는 무형의 프로세스를 이해하는 것은 무척 어려운 일이다. 이 문제를 해결하기 위한 방안으로서 프로세스의 가시성을 확보하고 프로세스들 간의 관계를 파악하였고 이를 토대로 원인을 파악하는 검진을 실시하고 원인을 분석하는 진단을 제안하였으며 진단결과를 실행할 처방을 제시하였다. 일종의 프로세스 건강관리를 설명한 것이다. 프로세스 건강관리가 곧바로 프로세스 혁신을 진행하는 과정임을 다시 한 번 강조한다.

정기검진: 성과관리

우리가 병을 고치고 나면 한동안 건강관리를 잊어버리고 과거와 같은 무분별하고 무절제한 생활을 계속하다가 재발되는 경험을 많이 해봤을 것이다. 프로세스혁신도 마찬가지이다. 일반적으로 개선은 점진적으로 상향 곡선을 그리는 특성이 있고, 혁신은 비연속적 곡선으로서 계단 형태의 특성을 갖고 있다고 말한다. 하지만 이는 개선이나 혁신이 끝난 직후를 얘기하는 것이지 시간이 경과한 후에는 장담을 못한다. 지속적인 사후관리를 안 하면 효과는 점차 사라지게 된다. 식스시그마에서도 이점을 해결하기 위한 DMAIC의 마지막 단계인 Control(유지관리) 단계의 중요성을 강조한다.

정기검진의 핵심은 가급적 병의 원인을 상세하게 찾아내어 미리 사전에 위험요인을 관리하는 것이다. 검진검사 장비가 미비했던 시절에는 고혈압을 관리하는 지표는 최고 혈압과 최저 혈압으로 단순하였다. 이후 검사장비가 발달하고 의료기술도 발달하면서 혈압의 상세한 원인 인자들이 아래 표(필자의 건강검진 결과에 나오는 예시)와 같이 분류되고 해당 지표들의 상태가 나쁠 경우 예상되는 질병까지 보여주고 있다.

생체지표	상세원인지표	증상
혈압	T-콜레스테롤 HDL-콜레스테롤 LDL-콜레스테롤 Cardiac Risk Factor 크레아티키나제	동맥경화, 고지혈증, 지질대사 고지혈증, 순환기, 심장병 위험인자 심근경색, 지방간, 췌장암, 동맥경화 심혈관 질환 위험도 심근경색, 근육염

또한 해당 질병을 사전 예방하기 위하여 권장하는 음식 및 피해야 할 음식 정보까지 같이 제공하면서 건강관리를 할 것을 요구한다. 『동의보감』에서 제시했던 섭생 차원의 관리와 유사하다.

진찰단계에서 설명하였던 건강검진표를 상세히 작성하고 보유할 수 있을수록 그 기업은 사전 건강관리를 잘하고 있다고 할 수 있다. 왜냐하면 내재화에서 소개한 전사 프로세스 지도와 데이터베이스화된 프로세스 체계를 토대로 상세한 건강검진 표를 작성할 수 있기 때문이다. 문제를 정확히 파악할 수 있고 어느 프로세스에서 문제를 야기하고 있는지 찾기가 쉬워진다. 상세한 검진표는 이미 지표들 간의 인과관계 및 순환관계와 증상이 정리되어 있으므로 대시보드Dashboard의 설계가 마무리 된 것과 같다. 그러므로 대시보드 시스템 개발이 곧바로 가능해진다.

사후관리의 핵심은 정기적으로 효과가 유지되고 있는지 확인하고 차질 발생 시 신속히 피드백 하여 조치를 취할 수 있도록 하는 것이다. 사후약방문이 아닌 사전 관리를 할 수 있도록 유도하는 것이다. 그러므로 프로세스혁신 과제의 발굴로만 끝내지 말고 주기적인 과정 점검을 통하여 끝까지 완료할 수 있도록 관리해야 한다. 만약, 중요한 과제이나 계속 차질이 발생하고 효과가 미진할 경우에는 전략수립에 반영하여 더 많은 자원과 인력을 투입하는 방법도 하나의 대안이다. 정기검진 결과가 전략수립에 반영되고 이어서 새로운 문진과정에 반영되는 순환사이클을 운영하는 것이 프로세스 건강관리 흐름의 기본이다.

Appendix: 프로세스 순환원리 연습해보기

Ⅶ 프로세스 순환모델 활용

Appendix: 프로세스 순환원리 연습해보기

프로세스 순환모델 활용

피자가게 진찰

프로세스 순환카드를 고안하게 된 주된 동기는 프로세스 혁신을 추진하는 과정에서 가장 어려웠던 점이 일하는 방법을 바꾸는 것을 이해시키고 설득시키는 것이었다. 각종 혁신기법들은 난무하지만 기법들은 방법만을 알려줄 뿐 실제 실행에서 부딪히는 일들에 대해서는 해결이 어려운 것이 사실이다.

결국 새로운 방법이 실행 단계에 들어서게 되면 이를 실행하는 사람이 새로운 방식을 수용하고 결정해야 하는 것이다. 컴퓨터도 기계도 아니다. 사람들에게 전체 효율을 향상시켜 궁극적으로 이익을 내기 위해서는 고객 관점에 새로운 시각으로 내부의 일하는 방법들을 재정립하고 실행에 옮기는 것을 몸소 실천할 수 있도록 해야 한다.

전체 최적이라고 해서 모두가 전체를 다 알지 않아도 된다. 나를 둘러싼 전후 및 좌우 프로세스들과의 협력 방안을 이해하면 되는 것이다. 이 과정을 종전에는 프로세스지도만을 가지고 설명을 하였으나 이해도가 생각만큼 높지 않았다. 물론 프로세스지도도 상세하지 않았었다. 문서로 작성된 지도 상에는 표현할 수 있는 정보가 한계가 있으므로 새로운 방법이 필요하였다.

프로세스 순환모델은 일종의 다이어그램 형태로서 프로세스들 간의 서로 협력하는 선순환 관계와 서로 문제를 야기시키는 악순환 관계를 한 눈에 볼 수 있도록 정리를 해준다. 누가 나를 도와줘야 하고 내가 누구를 도와야 하는지, 그리고 누가 나를 방해하고 내가 누구에게 문제를 야기시키는지를 유관 부서들이 모여서 회의 할 경우 교통정리가 용해진다.

혁신의 주요 성공요인 중 핵심적인 것 하나가 바로 소통을 잘 하는 것이다. 문제가 있을 때 이를 해결하기 위해 모일 수 있고 모인 사람들 간에 소통이 원활하게만 된다면 반쯤 성공했다고 할 수 있다. 프로세스 순환모델 및 순환카드를 활용하여 소통에 도움이 될 수 있음을 재차 강조하면서 활용 방법을 설명하고자 한다.

■ 현상:

전통적인 피자가게에서 전화를 통한 피자 주문과 배달로 고객에 대응하고 있었지만 경영환경이 변하여 경쟁자들은 주문 방식도 인터넷, 모바일을 추가하고, 배달도 30분 이내 신속하게 완료하고 있으며 다양한 신제품을 출시하고 있다. 고객들은 주문에서 배달까지 시간이 오래 걸린다고 불평을 하고 있다. 경쟁자들을 벤치마킹하여 그들처럼 프로세스와 시스템을 바꾸고자 한다.

막상 경쟁자들처럼 일하는 방식을 바꾸고 전자상거래의 도입 및 인터넷과 모바일 환경을 활용하는 프로세스와 시스템을 구축하고자 하지만, 무엇부터 어디서부터 시작해야 할지 방향을 못 잡고 있다. 무엇보다도 현재 하는 일이 무엇이 문제인지를 정확히 알지 못하고 있는 것이 더 심각하다. 문제의 현상 파악이 부족하니 참 원인을 알기 어렵고 원인이 정확히 파악이 안 되고 있으니 개선 방안도 정리되지 않고 있다.

개략적으로 파악을 해 본 결과, 경영상의 문제는 시장 잠식 및 신제품의 매출부진이고, 고객의 불만은 주문방식과 신속한 배달이 안 되는 것이며, 제품이 다양하지 못한 것이다. 경영의 요구사항은 전자상거래를 도입하여 주문 방식을 다양화 하고 고객의 입맛에 맞게 신제품을 개발하여 매출비중을 늘리는 것이고 30분 이내의 신속한 배달과 모바일결제를 도입하여 신속한 대금결제를 시행하는 것이다.

피자가게 진단

고객의 요구 사항 및 경영진의 주문을 만족시키기 위하여 현재의 수준은 어떠한지 프로세스와 시스템 차원에서 분석을 해본다.

■프로세스 진단:

- Off-Line 주문접수: 전화 주문 후 피자 제작 및 고객 배달.
- 주문에서 배달 까지 전체 소요시간 관리 안함.
- 신제품 개발 프로세스 및 매출 비중 관리 안함.

■ 시스템 진단:

• 고객관리 시스템 미비.

• On-Line 주문 이력관리 못함.

• 모바일 주문 및 대금결제 부재.

진찰 결과를 요약하면 다음 그림과 같다. 프로세스 순환모델 중 개발관점, 공급관점과 관리관점에서 문제가 있는 것으로 보인다.

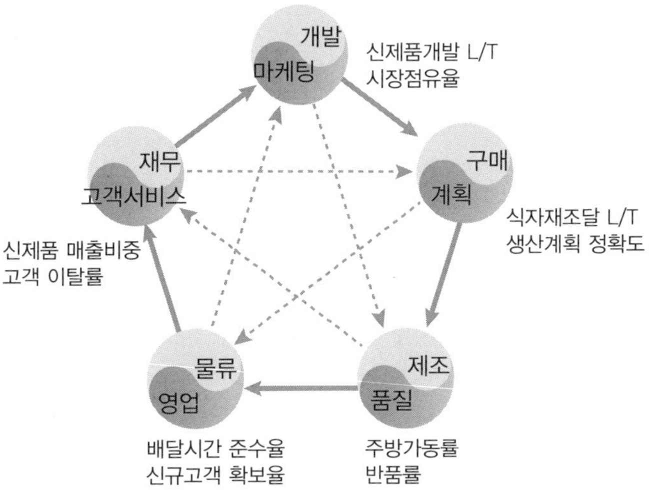

■ 본 현상 분석에서 주의할 점:

새로운 순환 모델이 차별화된 포인트를 제공하는 것을 설명하고자 한다. 종전의 방법은 위의 그림에서처럼 단순히 문제라고 생각하는 부분들에 대해서만 분석을 하고 대안을 수립하려고 한다. 그러나 누누이 강조하지만 기업의 운영프로세스는 몇몇 프로세스의 탁월함만으로는 전체를 향상시킬 수 없다는 것이다. 필요한 식자재들은 사전에 준비가 되는지 조달관점에서 확인할 사항들이 있고 다양한 신제품의 주문을 수용할 수 있는 제조 능력은 확보했는지 생산관점도 같이 짚어봐야 하는 것이다.

당연한 사항인 것 같지만 많은 혁신 프로젝트들에 있어서 동일하게 반복되는 대표적인 실수들이다. 전체를 보지 못한 상태에서는 충분히 발생 가능한 사항이다. 그러므로 프로세스 순환모델을 활용하여 점검의 재점검을 통하여 새로운 프로세스의 허점을 보완해 보아야 한다. 이 부분을 미리 확인하지 않고 프로젝트를 추진하게 되면 오픈과 더불어 혼란이 시작된다. 처방 부문에서 좀 더 자세히 설명할 계획이다.

피자가게 처방

진단에 따른 대응 방안으로서 전략과 프로세스와 시스템 부문에 다음과 같은 처방을 진행하고자 한다.

■ 전략:

- 신제품 매출 비중을 높인다.
- 인터넷 시장 진입으로 젊은 층을 확보한다.
- 30분 내에 배달하여 고객 만족도를 높인다.

■ 프로세스 비전:

- 신제품 개발 라이프 싸이클 관리.
- 온라인On-Line 전자상거래 프로세스 운영.

주문에서 배달 프로세스 관리 및 리드타임(L/T) 30분 이내 달성.

■ 시스템 비전:

- 모바일 주문 및 배송시스템.
- 실시간 주문관리·손익관리.
- 고객관리 시스템을 통한 신제품개발 강화.

상기의 처방을 진행하기 위해서는 일부 프로세스들만 개선해서는 해결이 안 된다. 주문에서 배달까지 이와 관련된 관통 프로세스들 전반에 미치는 영향과 상호 협력 방안들을 동시에 고려하고 해결해야 한다. 전체 최적화는 이렇게 상호협력이 원활하게 적시에 이루어질 때 가능한 것이다. 프로세스 순환모델에 해결 방법을 적용해 보자.

우선 개발 관점에서 점검 사항들을 확인해 보면 다음 그림과 같다.

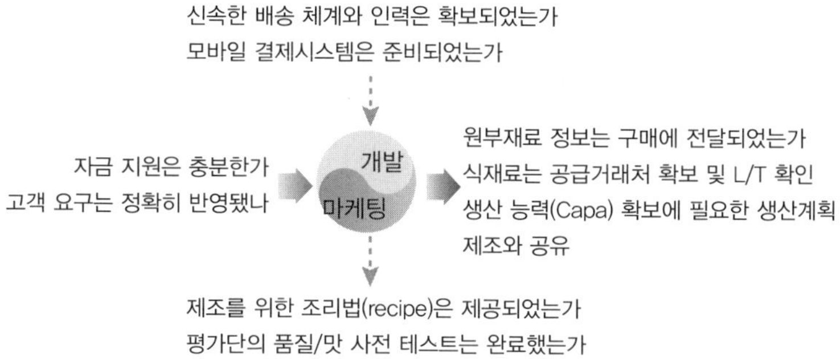

개발 관점이 도움을 받을 것에 대하여 살펴보자. 재무로부터 신제품 개발에 필요한 투자는 적기에 확보되고 있는 것인지 확인이 필요하다.

때로는 투자회수율이 낮다는 재무상의 수치만을 가지고 투자의 적절성을 평가하여 투자가 무산되는 경우가 발생한다. 다음은 신제품에 대한 고객들의 요구 사항들은 정확히 제공된 것인지 다시 한 번 확인해야 한다. 재무와 고객 서비스로부터 지원을 확인했으면 개발의 후공정인 조달부문에 지원해 줄 것이 무엇인지 점검해야 한다. 개발단계에서 만들어진 부품구성표(재료 명세서라 표현하겠다)는 정확히 작성하였고 구매에 전달되었는지 확인해야 한다. 이 부분이 정확하지 않을 경우 조리법에 없는 다른 재료가 구입되거나 품질이 낮은 대체 재료가 입고되는 경우도 발생한다. 당연히 피자 제조 및 품질에 이상이 생기게 되는 것이다. 구매는 재료별로 구입에 소요되는 리드타임을 정확히 파악하여 재료 결품에 따른 생산중단을 막아야 한다. 마케팅은 정확한 수요예측을 계획에 제공해야 한다. 수요 예측의 변동이 심하게 되면 계획의 변동을 유발하고 이어서 제조계획이 흔들리게 되어 이를 극복하기 위하여 중간 과정마다 없어도 될 재고를 확보하게 된다.

다음은 개발부문에 악영향을 줄 수 있는 공급관점을 살펴본다. 물류나 영업의 주문 및 공급형태가 개발에서 설계한 대로 신속하게 공급할 수 있는 배송체계가 준비되었는지 확인이 필요하다. 대대적인 마케팅과 프로모션과 달리 내부의 배달 체계가 신속한 스피드를 지원할 준비가 안 되어 있으면 오픈과 더불어 고객들은 불만이 쌓이고 내부는 혼란이 가중된다. 배송인력의 차질이 가능한 원인 중의 하나이고 모바일 결제기기나 시스템이 정상작동이 안 되는 경우, 주문자들의 불만이 제대로 접수되지 않아 제품의 불만이 적기에 개발에 반영이 안 되는 경우가 발생할 수 있다.

반면에 개발에서 설계한 조리법이 제조와 사전에 공유가 안 되는 경우가 발생할 수 있다. 이 경우 제조는 정해진 시간에 피자를 만들지 못하여 배달에 지연을 초래할 수 있고, 정확한 배합이 이루어 지지 않아 불량 피자를 만들어 효율을 저하시키게 된다. 불량 피자를 품질에서 제대로 검출하지 못하고 고객에게 전달된 경우 반품과 같은 불만이 발생한다. 그러므로 개발 관점 역시 받을 생각만 하기보다는 전체 효율을 위하여 다른 부분에 제공해야 할 정보 및 중간 제품을 약속한대로 정확히 지켜야 한다.

조달관점에서의 점검 사항들을 다음 그림에서 요약하였다.

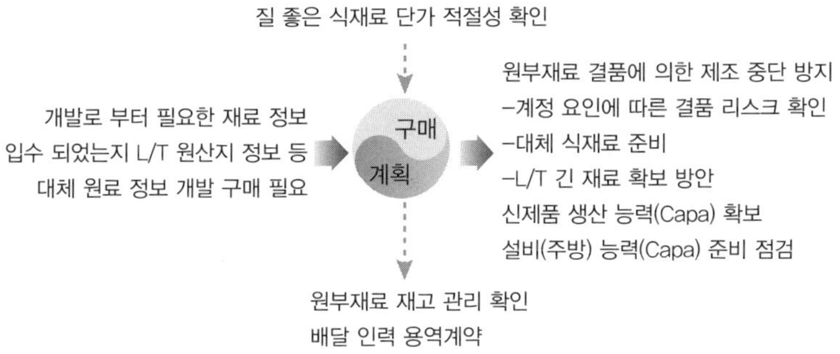

조달 관점에서 도움을 받을 것에 대하여 살펴보자. 앞서 설명한 대로 개발에서 설계한 식자재명세표를 확인하고 오류가 없는지를 확인해야 한다. 재료별로 구입에 필요한 리드타임을 확인하고 식재료인 만큼 계절적 요인에 따른 신선한 재료 공급에 차질이 발생할 수 있으므로 대체 재료에 대한 정보 등도 입수받아야 한다. 일반 제조업의 경우 개발과 구매가 같이 정보를 공유하고 비용을 절감하기 위하여 개발 구매라는 개념을 활용하기도 한다. 제품개발 단계에서부터 구매가 공동으로 참여하여 대체 자재 활용을 통한 비용 절감이나 구매 리드타임을 감안하여 부품이나 설비의 적시適時 발주를 진행함으로써 공장 가동 지연과 같은 리스크를 사전에 차단하는 것이다.

개발로부터 대체 재료에 대한 정보나 리드타임을 정확히 지원받게 되면 구매의 할 일은 주방에서 피자를 만드는데 재료의 공급이 차질이 나지 않도록 협력업체들을 관리하여 적기에 필요한 수량의 재료들이 공급되도록 해야 한다. 계획은 정확한 수요예측을 토대로 주문을 충족시키기 위해 필요한 생산수량 및 시기를 주방에 공급해 주어야 한다.

다음은 조달 관점과 충돌을 일으키는 항목들을 사전에 점검하는 것이다. 구매의 본질은 품질 좋은 재료들을 제조에 공급하는 것이다. 반면 재무의 목적은 원가를 줄일 수 있게 단가에 근거한 구매를 요구하게 된다. 무조건 품질 좋은 재료를 구매하기보다는 가급적 동일한 수준에 저렴한 재료를 원하기 때문에 예산부족으로 인하여 대체재료를 공급하게 되는 경우가 발생할 수 있다. 이는 제조의 생산성에 영향을 줄 수 있는 요인이므로 사전에 점검을 해야 한다.

구매와 계획의 정보가 공급관점에 정확히 공유되는지 필요한 시기에 제공하고 있는지 확인해야 한다. 계획에서 작성한 출하 계획이 정확해야 배달계획을 정확히 수립하고 차질 없이 30분 내에 공급이 가능할 것이다. 중간에 주문이 취소되었지만 이 정보가 배달 부서에 즉시 공유되지 않으면 주방도 불필요한 피자를 만들게 되고 배달도 불필요하게 실시하여 낭비를 유발하게 되는 것이다. 정보 공유의 중요성이 다시금 확인되는 과정이다. 또한 자재 소요계획이 부정확할 경우 물류에서는 재료 및 제품의 재고 관리에 어려움을 겪게 된다. 때로는 과잉재고에 고생하고 때로는 결품 가능성에 고생을 하게 된다. 신속 배달에 필요한 인력들을 사전에 일정대로 계약을 완료해줘야 필요한 교육을 실시하여 정상 가동에 차질 없도록 준비할 수 있다.

생산관점에서의 점검사항들을 다음 그림과 같이 정리하였다.

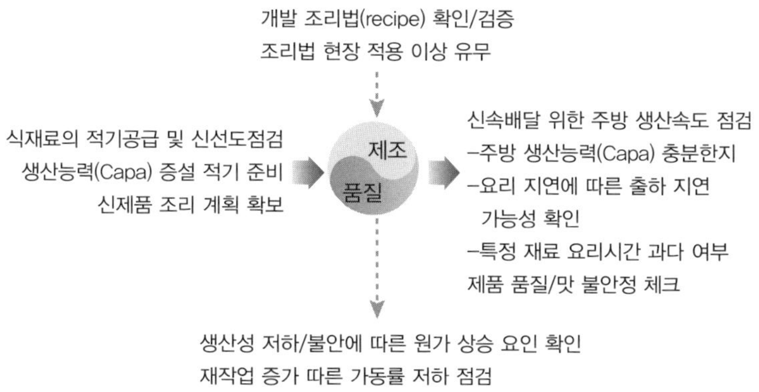

생산관점은 구매와 계획으로부터 적기에 지원을 받아야 한다. 구매에서 신선한 재료들을 제때에 공급하고 있는지 확인이 필요하고 계획에서는 수요에 기반하여 중기 증설 계획을 제공하고 있는지 점검해야 한다. 때로는 주방의 피자 생산능력이 증가 되지 않아 주문을 포기하는 경우가 발생한다. 기회손실이자 회복하기에는 너무 오랜 시간이 걸리게 된다. 수요예측의 중요도가 필요한 것이다. 중기 의사결정에 결정적인 영향을 미치기 때문이다. 또한 개발로부터 정확한 조리법을 전달받았고 품질평가 기준도 확보해야 한다.

다음은 공급관점에 지원할 사항들을 점검한다. 신속한 배달을 위하여 주방에서는 주방기기들의 작동상태를 점검하여 기기들의 고장으로 인한 가동율 저하와 생산능력 미달을 방지해야 한다. 가동율이 저하될 경우 당연히 배달에 문제가 발생하는 것이고 고객의 불만이 발생하게 된다. 서둘러 생산하게 되면 피자의 품질에도 영향을 줄 수 있으므로 주방은 계획대로 차질 없이 피자를 배달에 제공해 줄 수 있도록 만전을 기해야 한다.

다음은 충돌하는 관계로서 도움을 받아야 할 사항들에 대한 점검이다. 앞서 개발관점에서 생산관점으로 제공해야 할 정보와 일들을 설명하였다. 중복이 되는 부분이다.

제조와 품질이 자기 역할을 충실히 하지 못할 경우 피해를 받는 부분이 재무와 고객서비스 부문이다. 제조에서의 가동율 저하나 생산성 저하는 제조원가 상승 요인을 유발시키는 것이다. 당연히 재무에서는 원가부담이 증가하게 되어 손익에 차질을 빚게 되는 것이다. 품질 또한 피자에 대한 품질 보증이 제대로 안 되고 검사원들의 오판율이 증가하게 되면 반품 및 클레임으로 인한 재작업 비용 및 재검사 비용, 재작업 비용들의 증가로 인하여 원가 상승 및 고객관리에도 차질을 일으키게 된다.

공급관점에서의 점검사항들을 정리한 그림이다.

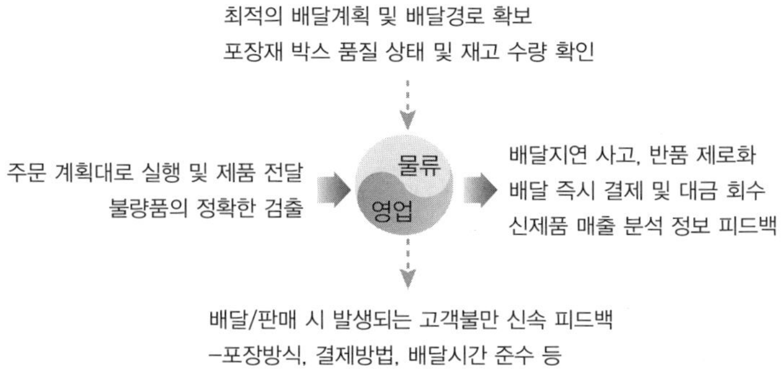

공급관점은 생산관점으로부터 도움을 받아야 한다. 제조와 품질이 약속한대로 정확히 제품과 품질을 확보해 주어야 쉽게 일할 수 있는 것이다. 제조는 주문계획대로 피자를 만들어서 전달해 주면 되는 것이고 품질은 불량 피자를 사전에 검출하여 고객에게 전달되지 않도록 지원을 받는 것이다. 관리관점에 도움을 주어야 하는 사항들을 확인해보자. 당연히 배달지연이나 잘못된 곳으로 배달되는 배달사고, 배달과정에서 피자의 파손에 따른 반품 등을 제로화 해야 한다. 상기 비용들이 증가할 경우 손익에 영향을 주게 된다. 또한 모바일결제를 차질 없이 진행해야 한다. 신속한 결제는 신속한 대금회수에 영향을 주기 때문이다.

물류와 영업에 악영향을 주는 내용들을 점검해 보면 앞서 조달관점에서 공급관점으로 충돌을 일으킬 수 있는 항목 설명 시 확인된 사항과 중복된다. 반대로 개발 및 마케팅에 악영향을 줄 수 있는 항목들도 개발 및 마케팅에 악영향을 주는 과정에서 이미 설명되었다.

관리관점의 점검 사항들에 대한 요약 그림이다.

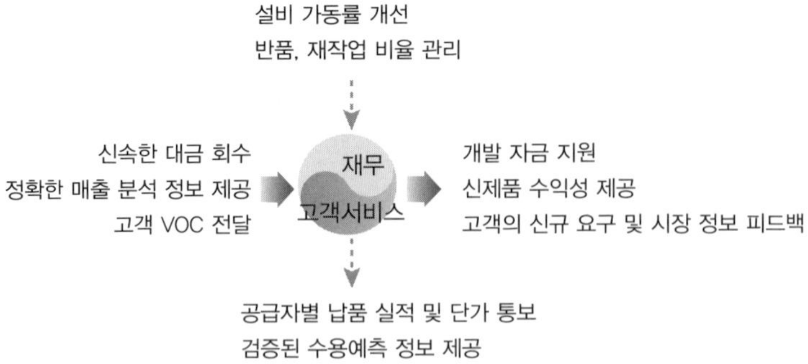

관리관점은 바로 앞 공정인 물류와 영업으로부터 직접적인 지원을 받아야 한다. 신속한 배달에 이어지는 모바일을 통한 신속한 대금결제가 이루어져야 매출채권을 관리하기 용이해 지고 정확한 매출정보는 각종 분석에 반영하여 손익예측 및 제품별 수익성 분석 등에 활용할 수 있다. 고객 서비스 역시 배달 과정에서의 새로운 요구나 불만을 정확히 파악하여 고객들의 요구 및 신규 제품의 수요들에 대한 조사를 실시할 수 있는 것이다. 재무는 자금의 운영상태를 확인해 가면서 새로운 제품의 개발을 위해 필요한 기술개발 및 제품개발에 필요한 투자를 적기에 제공해야 한다. 고객서비스 또한 시장의 변화를 마케팅과 제품개발에 제공해야 신제품 개발의 성공 확률을 높일 수 있는 것이다.

재무와 고객서비스에 악영향을 주는 경우 역시 제조와 품질이 미치는 영향에서 설명하였고 반대로 구매와 계획에 주는 악영향 또한 조달관점에서 이미 설명하였다.

주요 성공 요인 점검

앞의 진단단계에서 잠시 언급하였던 사항으로서 프로세스 순환모델을 활용하면 기존 방법상의 문제점을 보완 할 수 있다고 하였다. 좀 더 자세히 살펴보자.

주의할 점: (환상 및 착각)

많은 기업들이 프로세스혁신을 하면서 정보시스템을 도입하게 되는데 정보시스템이 마지막 단계이다 보니 앞서 진행했던 프로세스의 재설계는 시간이 갈수록 잊혀져가고 정보시스템만 제대로 구축하면 되는 것으로 착각을 한다. 좀 더 심하게 표현하면, 피자가게 사례에서도 일반적인 접근 방식대로 적용하면 인터넷·모바일 주문 시스템을 도입하면 데이터베이스를 통하여 고객의 성향, 지역별 매출 분석 등 다양하게 파악할 수 있어 매출을 늘릴 수 있을 것으로 잘못 해석한다는 것이다. 앞서 설정했던 전략과 프로세스 비전은 어디로 간 것일까?

프로세스를 상세히 설계하지 않았으니 내용 파악이 어렵고 정보시스템으로 제대로 반영되었는지 확인도 힘든 상태에서 시스템을 오픈하면 무언가 아웃풋은 나오기 때문에 모든 초점이 시스템으로 쏠리게 된다. 먼저 설계한 프로세스가 실현 가능성이 있었는지를 다시 한번 확인하고 설계대로 제대로 구현되지 않은 시스템은 다시금 고쳐야 하는 것이다. 프로세스설계가 본질임을 잊지 말아야 한다. 프로세스만 잘 정의되었으면 전산화는 단순한 업무의 자동화라고 설명했다.

■때 늦은 후회: (실상 및 현실)

오픈 후 새로운 시스템대로 운영이 되지 않아 혼란만 가중되고 늦은 배달과 내부 혼란으로 매출은 생각대로 이루어지지 않는다.

앞서 주의할 점에서 강조한 것이 프로세스가 제대로 설계되었고 반영되었는지 확인해야 한다고 한 것과 맥을 같이한다. 프로세스를 정확히 설계하였고 시스템에 제대로 반영한 후에도 복병은 잠복하고 있다. 왜냐하면 To-Be프로세스는 비즈니스 프로세스로서 실물을 관리하는 현장의 프로세스와는 갭Gap이 발생한다. 현장은 현장 나름대로 생산성 향상을 위하여 자동화 및 공정개선을 구축해왔다. 그러나 이런 개선사항들이 비즈니스 프로세스를 설계할 당시에 모두 반영한다는 것은 불가능한 사항이다. 전체를 볼 수 있는 사람이 없는 것이 사실은 가장 큰 문제이다.

그러므로 비즈니스 프로세스에서 스피드를 향상시키면 현장의 물리적인 처리속도가 이를 쫓아 오지 못하는 경우가 발생한다. 이를 해결하기 위해서는 작업방식을 변경하거나(돈이 덜 들기 때문에 운이 좋은 경우) 공정을 개선해야 하는 경우가 발생한다. 다른 말로 표현하면 현장혁신이라고 한다. 새로운 시스템을 뒷받침해야 할 관련 프로세스들을 끊임없이 조율하고 개선해야 하는 것이다. 지속적인 혁신이 추진되어야 한다.

■고려사항: (선결과제)

프로세스 혁신은 몇몇 부서들만 노력하면 되는 것이 아니라 전사의 프로세스를 고려해야 하는 것이다. 또한 전사 프로세스를 눈으로 확인할 수 있고 이를 바탕으로 부서 간 협업 사항들은 먼저 설계하고 합의

하고 난 후 전산화해야 한다.

물론, 이 경우 빅뱅Big Bang식으로 하기에 투자 및 인적 자원의 부담이 있을 경우 우선 프로세스를 설계한 후 단계별 로드맵Roadmap을 가지고 추진하는 것도 한 방법이다. 또한, 내부에 프로세스혁신 관련 인력을 먼저 양성하고 교육이 되어 있다면 외부 자원을 최소화하여 비용을 절감할 수 있다.

비싼 돈 들여 헬스클럽에서 건강관리할 수도 있지만, 저렴하게 생활 주변에서 운동하며 건강관리할 수 있는 것처럼 중요한 것은 내부에 프로세스관리 인력을 확보해야 하는 것이다. 프로세스혁신 인력이 없으면 경쟁사의 것을 카피하고 싶어도 쉽지 않고 혁신을 유지하기도 힘든 것이다. 다시 한번 강조하지만 비즈니스 포트폴리오를 만드는 기획 인력들만이 중요 인력이 아니다, 비즈니스를 실행할 운영 인력들도 중요 인력이다.

| 맺음말 |

다분히 서구적 접근방식인 프로세스혁신을 추진하면서 겪어왔던 무수히 많았던 시련과 인내를 통해서 한국적 사고방식에 익숙한 혁신 방법은 없을까를 고민하면서 겁 없이 도전했던 모험의 첫 번째 여정을 마무리하게 되었다. 『동의보감』과 『주역』이라는 전혀 오늘날 기업 경영과는 어울릴 것 같지 않았던 주제들이 인간이라는 인류사회의 주체를 매개로 공통 분모를 찾아내고 새로운 해법을 발견하게 된 것에 필자 자신도 놀라움을 금치 못하고 있다.

평상시 항상 통섭의 중요성을 느끼면서도 통섭은 신제품 발명에 과학과 공학의 결합을 통하여 새로운 아이디어와 제품을 만드는 곳에만 적용할 수 있는 것으로 생각해왔다. 본 책을 통해서 의학과 역학과 경영학을 아우르는 일명 경의역학經醫易學의 통합을 제시하게 되어 기쁘게 생각한다. 이번 시도는 경의역학의 첫 걸음에 해당하는 것이고 앞으로도 관심 있는 사람들의 참여를 통해서 한국식 경영방식을 창조하여 국제 경쟁력을 높이는 데 밑거름이 될 수 있으면 좋겠다는 바람을 가지고 있다.

한국식 프로세스 혁신 방법으로 제안했던 내용들을 살펴 보면 첫째, 기업의 해부도에 해당하는 프로세스 지도를 상세히 작성하고 계층화

하는 것이다. 무슨 일을 하고 있는지 눈으로 확인할 수 있어야 문제를 찾아내기 쉽고 문제에 대한 개선방안도 만들기 쉬운 것이다. 둘째, 프로세스 순환모델을 통하여 프로세스들 간의 협력과 상호 충돌의 원리를 이해시키는 것이다. 부문 간의 전체 최적화와 부서이기주의의 태생적 한계를 음양오행 모델을 토대로 보여주면서 충돌을 최소화시키는 방법을 제시하고 있다. 셋째, 양생 및 섭생의 원리를 바탕으로 프로세스관리가 일회성으로 끝나서는 안 되는 것이며 지속적으로 건강관리 하듯이 끊임없이 해야 하는 것을 강조했다. 몸에 좋다는 음식도 내 체질과 맞는지를 확인한 후 복용해야 하는 것처럼 아무리 좋은 경영기법도 내가 소화하기 힘들거나 체질에 맞지 않을 경우는 복용을 삼가해야 하는 것이다. 남들 좋다고 무조건 따라 하면 탈이 나게 되어 있는 것이다.

마지막으로 세 가지 새로운 방법을 실천하기 위한 사람을 양성하고 조직을 운영해야 하는 것이다. 단순한 비용절감에 현혹되어 무심코 버려두었던 기업 내부의 핵심역량인 프로세스를 내 것으로 만들지 않는 한 아무리 좋은 방법이라 하여도 제대로 된 성과를 창출할 수 없는 것이다. 남이 만들어 주기에는 한계가 있는 것이며 그들에게는 의무감 또한 없는 것이다. 작게라도 인력을 구성하고 지속적인 활동을 하면서 역량을 축적시켜 나가는 것이 필수적이다.

조직 내부에 자신들이 하는 일에 대한 이해도가 높아지기 시작하면 문제 개선에 대한 의지가 강해지면서 소통이 원활해지게 된다. 남의 고충을 이해하고 내 문제를 공유하게 되면 상호 간 신뢰가 형성이 되면서 부서 간에 쌓였던 장벽이 허물어지게 되는 것이다. 협업이 저절로 이루어지게 된다. 잘못된 프로세스를 놓고 잘못된 아웃풋에 대해 작업자들에게 추궁하던 실책들을 없애야 한다. 잘못된 프로세스를 정상적으로 개선하고 나면 작업자가 잘못된 아웃풋을 만들어낼 이유가 없는 것이다. 프로세스혁신이 중요한 이유이다. 이렇게 하나씩 일하는 방법이 개선되고 다져지게 되면 궁극적으로 새로운 변화 추진과 정보시스템을 구축하는 과정을 단축시킬 수 있게 된다. 왜냐하면 우리가 주인이 되어 주도적으로 추진하면서 부족한 부분만 도움을 받으면 되는 것이다. 경영진 역시 투자에 대한 부담을 덜 수 있게 되어 만족할 것이다. 생산성 향상과 비용절감이라는 두 마리 토끼를 잡는 방법을 제안한 것이다.

『동의보감』의 「내경」 편을 중심으로 기업에 왜 경영혁신이나 프로세스혁신이 필요한지를 설명하였다. 아직 다루지 않은 외형 편을 통해서는 사람의 관상을 보고 그 사람의 운명을 예견하듯이 기업도 나름대로의 관상을 가지고 있으며 그 관상을 바꾸어야 운명을 바꿀 수 있다고 주장하고 싶다. 다시 한 번 혁신이 필요한 이유를 설명하는 것이다. 기업이 현재의 운명을 개척하고 무병장수하고 돈을 많이 벌기 위해서는 내부의 역량을 강화하는 혁신이 필요한 것이다.

우리가 흔하게 접할 수 있는 기업의 재무제표들이 기업의 관상에 해당된다고 말할 수 있다. 『동의보감』의 「외형」 편에서 우리의 얼굴 이목구비와 내부의 오장육부가 연결되어 있는 것을 볼 수 있다. 기업의 재무제표가 사람의 얼굴이듯이 재무지표와 연결된 프로세스의 운영을 보여주는 지표가 비재무지표들이다. 오장육부의 상태가 얼굴에 나타나듯이 기업의 운영 프로세스의 상태가 재무제표에 나타나게 되는 것이다. 그러므로 이를 잘 활용하면 기업의 현재 건강상태를 볼 수 있고 방치하게 되면 어느 부분에 문제가 발생할 것인지를 예측할 수 있게 된다. 왜 프로세스를 바꾸고 새로운 방식으로 전환해야 하는지 힘들게 설명 안 해도 이해할 수 있을 것이다.

동양고전들과의 대화를 통한 새로운 방법의 개척은 계속 이어질 것이며 새로운 지혜를 발굴하여 어렵게만 느껴졌던 경영기법들에게 친숙해질 수 있는 기회를 제공할 것을 약속 드리며 첫 번째 여정을 마무리하고자 한다.

| 참고도서 |

• 김탁환, 영혼을 흔드는 스토리텔링, 다산북스, 2011

• 마이클해머, 공민희 옮김, 리엔지니어링 기업혁명, 스마트비즈니스, 2008

• 마이클해머, 박나영&한상석 옮김, 빨리, 싸게, 멋지게: 열심히 일하지 말고 똑똑하게 일하라, 서울: 타임비즈, 2010

• 삼일 PwC 컨설팅 기업 인텔리전스 그룹, 분석의 힘, 교보문고, 2011

• 신동원 김남일 여인석, 한권으로 읽는 동의보감, 도서출판 들녘, 2012

• 전창선 어윤형, 오행은 뭘까?, 세기, 1998

• 피터 드러커, 남상진 옮김, 매니지먼트, 청림출판, 2007

• 헤르먼 지몬, 이미옥 옮김, 히든 챔피언, 흐름출판, 2008

• Gordon Davis & Margrethe Olson, Management Information System 2nd Ed, McGraw-Hil, 1985

• Peter Drucker, The Practice of Management, HarperBusiness, 1954

• Hindo Brian. At 3M, A Struggle Between Efficiency And Creativity, http://www.businessweek.com/stories/2007-06-10/at-3m-a-struggle-between-efficiency-and-creativity

• Robert Kaplan & David Norton, The Balanced Scorecard, Boston MA.: HBS Press, 1996

• Kevin Kelly, New Economy? What New Economy?, Wired: http://www.wired.com/wired/archive/6.05/krugman.html

• Kenneth Laudon, & Jane Laudon, Management Information Systems 10th Edition, River, New Jersey: Pearson Prentice Hall, 2006

• Michael Porter, The Competitive Adavantage, 1985

- Thomas Malone, Kevin Crowston, & George Herman, Organizing Business Knowledge - Process Handbook, The MIT Press, 2003
- Louis Uchitelle, Deepening Wrinkles in New Economy, https://www.nytimes.com/2001/10/17/business/deepening-wrinkles-in-the-new-economy.html?src=pm
- 장진원, http://magazine.hankyung.com/business/apps/news?popup=0&nid=01&nkey=2011112500834000261&mode=sub_view
- 유호정, http://ciobiz.etnews.com/news/special/cover/2535234_1805.html
- 장진원, http://magazine.hankyung.com/business/apps/news?popup=0&nid=01&nkey=2011112500834000261&mode=sub_view
- 성현희, http://ciobiz.co.kr/news/special/cover/2535241_1805.html

| 찾아보기 |

ㄱ

가치사슬(Value Chain) 105, 195

과유불급 63, 208, 234, 236, 250

관리기능 225, 226

건강검진 25, 27, 29, 33, 34, 39, 40, 47, 132, 259, 260, 262, 265, 269, 270

검진 34, 35, 259, 263, 268

개선기회 217, 267

개발기능 209, 212, 213

고객서비스 70, 77, 78, 213, 226, 227, 230, 233, 278, 285, 287

공급기능 222~224

그린벨트(Green Belt) 153, 191

ㄴ

내경 편 41~45, 83, 274

내재화 146, 152, 156, 157,

ㄷ

대시보드 260, 270

대축척 지도 136~138, 140, 172, 200, 243, 244, 246

동의보감 15, 16, 17, 21, 22, 41, 42, 44, 45, 47, 52, 61, 64, 80, 82, 83, 84, 250, 259, 272, 274

디지털 치매 13, 14, 16, 17, 91, 114~119, 122, 124, 148, 159, 177,

ㅁ

마스터 블랙벨트(Master Black Belt) 153, 191

마케팅 15, 46, 70~72, 76, 87, 105, 108, 133, 203, 210, 213, 214, 217, 222, 225, 227, 236, 261, 281, 286, 287

망진 259, 260, 262, 263

문진 258, 260, 262, 263, 270

ㅂ

부분 최적화 31, 78, 264

부서 이기주의 15, 31, 78, 80, 233, 250

블랙벨트(Black Belt) 93, 152, 153, 191,

ㅅ

상극 15, 56, 59, 62, 63, 76, 78, 80, 85, 208, 209, 212, 213, 216, 221, 223, 226, 231, 232

상생 15, 56~58, 62, 76, 78, 80, 84, 208, 209, 212, 216, 221, 223, 226, 228, 229, 230, 231, 234

상세지표 35, 40, 260~262

생산기능 218, 221

섭생(攝生) 16, 86, 88, 269, 272

성과관리 257, 268

생로병사 24, 26, 27, 29, 33, 56

소축척 지도136~141, 172, 200, 243, 244,

수명주기 100

수승화강 22, 63, 80, 84, 85, 208, 229, 230, 232

순환원리 22, 26, 41, 76, 79, 83, 85, 182, 207~209, 228, 275,

신형(神形) 42, 44 ,

신형장부도 15, 82, 83, 135

ㅇ

아이티(IT)외주화 131, 166, 174

엔드유저 186, 187, 190, 191

양생(養生) 16, 26, 44, 47, 82, 86, 272

영업 15, 42, 46, 69, 70, 74, 77, 78, 95, 105, 106, 108, 120, 127, 133, 210, 213, 214, 217, 218, 221~227, 230, 234, 235, 262, 265, 267, 278, 281, 286, 287

오장육부 57, 59, 60~65, 67, 70, 76, 78, 80, 83~85, 208, 209

오행 15, 21, 26, 47, 52, 53, 55, 56, 212, 225, 228, 229, 231, 234, 238

외형 편 41, 42, 259, 274

음양 15, 21, 26, 52~57, 61, 62, 76, 78, 80, 83, 84, 85, 208, 229, 250, 272 ,

음양오행 15, 21, 52, 53, 61, 76, 78, 80, 83~85, 250, 272

음허화동 63, 80, 85, 231, 232, 250

이알피(ERP) 36, 106, 110, 111, 144, 145, 162~164, 173, 174, 188, 189, 197, 199, 226, 242

ㅈ

전산화 12, 16, 98, 103, 104, 105, 110, 114, 118~122,129, 143, 148, 149, 158,~168, 174, 182, 184, 186, 240, 288, 289

전체 최적화 15, 22, 78, 80, 85, 147, 208, 230, 231, 233, 250, 263, 265, 272

정기검진 257, 268~270

정기신(精氣神) 43, 50

정보화 14, 20, 49, 90, 92, 97, 98, 100, 103, 104, 108~110, 112, 115, 118, 121, 124, 142, 147, 156, 158~163, 169, 170, 176, 182, 185, 189, 202, 240, 253,

조달기능 215~217

주역 17, 21, 22, 52, 53, 80, 81,

지속가능 성장 25

진단 25, 27, 33, 34, 64, 87, 88, 170, 211, 277~279, 288

진찰 258, 262, 269, 275, 278

ㅊ

처방 34, 87, 88, 113, 122, 182, 264, 268, 279, 280

ㅍ

파워 유저 186, 187, 189~191

품질 15, 30, 40, 42, 46, 68, 70, 73, 74, 77, 78, 95, 97, 101, 102, 105, 110, 139, 141, 196, 213, 214, 216~221, 224, 226, 227, 230, 233, 235, 246, 253, 258, 261, 263, 265, 267, 278, 280~287

프라이머리 액티비티(Primary Activity) 105

프로세스 개선기회 267

프로세스 건강관리 256, 257, 268, 270

프로세스 계층화 196

프로세스 변경관리 204, 205

프로세스 안정화 171, 246, 247

프로세스 순환 평가표 238, 239

프로세스 오행 208, 209, 212

프로세스 자산화 200

프로세스 전문가 191~193

프로세스 지도 94, 134, 135, 137~141, 151, 185, 198, 200, 206, 241, 244~246, 270

프로세스 코디네이터 187~189, 191, 206

프로세스 혁신 15, 22, 37, 40, 47, 81, 83, 90, 92, 98, 99, 101, 103, 104, 137, 153, 155, 172~174, 177, 182, 192, 201, 247, 250, 251, 251, 253, 254, 256, 257, 268

ㅎ

하향 평준화 208, 234

해부도 16, 82, 83, 133~135, 138, 185, 272

핵심성과지표(KPI) 39, 40, 211, 238, 257, 258~263

핵심역량 129, 130, 273